KB069166

동방의 빛 ❶
하도와 낙서

河圖洛書

동방의 빛 ❶

하도와 낙서

| 금시명 지음 |

學古房

광활한 우주에서 우리 인간은 티끌 같은 존재일 뿐이다. 도처에 널려 있는 그 흔하디흔한 바닷물의 성분과 전혀 다르지 않는 물(H_2O), 또 그다지 특별하지도 않는 탄소(C)를 비롯한 몇몇 원소들, 그리고 진공으로 구성된 혼합체에 불과하지만 우리는 불가사의하게도 생각을 하면서 살아간다. 매순간 쉬지 않고 많은 생각들을 하면서 살아가는 기이한 존재들이다. 지금 21세기를 살아가는 우리들은 통상적으로 우리 자신들과 주변의 것들에 대해서 그 어느 때보다도 많은 것들을 알고 있다고 착각하면서, 스스로 한껏 뽐내기도 하고 그 알량한 지식을 이용해서 최대한의 욕심을 한껏 부려가며 무언가를 끊임없이 추구하며 살아가고 있다. 그러나 매일의 일상에 치여 그다지 긴 시간은 아니겠지만, 때때로 자신도 모르게 문득문득 찾아드는 질문들이 항상 우리들 주변을 배회하고 있다. 나는 어디서 왔으며 어디로 가는 것일까? 나는 누구인가? 주위를 둘러보면 우리는 이 세상이 결코 원자들로 구성된 물질적 조합만이 존재의 전부가 아니란 것을 느낄 수 있다. 원자들의 조합보다 훨씬 더 중요해 보이는 그 무엇이 있다는 것이다. 그것이 무엇인가? 바로 우리들이 매순간 살아내는 삶과 영혼의 호흡들이다. 삶과 영혼이라는 것은 이야기와 이야기의 연속선상에서만 풀이되고 이해될 수 있는 그 무엇이다. 이러한 삶과 영혼의 문제를 과학이 해결해줄 수 있을 거리고 믿는다면 번지수를 잘못 짚은 것이다. 애초에 과학에는 그런 기능이 존재하지를 않는다. 물리학, 화학, 생물학, 의학, 심리학 등등을 모두 다 합친다고 해도 과연 그것이 기대하는 만큼 제대로 작동해낼 수 있을까? 심히 의심스럽지 않을 수가 없다. 그렇다고 서양 철학이나 또는 그 어떤 다른 인문학이 과연 대안이 되어줄 수 있을까? 마찬가지로 그다지 믿음이 가지를 않는다. 바로 이것이 필자가 동아시아에서 발달한 독특한 학문체계인 동양 역리학(易理學)에 눈을 돌리게 된 이유라고 할 수 있다. 놀랍게도 역리학은 우주를 구성하는 미립자들로부터 시작해서 사람들이 살아가는 삶과 영혼의 이야기들까지 묘사하며 관통해내는 기묘한 학문 체계라는 것을 알게 되면서 거기에 깊이 매료되지 않을 수가 없었던 것이다. 주역 원전에 적혀있는 괘사나 효사들이 죽어 있는 글귀들이 아니라 살아 있는 삶의 언어로 다가오고, 제반 역리학의 상징들이 삶에서 실제 벌어지는 사건들로써 생생하게 체험되면서 전율을 느끼지 않을 수가 없었다. 이런 것들이 한낱 지극히 개인적이고 주관적인 경험이라고 치부해버릴 수도 있으나, 사실 눈을 크게 뜨고 보면 역리학의 놀라움은 거기서 그치질 않는다. 우주 깊숙이 숨겨져 있던 비밀들이 첨단 과학의 발달과 더불어 하나하나 그 실체들이 드러나면서 전혀 새로운 상황이 전개되고 있는 것이다. 가령 64개의 생체 유전자코드와 주역 64괘의 상징체계가 너무나 놀라울 정도로 일치하고 있기에 서구의 과학자들이 경악하지 않을 수 없었다. 태생적으로 일반 수학적 개념으로는 백 번 죽었다 깨어나도 64개 유전자 코드와 일치될 가능성은 전혀 없었던 것이다. 뿐만 아니라 이미 많은 과학자들이 주역 팔괘와 동양 철학에서 영감을 받았다고 고백하고 있는 것 또한 엄연한 사실이다. 오늘날 컴퓨터가 주역과 똑같은 체계의 이진법을 사용하고 있다는 얘기는 이제 너무 많이 들어서 진부한 얘기가 되어버렸다. 고도로 논리적이고 합리적인 사고 체계로 중무장한 전문 과학자들이 최첨단 도구들을 동원하며 이 우주의 실상을 구석구석 샅샅이 분석하게 되면서 놀라운 성과들이 속속 나오고 있지만, 전혀 역설적이게도 동양 역리학의 오묘함이 다시 한 번 더 조명 받는 일이 잦아지고 있고, 결과적으로 동양 역리학 자신의 수준이 답보 상태를 벗어나지 못하고 있는 데에 반해, 현대 과학이 동양 역리학을 다시 한 번 더 돌아보게 만드는 데에 있어서 동양 역리학 그 자신보다도 훨씬 더 큰 공헌과 기여를 하고 있는 셈이다. 기묘하게도 상황은 다시 역전되고 있다. 동양 역리학 체계는 구시대의 산물이고 우매한 동양적 사고방식이 아니라, 이제는 아예 신비한 동양을 넘어서 너무도 놀라운 동양으로 격상될 가능성이 매우 크다.

그러나 이렇게 점증하는 서구의 관심과는 달리 제반 역리의 본고장이라 할 수 있는 동아시아에서의 위상은 오히려 바닥을 치고 있는 상황이다. 작금의 한국은 그 나라 경제의 한 지표라 할 수 있는 주식시세에서조차 만성적 저평가를 벗어나지 못하고 있다. 그리고 그 근본을 따지고 들어가 보면 만성적 저평가는 우리 자신들이 스스로 자기 자신을 낮게 깔보는 습성에서 비롯되는 것이 아닐까 싶다. 역리학에 대한 평가도 마찬가지이다. 불행히도 스스로 가치를 판단할 줄 아는 눈이 현대 한국인들에게는 구비되어 있질 못하다. 분명 그것이 결여되어 있다. 서구인들이 가치를 인정해주어야만 비로소 눈을 돌리는 정도이다. 더욱이 역리학계에 팽배해 있는 현재 풍토 또한 그러한 저평가를 부채질하는 측면이 크다는 것도 부정할 수가 없다. 동양 역리학의 그 놀라운 체계와 또 그 놀라운 가능성에 비해서, 작금의 역리학, 그 밑바닥을 가만히 들여다보노라면 한심하기가 이루 짝이 없을 지경이다. 근본 원리는 어느 것 하나 온전하지가 않다. 6하 원칙에 의해서 말할 수 있는 것이 거의 없다고 할 수 있다. 또 학문하는 태도를 살펴보면 경전의 내용이니까 처음부터 끝까지, 그것도 모자라서 끝에서부터 거꾸로 처음까지 달달달 외우고, 성현의 말씀이니까 아무런 의심도 없이 그것이 왜 그렇게 되는 지도 모르면서 공식처럼 달달달 외워야 한다는 사고방식을 접하노라면 저절로 한숨이 흘러나오지 않을 수가 없는 지경이다. 그러면서 잘 외우고 있으니 잘 알고 있다고 착각한다. 앵무새처럼 잘 외우지 못하면 아예 아무것도 모르는 것으로 치부해버리거나 무시해버리기도 한다. 그러나 지금 세상이 어떤 세상인가? 잘 외우는 것으로 치면 아마 필자가 가지고 있는 노트북보다 더 잘 외울 수 있는 사람은 없을 것이다. 잘 외우는 것과 잘 아는 것은 전혀 별개의 문제라는 것을 그들은 잘 모르는 듯하다.

그리고 오늘날의 우리들 자신을 스스로 돌아보자. 우리는 사실 겉모양만 동양인이다. 우리들은 이미 수십 년 이상 서구적 방식으로 교육을 받아오고 있고, 합리적이고 논리적인 사고 체계로 훈련받아왔다. 이러한 사고 체계에 비추어보아 이해될 수 없는 것들은 그것이 그 어떤 것이라 해도 살아남을 수가 없는 세상이 된 것이다. 아무리 신비화를 시도하려고 해도 도저히 그것이 잘 되지를 않는다는 말이다. 유일한 방법은 합리적인 사고로써 그것을 이해할 수 있을 때, 비로소 그것이 무엇이든 간에 용납될 가능성이 생기는 법이다. 이것이 바로 필자가 이 책을 집필하기로 결심한 이유이다. 합리적, 논리적 시각으로 밑바닥부터 철저하게 다시 분석해보자는 것이다. 사실 필자는 제반 역리 서적들 읽기를 좋아하는 지극히 평범한(?) 독자의 한 사람이었을 뿐이었다. 하지만 합리적 시각에 바탕을 둔 역리학 기초 이론서가 나오기를 오랫동안 기다리다가 결국은 포기를 하고, 직접 연구를 시작하게 된 지극히 불행한(?) 독자라고 할 수 있다.

이 책에는 실전에서 적용되는 고도의 응용법이 정리되어 있지는 않다. 하도와 낙서라고 하는 지극히 기본적인, 그야말로 역리에서 기본 중의 기본에 해당하는 것들에 대해 정리를 해놓은 책이다. 나아가 복희팔괘가 무엇이고, 문왕팔괘가 무엇이고, 정역팔괘가 무엇인지에 대해 진지하게 고민하고, 거기서 얻은 지식들을 총정리 한다는 생각으로 만들어 본 책이다. 도대체 복희팔괘는 어떻게 문왕팔괘로 전환되고, 또 문왕팔괘는 어떻게 정역팔괘로 전환되는 것인지를 고민한 내용들을 정리해보았다. 나아가 120여 년 전 이 땅에 일부 김항 선생께서 남겨놓으셨다는 새로운 주역이론, 이른바 정역의 본문이 대체 무엇을 의미하는 지를 탐구해보았다. 더 나아가 9000여 년 전 국조 한인께서 인류 최초로 남기셨다는 천부경의 경문 81자가 도대체 무엇을 의미하는 지를 탐구해 보았다. 필자의 생각으로는 역리학의 밑바탕에는 반드시 이러한 분석들이 필요하다고 보았고, 또 오랫동안 그것을 기다렸지만 그것을 얻을 수 없어 직접 연구를 해 볼 수밖에 없었다. 이 책을 읽으면 음괘와 양괘들로 표현되는 팔괘를 바탕으로 하는 주역 체계는 분명 하도 낙서, 그리고 천부경과 불가분의 관계를 가지고 있다는 것을 알게 될 것이다. 더불어 60갑자 부호를 사용하는 음양오행이론도 마찬가지로 하도 낙서, 그리고 천부경과 불가분의 관계를 가지고 있다는 것을 알게 될 것이다.

복희팔괘와 문왕팔괘, 그리고 정역팔괘의 의미를 알게 될 것이다. 정역 본문에 담긴 진정한 의미를 이해할 수 있게 될 것이다. 천부경 81자가 무엇을 의미하는지를 알게 될 것이다. 이러한 필자의 노력이 성공적인지 아닌지는 전적으로 독자 여러분들이 판단해야 할 몫일 것이다.

우리는 지금 정보가 주체할 수 없으리만큼 홍수처럼 넘실대는 시대에 살고 있다. 3천 권의 책에 해당하는 정보가 불과 몇 분이면 노트북으로 다운될 수 있다. 대형 서점에 가보면 수십만 권의 책들이 진열되어 있다. 만약 지금 당신이 서점 매장 여기저기 널려 있는 그 많은 책들 중에서 우연히 이 책을 골라 읽고 있는 거라면 그것은 우연이 아닐지도 모른다. 어쩌면 영겁의 세월을 지나오면서 쌓이고 쌓인 인연의 끈이 당신과 이 책을 이어주고 있을지도 모른다. 그 소중한 모처럼의 인연의 끈을 부디 헛되이 되지 않도록 만들고 싶은 것이 필자의 바램이다. 이 책을 읽는 독자들이 보잘 것 없는 이 책에서 무언가 얻는 것이 있게 되기를 진심으로 바라마지 않는다. 사실 필자는 이 책을 저술하면서 필자 자신이 저술하는 것이 아니라, 우주가 필자를 통해 우주 자신을 표현하고 있는 게 아닌가하는 착각에 빠져들곤 했었다. 독자 여러분들이 이 책을 읽으면서 우리의 선조였던 고대 동아시아인들이 바라보던 우주의 모습이 어떤 것이었으며, 그들이 어떤 우주를 꿈꾸고 있었는지를 마음껏 느껴볼 수 있기를 바라마지 않는다.

서점에서 책을 고를 때에는 깔끔하게 정리된 책들을 선호하면서도 정작 깔끔하지 못한 책을 저술해놓고 보니 부끄러운 마음을 금할 수 없으며, 책을 쓴다는 것이 얼마나 어려운 일인지를 절감할 수 있었다. 수많은 다른 저자 분들에게 존경의 마음을 표하고 싶다. 그리고 특별한 허락도 얻지 않고 많은 책들과 논문들을 인용해놓았고, 심지어는 출처를 찾지 못해 인용 표시조차도 제대로 못한 부분까지 있는데, 이 자리를 빌어서 그 모든 분들에게 진심어린 감사의 마음과 죄송한 마음을 함께 전하고 싶다. 그리고 이 책이 햇빛을 볼 수 있도록 도와주신 하운근 사장님과 박은주 편집장님께 깊이 감사드린다. 마지막으로 집필한답시고 오랫동안 가장의 역할을 등한시 하는 동안에도 묵묵히 곁에서 지켜봐 준 사랑하는 가족들에게 이 책을 바치고 싶다는 말을 빼놓을 수가 없다. 이제 이 책은 필자만의 것이 아니라, 이 책을 읽는 모든 독자들의 것이다. 모든 분들에게 행운과 만복이 깃들기를 빌어본다.

을미년의 새 봄을 바라보며…
금시명

목 차

제1장 동서원류 / 17

제3장 태극하도 / 189

제4장 복희팔괘 / 207

제5장 문왕팔괘 / 237

16 •

東동 西서 原원 流류

1

東西原流
동 서 원 류

　　중세 이후 근세기의 서양이 크게 흥기할 수 있었던 원동력을 들라고 한다면, 머릿속에 여러 가지들이 떠오르겠지만 그중에서도 필자는 마음과 물질이 서로 구분되고 육체와 영혼은 각각 독립적인 것이라고 보는 이원적 관점을 가장 먼저 꼽고 싶다. 여기서 말하는 이원적 관점이라 함은 즉 육체를 구성하는 물질이란 것은 마음과는 무관하므로 마음과는 완전히 동 떨어진 채로 분리되어 독립적으로 존재하는 것으로 보는 관점이다. 서양인들은 우주를 제각기 다른 객체들의 군집으로 이루어진 하나의 거대한 기계적 시스템으로 인식하려는 경향이 있었다. 이런 인식의 기원은 고대 그리스의 철학자 아리스토텔레스(기원전 384~기원전 322)로 거슬러 올라가며, 이후 2천 년 이상이나 서구를 지배해온 전통적인 우주관이었다.[1] 그에 비해 동아시아의 현자들은 정신과 육체가 서로 떼라야 뗄 수 없는 불가분의 관계에 있다고 보고 있었다. 동양에서는 양자를 엄밀하게 구분하는 것이 불가능하다고 보았으며, 물질적인 것인 동시에 정신적인 것일 수밖에 없다고 생각했다. 마음의 상태가 육체에게 영향을 줄 수밖에 없고, 반대로 육체의 상태가 마음의 상태에 영향을

---

1) 『현대물리학과 동양사상』 프리초프 카프라 (옮긴이 이성범, 김용정), 범양사 1979

줄 수밖에 없다고 보았다. 마음과 육신은 움직이고 살아 있으면서 서로 간섭하고, 서로 영향을 주고받을 수밖에 없는 하나의 공동 운명체 같은 것이었다. 또한 그 하나의 유기체는 거대한 기계를 이루는 하나의 부속품이 아니라, 이미 그 자체로 하나의 거대한 소우주라고 인식하고 있었다. 소우주들이 중첩된 대우주, 전체 우주란 것은 결국 개개의 소우주와 소우주들이 중첩된 모형으로 그릴 수 있는 그런 것이었다. 그렇다면 이처럼 양자의 세계관이 서로 현저하게 차이가 나는 이유가 무엇일까? 이것이 지금 제1장에서의 주제이다. 조선말엽 일부 김항 선생이 저술한 『정역』에서는 오로지 동양적 전통에 대해서만 언급되고 있으나, 필자는 양자의 차이와 특성을 서로 비교해 봄으로써, 동양적 전통의 특징을 보다 선명하게 바라볼 수 있다고 믿고 있다.

1 서양의 원류

고고학자들의 연구에 따르면 고대 이집트와 고대 바빌로니아 문명에서 이미 수학적 지식이 상당한 수준에 도달해있었던 것이 확실하다. 고대 이집트인들은 정기적으로 범람하는 나일 강의 범람 시기를 정확하게 예측할 필요가 있어 달력을 만들었는데, 그것이 놀라울 정도로 정확한 것이어서 이미 수천 년 전에 지구의 공전주기가 365일과 1/4이라는 사실을 알고 있었다.[2] 뿐만 아니라 고대 바빌로니아에서는 60진법을 사용하고 있었으며, 1차 방정식을 비롯해 2차 방정식까지도 풀고 있었다.[3] 또한 피타고라스 정리와 더불어 기하학적 도형을 실생활에 활용하고 있었을 뿐만 아니라, 심지어는 그 도형들을 길흉을 점치는 데에 사용하기도 했다. 하지만 이집트와 바빌로니아의 세력이 쇠퇴해지면서 앗시리아, 페니키아, 카르타고, 그리스 등 새로운 민족국가들이 두각을 나타내기 시작하였다. 이러한 가운데 철기시대가 도래하였으며, 알파벳과 화폐가 발명되는 등 서서히 새로운 문화적 기류가 형성되었다. 그러한 가운데 고대의 수학적 지식은 고대 그리스인들에 의해 계승되어 자연철학의 태동으로 이어지게 된다. 고대 그리스의 철학과 수학은 소아시아의 이오니아 지방에서 두드러진다. 이 지역의 도시들은 점차 상공업으로 번영을 누리게 되는데, 그 중에서도 특히 밀레토스라는 도시가 가장 빼어났다. 이곳에서는 학문과 예술이 크게 번성하여 소위 이오니아 또는 밀레토스학파라고 불리는 탈레스, 아낙시만드로스, 그리고 아낙시메네스와 같은 철학자들이 배출되었다. 그리고 이들과 쌍벽을 이루는 피타고라스학파가 배출되었다. 이들은 모두 우주와 자연을 신화가 아니라 이성을 통해 성찰해보려고 시도하였다. 그것은 그들이 태어나기 이전부터 전해져 오던 기존의 신화적 우주관에 대한 정면 도전이었고, 동시에 현상과 사물을 다른 무엇이 아닌 바로 인간의 이성으로 바라보고자 하는 자각의 태동이라는 점에서 가히 근대 서양 철학과 이성적 합리주의의 뿌리라고 할 만한 것이었다.

---

2) 『수와 신비주의』 존킹 지음 (김랑국 옮김)
3) 『나는 역술을 이렇게 본다』 오종림, 솔 출판사 1997

밀레토스학파

초기 그리스 철학의 시작은 자연의 근본적인 구성체를 찾는 것에 있었다. 즉, 우리를 둘러싼 우주의 근본적인 원질이 무엇이고, 불변적이고 영속적인 어떤 것이 반드시 있으리라는 믿음 속에서 그것들의 구조를 이해하려고 하였다. 따라서 밀레토스 학파의 우선적인 목표는 사물의 본질을 밝히는 것이었다. 지금 우리가 흔히 사용하는 물리학이란 용어도 그리스어에서 유래된 것으로서 그것은 원래 모든 사물의 본질을 보고자 하는 노력을 뜻했던 것이다. 밀레토스학파의 철학은 현대적 관점에 비추어 볼 때 신비주의적 경향을 강하게 띠고 있었다. 그들은 생물과 무생물, 그리고 정신과 물질을 동일시하였기 때문에, 후대의 그리스인들은 밀레토스학파를 물활론자(物活論者)들이라고 불렀는데, 이는 물질이 살아있다고 생각하는 사람들이라는 뜻이었다. 사실 그들은 모든 존재가 생명이나 영혼 같은 것이 부여된 것으로 보고 있었기 때문에 실제 물질에 해당하는 단어조차 따로 가지고 있지 않았다. 가령 밀레토스학파의 탈레스는 모든 물질은 신성으로 충만해 있다고 주장했으며, 아낙시만드로스는 인체가 공기에 의해 유지되듯이 우주는 우주의 숨결인 영혼4) 으로 지탱되는 일종의 유기체라고 보았다. 또 그는 이 세계가 대립되는 성질들의 갈등에 의한 것이라고 하였다. 한편 아낙시메네스는 그러한 근원적 원질이 '공기'라고 하였고, 궁극적인 세계의 원질은 생명의 기본 물질이기도 하다고 주장하였다. 그리고 인간의 혼은 '신의 작은 일부분' 이라고 주장하며, 우주를 살아있는 것으로 생각하였다.

---

4) '프노이마'라고 불렀다.

탈레스(기원전 640~기원전 550)는 밀레토스 출신의 철학자로서 신화적 세계관에서 벗어나 만물의 기원이 물이라고 주장하였다. 그는 기원전 585년 5월28일에 일식이 일어날 것을 예언한 것으로도 유명하다. 하지만 이러한 성과는 자생적으로 천문학과 수학이 발달한 것에 비롯되었다기보다는 오히려 당시 그리스가 그 이전에 선행 발달했던 문명들과 활발한 교류가 있었다는 것을 반증하는 증거라고 보아야 할 것 같다. 그가 살던 밀레토스는 당시 고대 바빌론과 문화적인 교류를 하던 리디아와 동맹을 맺고 있었다. 바빌로니아의 천문학자들은 일식이 대체로 19년을 주기로 되풀이 된다는 것을 알고 있었기 때문에 밀레토스의 학자들도 자연스럽게 이 사실을 알고 있었을 것이라고 볼 수 있는 것이다. 또한 탈레스는 이집트로 여행을 하였으며, 그곳에서 기하학을 배워 그리스에 보급시켰다. 그는 육지에 있는 두 관측 지점에서 바다 위에 떠 있는 배까지의 거리를 계산하였고, 자신의 그림자와 자신의 신장이 똑같은 시각에 피라미드의 그림자를 측정하여 그 실제 높이를 잴 수 있었다고 한다. 탈레스에 대해서는 다음과 같은 일화가 전해지고 있기도 하다.

탈레스는 어느 날 맑은 밤하늘에 별이 초롱초롱 빛나는 것을 열심히 관찰하면서 걷다가 그만 길가의 웅덩이에 빠지고 말았다. 그때 근처에 살던 이웃집 부인이 그것을 보고 달려가서 웅덩이에 빠진 그에게 손을 내밀어주었다. 간신히 기어 나온 탈레스는 그 꼴을 지켜보던 이웃집 부인에게 말했다.
"당신은 나를 모를 테지만 나는 별자리를 연구하는 점성가예요. 나를 도와주었으니 내가 그대의 미래를 봐 줄게요."
그러자 그 부인이 웃기 시작하더니 이렇게 대답했다.
"아니, 자기 발밑도 제대로 못 보는 사람이 용케도 저 멀리 있는 별은 잘 아나 보구려!"
또 이런 일도 있었다. 어떤 사람이 탈레스를 쳐다보면서 말하기를

"도대체 학문 따위는 쓸모없는 것 같다. 당신같이 학문만 하는 사람은 언제나 가난하게 살지 않는가?"

그러자 탈레스는 그의 천문지식을 바탕으로 다음해 가을에는 올리브가 풍작일 것을 예견하고는, 겨울 동안에 자신이 갖고 있는 돈을 다 털어서 밀레토스 일대의 올리브기름 짜는 기계를 싼 값으로 다 사들였다. 가을이 되자 예상대로 풍년이 들고, 기름 짜는 기계를 빌리러 사람들이 몰려왔다. 탈레스는 이들에게 비싼 값으로 기계를 빌려주고 순식간에 큰돈을 모았다고 한다.

피타고라스학파

그리스의 또 다른 철학자 피타고라스(기원전 569?~기원전 500?)는 에게해의 사모스 섬에서 태어났고, 이탈리아 남단의 크로톤5)에서 생을 마쳤다고 전해진다. 일설에는 18세경 올림픽 경기에 참가해서 권투경기에서 우승을 차지했었다고도 한다. 그 후 가까운 이오니아로 가서 탈레스와 아낙시만드로스의 문하생으로 몇 년간 학문을 닦았고, 그 뒤 시리아로 건너가 페니키아의 현인들 곁에 머물던 중 비블로스라는 비교에 입문하기도 했다. 그 다음 지금의 레바논 지역에 있던 카르멜 산으로 입산했다. 그곳에서 이집트로 건너가 20여 년을 지냈다. 그는 오랫동안 나일강 연안의 여러 신전을 다니며 이집트 제관들의 가르침을 받았다. 페르시아가 이집트를 침략한 것도 바로 그 시기였으며 그가 포로가 되어 바빌로니아로 끌려간 것도 바로 그 때였다. 그는 거기에서도 시간을 허비하지 않았다. 메소포타미아의 중심지였던 그곳에서 보낸 12년 동안 바빌로니

---

5) 지금의 크로토나

아의 점성술사들과 서기들로부터 방대한 지식을 전수 받은 후 40년 전에 떠나왔던 사모스 섬으로 돌아갔다. 하지만 사모스는 당시 폴리크라테스가 통치하던 시기였고 피타고라스는 독재자를 몹시도 싫어했다. 결국 그는 다시 길을 떠났다. 이번에는 서쪽으로 해서 마그나그라이키아 연안국으로 갔다. 그래서 기원전 540년에서 기원전 530년 사이에 이탈리아 남부의 시바리스에 도착했다. 당시 그리스에서 시바리스는 환락의 도시로 아주 이름난 곳이었으므로 결국 그는 남이탈리아의 그리스 식민지였던 크로톤이라는 인근도시에 정착하였다. 이 지역은 현재 칼라브리아라는 이름을 가지고 있으며 당시에는 유력한 지방이었다.[6] 크로톤에서 오르페우스교의 교의敎義를 일부 받아들여 절제와 심신의 단련을 목표로 하는 자신의 학파를 창설하기에 이른다. 그 교의는 영혼불멸, 윤회, 사후의 응보를 신봉했고 인간과 동물과의 유사성을 강조하면서 육식을 금하였으며 영혼의 정화 및 구제를 중요시하였다. 피타고라스가 만든 이 학교에는 학문에 뜻을 두고 진리를 갈구하는 많은 젊은 학도들이 모여 들었다. 심지어는 그 당시 공개 석상에 나오지 못하게 되어 있던 여자들까지도 그의 강의를 들을 수 있었다. 그리고 피타고라스는 '그리스인 중 가장 현명하고 가장 용감한 자'라는 존칭을 받으면서 하얀색 가운에 별 모양의 5각형 무늬를 새긴 황금관을 쓰고 위풍당당하게 교단에 섰다고 한다. 그러나 피타고라스의 가르침은 철저히 비밀에 부쳐졌다. 이중적인 의미를 지닌 용어로 씌어져 일반인들이 이해할 수 있는 것과 비법을 전수 받은 정식 수학자들만을 위한 것, 이렇게 수준에 따라 두 가지로 만들어졌다. 또 지식의 대부분은 입에서 입으로만

---

6) 『수와 신비주의』 존킹 지음 (김량국 옮김)

전달됐는데, 이러한 전달 방식에 따라 또 다시 두 부류로 나뉘어졌다. 즉, 결과는 전달받되 그 결과에 이르는 과정에 대한 증명은 전달받지 못하는 청강자와 결과와 증명을 모두 전달받을 수 있는 '피타고라스 학도'라고 하는 정식 수학자들이다. 피타고라스의 정식 학도가 되기 위해서는 전 재산을 맡기도록 하는 재산 공유의 체제였고 또한 이것을 학문 연구의 결과에도 그대로 적용했으므로 피타고라스의 이론은 그의 제자들 및 후계자들에 의하여 보완된 이론과 전혀 구별되지 않는다.

피타고라스학파에게도 밀레토스학파와 마찬가지로 우주의 본질에 관한 문제가 중심 화두였는데, 만물의 근원이 물이라고 본 탈레스나 원자라고 주장한 데모크리토스와 달리, 그들은 '만물의 근원이 수數'라고 보았다. 그래서 그들은 모든 것을 숫자로 풀어보려고 애를 썼다. 예컨대 2는 여성, 3은 남성, 이들의 합인 5는 결혼을 뜻한다고 보았고, 10을 완전수 화음의 비比를 나타내는 수 또는 신성한 수로 보았다. 그중에서도 특히 5를 극히 중시하여 오각별(Pentagram)은 피타고라스 종단의 회원임을 나타내는 신성하면서도 비밀스러운 기호로 여겨졌다. 그들은 세계를 기초하는 최상의 대립인 한정된 것과 한정되지 않은 것 사이의 대립을 홀수(남성)와 짝수(여성)의 대립으로 파악하였다. 그러나 이 대립을 우주 전체의 차원에서 조화롭게 균형을 이루고 있는 것으로 보았다. 우주를 장식이라든지 질서의 뜻을 가진 코스모스라 이름 지은 것도 그들에게서 시작되었다. 직각삼각형의 3:4:5 비율, 천체가 일정한 거리의 비율로 운동한다는 사실 등은 그들에게 있어서는 숫자야말로 사물의 본질을 담고 있다는 사실을 대변하는 것이었다. 음악에 있어서 일정한 음의 높이가 현악기의 일정한 현의 길이에 상응한다는 것, 즉 줄의 길이가 반이 되면 그 줄이 만드는 음은 원래의 줄이 만드는 음보다 정확히 한 옥타브 높아지는 것과 3:2의 비율은 현대의 완전 5도의 음을 만들고 4:3의 비율은 완전 4도의 음을 만드는 것 또한 마찬가지였다. 이것의 의미는 조화의 관계는 인간의 의해 만들어지는 것이 아니라 이미 우주에 존재하는 것이며 인간은 단지 그것을 발견하는 것이었다. 그리고 수학적인 관계에 의해 제한된 음들은 조화를 만들어 내지만, 모든 음이 제한 없이 동시에 발하게 된다면 단지 잡음이 될 뿐이고, 이 잡음을 악의 전형이라고 생각했다. 피타고라스학파는 인간의 병이란 것도 신체의 복잡한 조화가 파괴된 결과라고 생각하였다. 따라서 우주의 조화는 수에 의해서만 유지될 수 있다고 보았다. 이와 같이 피타고라스학파의 핵심은 모든 만물은 수로 동화된다고 보는 것이었다. 그들이 천문학 연구에 몰두한 까닭도 천체가 수학적인 질서를 명확히 보여주기 때문이었다. 그들은 이미 태양과 행성을 둥그런 구형으로 생각하였으며 이것들이 역시 구형인 지구의 둘레를 돌고 있다고 보았고, 달의 궤도가 지구의 적도 쪽으로 기울어져있다는 것을 알고 있었으며, 또한 저녁에 보이는 금성이 아침에 보이는 금성과 같은 것이라는 것도 알고 있었다.[7] 그들은 간소한 생활, 엄격한 교리, 단결, 극기, 절제, 금욕, 순결, 순종의 미덕 증진을 목적으로 단체 행동을 하였다. 그리하여 이 교단은 일대 세력을 갖게 되었고, 각 방면에서 선망의 대상이 된 동시에 질시의 표적이 되기도 하였다. 그러다가 결국 정치적 반대파로부터 불의의 공격을 받게 되었다. 그들은 공격 사실을 알고 먼저 부녀자들을 배에 태워 시실리 방면으로 피난시키고 피타고라스를 호위하면서 메소포타미아

---

7)『수와 신비주의』 존킹 지음 (김량국 옮김)

쪽으로 도망을 갔으나 추격은 점점 심해지고 따르는 문하생도 하나 둘씩 떨어져나가 결국 피타고라스는 체포되어 살해되고 말았다. 그러나 피타고라스학파는 그 후로도 약 150년에 걸쳐 그 명맥이 유지됐으며 218명의 학자가 배출되었다. 유명한 이들로는 키오스의 히포크라테스, 키레네의 테오도로스, 필로라오스, 타렌툼의 아르키다스, 그리고 히파소스 등을 꼽을 수 있다. 오늘날 피타고라스 정리로 널리 알려져 있는 것은 사실은 천 년이나 앞섰던 고대 바빌로니아인들이 이미 실생활에 널리 활용하고 있었던 원리였다. 그는 단지 그것을 논리적으로 증명한 것뿐이었다. 피타고라스는 결정적인 힌트를 길가에 깔려있던 타일을 보고 얻었다고 한다. 그런데 이 정리에서 정사각형의 한 변과 그 대각선과의 관계에 의외로 곤란한 문제가 발생한다. 정사각형의 한 변을 1이라 할 때 대각선의 길이가 $\sqrt{2}$가 되어 무리수가 되는데, 자연수만을 수라고 생각했던 그는 이를 도저히 인정하기 어려워 이름을 무리수(無理數)라 부르고, 이 비밀을 입 밖에 내지 말도록 하였다고 한다.

사장된 씨앗

밀레토스학파를 기점으로 해서 그리스 전역에서 유행하기 시작한 철학을 통틀어 자연 철학이라 부르는데, 자연철학자들은 고대 그리스의 신화적인 세계관을 벗어나 이성적 사고를 통해 우주를 이해하려고 시도했다는 공통점이 있었다. 그중에서 또 한 명의 특히 주목할 만한 이는 노자와 비슷한 시기를 살았으며, 두 사람의 사상이 극히 유사하다는 면에서 그리스의 노자라고 불리는 헤라클레이토스(기원전 535?~기원전

475?)이다. 밀레토스학파가 일원론적이며 유기적인 우주관이었고, 피타
고라스학파가 만물의 근원을 숫자로 보는 관점이었으니, 이 모든 것들이
비록 고대 인도나 극동 아시아의 철학과 매우 유사한 것이긴 하지만,
동양철학과의 유사성이란 관점에서만 본다면 그중에서도 헤라클레이
토스 철학이 단연 두드러진다고 말할 수 있을 것이다. 그는 만물은
유전한다고 주장했는데, 끊임없는 변화와 순환을 강조했다는 측면에서
동아시아에서 발달한 역의 개념과 일치하는 것이었다. 헤라클레이토스
는 이 우주를 끊임없이 변화하고 영원히 생성하는 것이라고 보았다.
그리고 헤라클레이토스 철학의 핵심은 만물의 부단한 활동과 변화를
상징하는 불에 있었다 그는 이 우주를 "얼마동안 타오르고 꺼져있는
영원히 살아 있는 불"에 비유하였는데, 이는 장자의 영원히 꺼지지
않는 불에 대한 언급과 유사한 것이었다.

> 신은
> 낮과 밤이며
> 삶과 죽음이며
> 여름과 겨울이며
> 전쟁과 평화이며,
> 배부름과 배고픔이며
> 선과 악이다.
> 양쪽 모두인 것이 신이고 진리이다.

그는 이처럼 현상계의 모든 변화는 대립자들의 역학적이며 주기적인
상호 작용으로 부터 일어난다고 가르쳤으며, 한 쌍의 대립자를 하나의
통일체로서 보았다. 이는 곧 다루게 될 테지만, 음양의 대립과 상보성이
라고 하는 동아시아 역 철학의 근간이 되는 핵심 개념을 연상시키는

대목이라고 할 수 있다. 이를 통해서 볼 때, 2500여 년 전 동양과 서양이라고 하는 전혀 상이한 두 지역의 우주관이 놀랍도록 일치하고 있었다고 볼 수 있다. 이처럼 시작은 서로 지극히 유사한 출발이었으나, 문제는 그 다음에 있게 된다. 동양이라는 토양에서는 노자라는 씨앗이 싹을 틔어 하나의 거대한 재목으로 자라날 수가 있었지만, 서양이라는 토양에선 헤라클레이토스라는 씨앗이 싹을 틔우지 못하고 사장되고 말았다. 고대 그리스인들은 결국 도저히 그를 이해할 수가 없었던 것이었을까? 헤라클레이토스에 맹렬하게 맞선 파르메니데스는 모든 신들과 인간의 상위에 신성한 원리라는 것이 있다고 간주하였다. 이 원리는 처음엔 우주의 통일체와 동일시되었지만, 후에 이 세계 위에 군림해서 지배하는 지적이고 인격적인 신으로 보이게 되었다. 이렇게 해서 마침내 정신과 물질의 분열, 즉 서양 철학의 중심 골격이 되는 이원론이 시작된 것이다. 그는 그의 기본 원리를 존재라고 부르고 그것을 유일 불변의 것으로 파악했다. 그는 변화란 있을 수 없는 것이고, 이 세상에서 보이는 변화란 단지 감각의 환상에 지나지 않을 따름이라고 생각했다. 바로 여기서부터 모든 변화하는 속성의 주체로서 불멸의 실체라는 개념이 자라나게 됐으며, 이것이 곧 서양 사상을 이루는 기본 개념이 된 것이다.

기원전 5세기경의 그리스 철학자들은 파르메니데스와 헤라클레이토스의 심히 대립되는 관점을 극복해보려고 시도했다. 파르메니데스가 주장한 불변의 존재라는 이념과 헤라클레이토스의 영원한 생성 이념을 융화시키기 위하여 불변의 실체를 갖는 어떠한 것 속에 존재가 현시된다고 보고 이것의 결합과 분리가 이 세계 내의 변화를 야기하는 것이라고 생각했다. 이렇게 해서 레우키포스와 데모크리토스 철학에서 가장 명료

하게 표현된 이른바 원자라고 하는 더 이상 분할할 수 없는 물질의 최소단위라는 개념에 도달하게 된 것이다. 원자론자들은 정신과 물질을 명확히 구분하였으며, 물질은 몇 개의 기본적 구성체로 만들어져 있다고 보았다. 이것들은 진공 속에서 떠돌고 있는 완전히 피동적이며 본질적으로 죽은 입자였다. 그 운동의 원인은 설명되지 않았으나, 물질과는 근본적으로 다른, 정신적인 근원을 가진 것으로 간주되는 외부의 힘과 자주 연관되어 언급되곤 하였다. 이러한 사고는 그 이후 서양 사상의 기본 요소가 되는 마음과 물질, 육체와 영혼이라는 이원론을 더욱 확고하게 만든다. 정신과 물질을 구분한다는 이러한 아이디어에 일단 접하게 되자, 물질적인 것보다는 정신적인 세계, 즉 인간의 영혼과 윤리의 문제에 그들의 관심을 돌리게 된다. 이러한 문제들은 그리스의 전성 시기에 아리스토텔레스에 의해 체계화되고 조직화된 이래 근 2천여 년 동안이나 서양의 정신세계를 지배한다. 아리스토텔레스는 인간 영혼에 대한 문제와 신의 완전성에 대한 상념은 물질세계보다 훨씬 값진 것이라고 믿었다. 이러한 그의 우주 모형이 그토록 오랫동안 도전을 받지 않고 유지될 수 있었던 것은 상호 이해관계가 딱 맞아떨어진 가톨릭교회가 그의 철학을 강력히 지지해주었기 때문이었다.

근대 서양

마침내 아리스토텔레스의 우주관은 르네 데카르트(1596~1650)에 의해 '생각하므로 존재하는 나'에 이르렀고, 다른 한편으로는 아이작 뉴턴(1642~1727)에 의해 기계론적 역학 체계인 고전 물리학이 구축되는 배경이 되었다. 이것을 서구의 전통적 가치관에 비추어보게 되면, 데카르트의 '생각하므로 존재하는 나'라는 것은 분명 뉴턴의 '딱딱하고 아무런 감정도 없는 기계'보다 훨씬 값진 존재에 해당하는 것이었다.[8] 따라서 자연과 우주라는 것은 순응하거나 경배해야 할 대상이 아니었다. 오히려 훨씬 가치 있는 인간 정신의 효용을 위해 적극적으로 개척하고 제어되어야 할 물질적 자원에 불과한 것이었다. 이러한 생각만큼은 고대 그리스인들의 그것과 근세기 서양인들의 그것이 서로 완벽하게 일치되는 것이었지만, 근세기 서양이 기존과 달라진 것이 있다면 우월한 정신적이고 종교적인 가치에만 몰두했던 고대와는 달리 이제 물질적 자원에 더욱 많은 흥미를 느끼게 되었다는 점이었다. 그렇게 된 배경은 그들에게 유한하고도 너무도 뚜렷한 새로운 당면 과제가 주어졌기 때문이었다. 뉴턴의 고전 물리학적 사고에 의하게 되면, 인간이 충분한 기본적 데이터만 획득할 수 있다면 우주는 얼마든지 인간 정신에 의해 조작이 가능하고, 통제가 가능한 하나의 커다란 기계적 시스템에 불과한 것이었다. 단지 그것이 너무 크고 복잡하므로 많은 노력과 비용을 투자할 필요가 있지만, 언젠가는 반드시 도달할 수 있는 유한한 목표인 것만은 틀림없어 보였다. 우주의 곳곳에는 생명 없는 물질들을 통제하기 위해 신께서 만들어 놓은 몇 가지 자연 법칙들과 그것에 의해서 통제받는 생명 없는 물질의 근본입자들이 완전한 절대 진공 속에 여기저기 널브러져 있는 것으로 비춰졌다. 그리고 이제 그 몇 가지 법칙들과 물질의 근본만 온전히 파악할 수 있으면 인간이 마치 신과 같은 절대적 경지에 올라 마음대로 물질을 제어할 수도, 조작할 수도 있는 그런 것이었고, 이제 남은 것은 오직 시간문제일 뿐이었다. 그리고 머지않아 커다란 기계를 곧 손에

---

8) 『현대물리학과 동양사상』 프리초프 카프라 (옮긴이 이성범, 김용정), 범양사 1979

넣을 수 있을 것처럼 보였다. 서구 사회 전체가 이렇게 정신에서부터 물질로, 신으로부터 인간으로, 종교로부터 과학으로, 그 관심의 방향을 선회한 결과는 실로 놀라운 것이었다. 그들은 얼마 지나지 않아서 도처에 널려있는 물질적 자원을 획득하기 위해서 지구의 이곳저곳을 훑어 나가기 시작하였고, 죽어있는 물질의 실체를 파악하기 위해 모든 도구와 지식을 총동원하여 물질을 쪼개고 또 쪼갰다. 그들의 관점에 의하면 우주는 수많은 부품들로 조립된 거대한 기계였기에, 그들 사회의 모든 조직도 그와 마찬가지로 쪼개고 또 쪼갰고, 서양의 제 학문들도 마찬가지로 각 분파들로 가지를 치면서 갈라지게 되었다.[9] 그것이 바로 그들의 방식이었다.

그러나 그 부작용도 만만치 않았다. 자신의 육체를 구성하는 물질조차도 귀하게 여기지 않던 그들의 사고방식에서 타인이나 혹은 그들과 다르게 생긴 사람들이 그들의 눈에 과연 존귀한 존재로 비춰졌을까? 그럴 리가 만무했던 것이다. 서구 유럽인들이 대항해 시대를 열고 아프리카로 진출하게 되면서, 1400년경부터 붙잡혀 오기 시작한 흑인노예들은 이후 약 400년 동안이나 전 세계 각지로 팔려나갔다. 노예상인들은 건장한 흑인들과 병약한 흑인들을 골고루 섞어 하나의 묶음 단위로 판매했다. 그리고는 다시 남미와 미국의 식민지에서 금은보석과 커피, 설탕 등 식민지의 귀중한 작물을 배에 가득 싣고 유럽으로 돌아가 또 다시 막대한 이득을 취했다. 서구 열강들은 아프리카를 "케이크" 나눠 먹기 식으로 노예무역에 뛰어들어 아프리카 대륙을 분할하여 각각 한 지역, 또는 한 구역을 독점하는 방법으로 노예무역을 추진했다.

---

9) 『현대물리학과 동양사상』 프리초프 카프라 (옮긴이 이성범, 김용정), 범양사 1979

프랑스는 모리타니에서 시에라리온에 이르는 지역에서 노예무역을
독점했다. 아프리카 노예무역의 중심지인 황금해안의 광활한 지역에서
네덜란드가 13개 지역, 영국이 9개 지역, 덴마크가 1개 지역을 차지해서
노예무역을 경쟁적으로 진행했다. 노예무역의 두 번째 중심지인 가나,
토고, 카메룬, 나이지리아에서 프랑스와 영국은 노예무역을 놓고 치열한
경쟁을 벌이기도 했다. 18세기에 들어 아프리카 노예무역의 중심지가
고갈되자 유럽인들은 아프리카 남쪽으로 더 내려가 동부해안인 모잠비
크까지 노예무역을 확대하였다. 그러면서도 서구인들 가운데 양심의
가책 따위를 느끼는 이는 거의 없었다. 오히려 그들은 아프리카 흑인들에
게 유럽의 수준 높은 문명을 접하게 해주었을 뿐만 아니라 여호와
하나님을 접할 수 있는 기회까지 주었다고 스스로를 합리화했다. 노예무
역은 국왕과 정부, 그리고 교회에서 강력한 옹호를 받고 있었다. 따지고
보면 16~18세기 당시의 유럽의 노예상인들은 지극히 선량한 중산층에
속하는 사람들이기도 했다. 프랑스, 영국, 코펜하겐, 리스본 등의 출신들
이 많았고, 그들은 점잖은 신사였고, 성실한 남편이었고, 훌륭한 아버지
들이었다. 그리고 나름 진실한 기독교인들이었다.

　그에 비해 아프리카 원주민들은 잔악한 인간사냥에 의해 짐승처럼
사로잡혔고 초만원이 된 노예선에 화물처럼 가득 실렸다. 그들은 거의
발가벗겨진 몸으로 누울 수조차 없는 좁은 공간에서 발목에는 족쇄가
채워졌다. 배안에는 쇠사슬 부딪치는 소리, 채찍질 소리, 흑인들의 비명
과 신음소리들로 가득 찼다. 대서양을 횡단하는 동안 보통 10% 정도의
흑인들이 죽는 것은 예사였다. 정원 450명인 선박에 600명이 넘게 가득
태우는 일도 흔한 일이었다. 열악한 환경으로 흑인들의 몸에 이가 들끓었

기 때문에 쇠사슬에 묶어 갑판에 몰아 놓고 물줄기를 퍼부어 대기도 했다. 비위생적인 환경 등으로 인해, 대략 400년간 잡혀온 약 1500만 명에 이르는 흑인노예들 중에서 대서양을 건너는 동안 약 150~200만 명의 노예들이 목숨을 잃었다. 그러나 이러한 수난사는 그나마 조금 가벼운 편에 속하는 것이라면 믿을 수 있겠는가? 아프리카인들의 경우에 는 최소한 집단살육을 당하지는 않았던 것이다. 하지만 다른 한쪽에서는 전혀 그렇지가 않았다. 이번에는 잠시 시선을 아메리카 쪽으로 돌려보자.

아메리카 신대륙이 발견되었던 당시, 15세기 유럽 국가들은 인도나 중국 등 동방과의 해상 무역으로 큰 이익을 내고 있었는데 그 항로는 주로 지중해를 통한 인도 항해였다. 그러나 오스만 제국이 1453년 콘스탄 티노플을 점령하면서 비잔티움 제국을 멸망시키고 기독교도들의 동방 출입을 가로 막아버리자, 유럽 국가들은 지중해가 아닌 대서양을 돌아 인도로 가는 항로를 찾게 되었다. 크리스토퍼 콜럼버스는 당시의 통념과 는 달리 서쪽으로 가도 인도에 도달할 수 있다고 믿었다. 그는 에스파냐 이사벨 1세의 지원을 받아, '산타 마리아, 핀타, 니냐'라고 하는 세 척의 배와 함께 오랜 기간의 항해 끝에 신대륙에 도달하였다. 신대륙이 발견되 었던 1492년 10월 12일 오전 2시경은 아메리카의 역사에서 가장 중요했던 날 중의 하나로 손꼽히고 있다. 제1차 항해 후 콜럼버스는 1492년 12월에 귀국하여 국왕 부부로부터 '신세계'의 부왕으로 임명되었다. 제1회 항해 후 아메리카에서 그가 가져온 금제품이 전 유럽에 돌풍을 일으켰다. 1493년 17척에다 1200명의 대大 선단에 의한 제2차 항해는 그의 선전에 따라 금을 캐러 가는 사람이 대부분이었다. 히스파니올라에 남겨 두었던 식민지 개척자 40여명은 인디오의 저항으로 전멸해버렸으나, 콜럼버스

는 여기다 식민지 행정관으로서 이사벨라 시를 건설하는 한편, 토지를
에스파냐인 경영자에게 분할해 주고 인디언에게는 공납貢納과 부역[10]
을 명령하였다. 그러나 금의 산출량이 기대보다 보잘 것이 없자, 콜럼버
스와 그의 부하들은 역사가들에 의해 '홀로코스트(집단학살)'라고 명명되
는 정책을 폈다. 타이노 원주민들은 조직적으로 노예화되고 살해되었다.
수백 명이 유럽으로 팔려갔고 다수는 그 팔려가는 과정에서 죽어갔다.
나머지 인디언들은 금을 가져오게 하여 그 할당량을 채우지 못하면
수족을 잘랐다. 실제로 금이 그렇게 많지 않아서 많은 원주민들은 도망갔
고, 스페인 사람들은 이들을 사냥의 방식으로 끔찍하게 죽였다. 원주민
들은 이에 저항하였으나 스페인의 무기가 워낙 성능이 좋았기 때문에
그들을 막아내기에 역부족이었고, 유럽에서 옮아온 천연두 같은 전염병
은 그들의 삶을 송두리째 파괴했다. 절망 속에서 원주민들은 집단자살을
선택하기도 했다. 25만 명에 달하던 타이노 원주민의 수는 2년 만에
절반으로 줄어들었다. 나머지는 노예화되고 사망률이 높은 대농장에서
강제노역을 해야 했다. 콜럼버스의 신대륙 발견 이후 60년 만에 타이노
원주민은 수백 명만이 남았고, 100년이 더 흐른 뒤에는 손에 꼽을 정도의
사람만이 남게 되었다.

　유럽인들이 아메리카로 들어오기 전, 아메리카 원주민들은 아프리카
와는 달리 매우 높은 수준의 농업기술, 토목건축기술, 의학기술을 가지고
있었으며 현 일리노이아주인 당시 카호키아의 경우에는 인구 4만 명
규모의 발전된 도시도 가지고 있었다. 워드 처칠[11]은 그의 저서 『그들이

---

10) 경작과 금 채굴

온 이후』에서 유럽의 스페인, 프랑스, 영국, 미국 등의 서구인들이 어떻게
수백 년에 걸쳐 남북 아메리카 원주민들을 학살하였고 절멸시켰는지
매우 구체적인 근거자료를 들어가며 낱낱이 폭로하고 있다. 유럽인들은
남북 아메리카와 카리브 해의 인디언들을 잔인하게 집단학살하였으며,
갖가지 전염병 병원에서 나온 이불과 목도리까지 선물해가며 17세기에
서 20세기 초까지 원주민들이 거의 멸종수준에 이를 정도로 학살을
자행했다. 카리브 해에서 1500여만 명, 북아메리카에서 1500여만 명
등 최소 3천만 명에서 최대 1억 명 정도를 학살한 것으로 추산된다.
특히 워드 처칠에 의하면 옥수수, 토마토, 호박, 감자 등 지금 인류가
이용하고 있는 작물의 절반이 인디언들이 재배하던 것들이며 그들은
매우 높은 수준의 의학치료 기술을 가지고 있었다고 한다. 땅도 공동
소유하고 있었고, 평등하고 평화로운 사회를 유지하고 있었다. 넓은
영토, 풍부한 먹을거리, 높은 의학수준, 다툼 없는 평등하고 화목한
생활을 하고 있던 그 많은 원주민들을 백인들이 소나 돼지처럼 학살하여
절멸시킨 것이다.

　역사에 가정이란 것이 별 소용이 없는 것이기는 하지만, 그나마 제1차
세계 대전[12]과 제2차 세계대전[13]이 발발하게 되면서 서구 백인들의

---

11) 아메리카 토착 인디언 출신의 학자,『그들이 온 이후』를 저술하였다. 한국에는
　　황건 번역 출간
12) 당시 전 세계 경제를 장악하고 있던 두 개의 거대한 동맹들이 벌인 전쟁. 하나는
　　대영제국 · 프랑스 · 러시아 제국의 삼국 협상을 기반으로 한 연합국이며, 다른
　　하나는 독일제국 · 오스트리아 · 헝가리제국이 있는 동맹국이다. 1914년 7월 28일에
　　발발해서 1918년 11월 11일까지 계속되었다.
13) 제2차 세계대전 1939년 9월 1일~1945년 9월 2일

추악하고도 무자비한 식민지 쟁탈전이 가까스로 진정이 된 것이라 할 수 있을 것이다. 지금 이 말이 다소 과장되었다고 생각한다면, 당시의 서구 지식인들이 머릿속에 무슨 생각들을 갖고 있었는지를 엿볼 수 있는 증거를 보여주고 싶다.

"나는 우리가 세계 제일의 인종이고, 우리가 사는 세계가 넓어지면 넓어질수록 인류에게 행운이라고 주장한다. 만일 신이 이 세상에 있다면 그 신은 영국령이라는 표시로 아프리카 지도를 되도록 많이 빨갛게 칠하기를 바랄 것이라 믿는다. 나는 만일 가능하다면 유성까지라도 병합하고 싶다는 생각을 자주한다. 깜박깜박 저 만치 멀리 빛나고 있는 별을 보면 내 기분은 침울해진다."

19세기 말의 기업가이자 정치인이었고 케이프 식민지의 수상이었던 영국의 세실로즈[14]가 쓴 [유언집]에 나오는 말이다. 만약 두 차례의 세계대전이 없었다면, 그리하여 그들이 자기들끼리의 분란 없이 서로 합심하여 지속적으로 전 세계를 훑어나갈 수 있었다면, 아마도 지구의 동쪽 끝까지 결코 무사하지 못했을 것이다. 극동 아시아의 경우는 그들과 지리적으로 멀었기 때문에 그나마 천만다행이었던 셈이다. 이러한 막대

---

14) 세실 존 로즈(Cecil John Rhodes, 1853~1902) 케이프 식민지의 수상으로 영국 정부가 추진한 아프리카 종단 정책에 가담한 것으로 유명한 제국주의자이다. 1870년 남아프리카에 이주하여 킴벌리에서 다이아몬드 채굴에 종사하였고, 영국령 로디지아의 개발을 위해 남아프리카 회사 설립의 특허를 받았다. 그 사이 다이아몬드 광산을 통합 독점하고 거부가 되었다. 케이프 식민지 정계에 투신, 1890년에 수상이 되었으며, 행정 개혁과 영국 식민지의 확대를 위해 노력하였으나, R.제임슨의 침입을 원조한 이유로 사직하였다. 그 후로도 로디지아 개발에 노력하였고 보어 전쟁이 일어나자 킴벌리에서 농성하였으나, 건강이 나빠져 케이프 타운 근처에서 죽었다.

한 희생을 통해 지난 수세기 동안 축적한 어마어마한 이익을 밑천으로 21세기의 오늘날까지도 여전히 서구 열강들이 전 세계의 재화를 거의 독차지하고 있으며, 이 모든 기득권과 헤게모니를 쥐고 흔드는 그 원천이 바로 다소 어이없게도 이원론, 바로 거기에 밑바탕을 두고 있었던 것이라면 믿어지는가?

다시 서기 1400년 무렵으로 시간을 돌이켜보면 서구인들이 처음 이방인들과 조우하게 되었을 때 전혀 다른 선택의 가능성이 충분히 있었다. 비록 그들이 이원론을 신봉하고 있었다고 하더라도, 그들 이방인들의 정신이나 영혼이 자신들의 그것만큼이나 충분히 고귀하고 소중한 것이라고 판단했더라면 그런 불행한 일들은 일어나지 않았을 것이다. 그러나 그들은 그러한 선택을 하지 않았다. 왜 그랬을까? 백인들과 아프리카 원주민들이 조우하게 됐을 때, 서구인들은 일단 원주민들이 입고 있는 의상들이 미개하다고 생각했고, 살고 있는 집들이 미개하다고 생각했다. 문화가 열등하므로 영혼도 열등하다고 생각한 것이다. 더 결정적인 것은 그들은 기독교의 유일신인 여호와 하나님을 신앙하고 있지 않았다. 어떻게 그들이 여호와를 신앙할 수 있었겠는가? 하지만 이런저런 사정 따위는 가치의 고저를 판단하는데 있어서 반영될 여지가 전혀 없었다. 결과적으로 최소 상기 두 가지 기준에 비추어보았을 때, 서구인들의 지극히 주관적인 판단은 원주민들의 영혼은 전혀 고귀하거나 소중하지 않은 것이었고, 더욱이 하나님을 믿지 않는 그들은 사탄과도 다를 바 없는 잠재적인 적일 수밖에 없었던 것이다. 아마 이보다 더 좋은 핑계거리는 없었을 것이다. 그들이 일단 이렇게 판단한 이상, 이제 남은 선택은 오직 한 가지뿐이었다. 원주민들은 이제 하찮고 한낱 유용 가능한 자원에 불과한 물질로만 비쳐질 수밖에 없었던 것이다. 그리고 그 결과는 실로 참혹하고도 불행한 것이었다. 따지고 보면 서양철학과 현대 과학의 근원은 기원전 6세기의 초기 그리스 철학에서 비롯된 것이라고 할 수 있다. 결과론적으로 서양의 제 학문은 동양 사상과 일맥상통하는 초기 고대 그리스의 신비주의 철학에서부터 출발을 하였다. 하지만 그 종착점은 서로 판이하게 달라졌고, 결국 동양의 우주관과 극명한 대조를 이루게 되었다. 그런데 최근에 들어와서 현대 과학은 그들의 한계를 극복하기 위해 다시 초기 그리스나 동양 철학의 관점을 재조명하고 있다. 다만 달라진 것이 있다면, 직관적 방식에 근거를 두었던 과거 동양의 현자들과 달리, 오늘날 현대 과학자들은 극도로 치밀하고 정교한 실험과 엄밀하고도 일관성 있는 수학적 사고에 근거를 둔다는 점이지만, 이렇게 바라보는 방법이 크게 달라졌음에도 불구하고 최종적으로 이르게 되는 결론은 점점 서로가 일치하는 경우가 늘어간다는 상당히 기묘한 상황이 연출되고 있다.

2 동양의 역易

탈레스나 피타고라스를 비롯하여 헤라클레이토스 등의 우주관은 동양적 세계관, 그리고 자연수를 바라보는 동양적 관점과 놀라울 정도로 많은 유사성을 보인다. 만물이 살아있다고 보는 물활론적 입장은 길거리의 돌멩이에도 신이 깃들어 있고 살아있다고 보는 아메리카 인디언들이

나 동아시아인들의 입장과 같은 맥락이다. 뿐만 아니라 일화로써 전해지는 탈레스의 삶 자체가 마치 토정 이지함의 삶을 연상시키기도 한다. 토정의 경우에도 살림살이가 빈한하기 그지없어 처자가 배를 곯는 일이 비일비재하였으나, 마음만 먹으면 그리 어렵지 않게 큰돈을 만들어내는 재주가 있었다. 가령 박과 콩이 품귀현상이 일어날 것을 예상하고 사람이 살지 않는 섬에다가 박과 콩을 심어, 그것으로 거금을 만들어 빈민들에게 나누어주기도 했다.[15] 또한 상수역의 관점에서만 보면 무엇보다도 가장 놀라운 것은 바로 피타고라스이다. 피타고라스학파가 세계를 홀수와 짝수의 대립과 조화라는 측면에서 바라보았다는 것은 역易의 음양론과 매우 유사하다는 데에서 놀라움을 금하지 않을 수가 없다. 피타고라스가 이후 서양 수비학의 시조로 추앙 받고 있다는 것이 그리 놀라운 일만도 아니라 할 것이다. 이처럼 너무도 비슷한 이러한 유사성에 대한 연구가 또 하나의 주제가 될 수 있을 정도이지만 본서의 주제와는 다소 동떨어져 있으므로 더 이상의 논의는 생략하기로 한다. 이러한 놀라운 초기 유사성에도 불구하고, 이후에 전개된 역사를 볼 때, 양자의 세계관이 판이하게 달라졌는데, 그 원인이 무엇일까? 필자는 이에 대해 동양은 확고부동한 수상數象을 가지고 있었으나, 서양은 그렇지 못했다는 점을 꼽고 싶다. 동양은 하도와 낙서로 대표되는 수상도(數象圖)와 복희팔괘와 문왕팔괘와 같은 괘상도(卦象圖)들 같이 실체적이면서 확고한 현물을 기반 증거물로써 확보하고 있었고, 그것을 바탕으로 그들의 철학, 역법, 천문학, 주역, 의학, 명학, 정치, 점술, 풍수, 군사학 등으로 다양하게 응용해나갈 수가 있었으나, 고대 그리스의 관점은 결국 사장되

---

15)『월영도』이지함 (백동기 편역), 명문당 1993

거나 오늘날의 서양 수비학 정도로 겨우 그 명맥이 유지되고 있다.

공자 이전

이제 눈을 돌려 동아시아 쪽을 살펴보기로 하자. 대략 지금으로부터 5400년 전은 동아시아 지역에 역易이란 독특한 전통이 이제 막 형성되기 시작하는 시점이었다. 하지만 역易의 역사는 결코 그리 간단하지가 않아서, 그보다 훨씬 이전[16]을 고려해야 할지도 모른다. 흔히 역易의 기원이라고 알려져 있는 복희씨는 주 문왕(기원전 1136경)보다 약 3000년 이상 앞선 인물이라고 알려져 있다. 복희씨

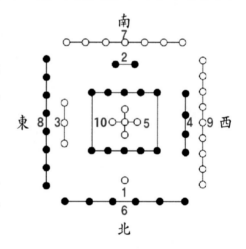

가 황하에서 나온 용마龍馬의 등에 그려진 55개의 점을 보고 우주의 이치를 깨달았다고 하는데, 바로 이 사건이 역의 출발점으로 일컬어진다. 용마의 등에 그려진 있던 그림을 일컬어 용도龍圖 또는 하도河圖라고 한다. 우리나라에선 주로 용도라고 불렀고, 중국 측에선 주로 하도라고 부르고 있다. 그리고 이 도상을 들여다보고 복희씨가 처음 그려낸 것이 바로 복희팔괘도라고 하는 인류 역사상 최초의 팔괘도이다. 건괘(☰)와

---

16) 기록에 따라서는 복희의 연대기가 약 3만 년 전에서 50만 년 전까지 거슬러 가기도 함.

곤괘(☷)가 마주보고, 태괘(☱)와 간괘(☶)가 대응하고, 이괘(☲)와 감괘(☵), 그리고 진괘(☳)와 손괘(☴)가 서로 마주하는 구조로 되어있다. 그 이후 황제(기원전 2700?~기원전 2600?)에 의해 10간과 12지지를 배합한 60갑자가 사용되기 시작한 것으로 알려져 있으며, 그 뒤 전설적인 하나라(기원전 2050?~기원전 1550?)의 우왕이 낙수라는 강가에서 나온 거북이의 등에 그려진 낙서를 얻어 비로소 치수에 성공할 수 있었다는 이야기가 전해지고 있다. 이와 같이 역의 근원이 장구하다는 것은 확실하지만,

그런 만큼 그 기원이 전설로써만 전해질 수밖에 없다는 한계가 동시에 공존하는 것이 엄연한 현실이다. 일단 이렇게 역의 역사는 그 실체가 불분명한 전설로부터 시작한다. 이후 하나라에 이어 은나라(기원전 1550?~기원전 1066?) 약 600년 동안에는 고대 이집트 사람들과 마찬가지로 이미 달력을 사용하고 있었던 게 확실한데, 그들은 1년이 365와 1/4이라는 것을 알고 있었을 뿐만 아니라, 1년을 12개월로 나눈 역법을 사용하고 있었다. 날짜의 기록은 갑자甲子로부터 계해癸亥까지 60일을 주기로 하는 간지干支를 이용하고 있었다.17) 오늘날까지도 사용되고 있는 이러한 순환 체계는 수천 년을 이어온 장구한 문화유산인 셈이다. 은나라 때에는 점복의 기능이 왕실의 대소사를 결정하는데 있어서

---

17) 『주역을 읽으면 미래가 보인다』 박태섭, 도서출판 선재 1999

44 •

극히 중요하게 다루어졌다. 지금
의 하남성 일대에 위치하고 있었
던 이 왕조는 소수가 다수를 철저
히 지배하고 착취하는 전형적인
노예제 사회였고, 정치와 종교가
분리되지 않은 제정일치의 사회
였다. 권력을 가진 왕족이나 귀
족들은 어떤 일을 행하기 전에
반드시 먼저 점占을 쳐보아야 했

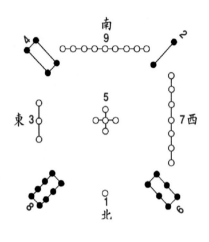

다. 이는 고대 바빌로니아 문명 등에서도 그 흔적을 볼 수 있는 것으로서,
이는 어쩌면 두 문명 간에 상당한 수준의 교류가 이루어지고 있었다는
증거일지도 모른다. 은나라에서는 이때 점치는 도구로 거북의 뱃가죽이
나 소 같은 동물의 뼈가 사용되었고 심지어는 사람의 뼈가 사용되기도
했다. 점 한번 치기가 결코 쉽지 않았을 것으로 짐작되는 대목이다.
점을 칠 때는 먼저 가죽이나 뼈에다 구멍을 뚫어놓고 구멍에다 열을
가해 그것들을 갈라지게 했다. 그리고 그 갈라진 모양을 보면서 길흉을
판단했다. 재미로 보는 것이 아니었기에 진지함의 정도를 넘어 신명을
다 바쳐 진정으로 미래에 닥칠 일을 알고자 했었을 것이다. 그들은
비록 사람의 육신은 죽을지라도, 영혼은 불멸한 것이고, 천지만물에는
신이 깃들어 있다고 믿었다. 그들에게 점이란 신의 계시, 즉 천명이
짐승이나 사람의 영혼이 깃 들인 가죽이나 뼈를 통해 전달되는, 그야말로
신성하기 이를 데 없는 의식이었다. 점을 친 후에도 그들은 점의 내용과
길흉에 대한 예측이나 응험의 결과를 점을 칠 때 사용한 가죽이나

뼈에 새겨놓음으로써 신의 뜻을 기록에 남겼는데, 그 흔적이 오늘날까지
도 갑골문에 남아 전해지고 있다. 갑골문에 의하면 그들은 비가 올지
안 올지, 풍년이 들지 흉년이 들지, 우환이 있을지 없을지, 전쟁에서
이길 수 있을지 없을지, 제사를 언제 택일해야 할 지, 출산, 질병, 해몽
등등 일상을 살아가는 동안에 생기는 궁금한 모든 것들에 대해 점을
쳤고 그 기록을 남겨놓았다.[18]

그러다가 지금으로부터 약
3000여 년 전인 은나라 말 주 문
왕(기원전 1147?~기원전 1050?)에
이르러 가히 혁명적인 한 획이
그어지는 사건이 벌어진다. 당
시는 역사적으로도, 역학적으
로도 큰 전환점의 시기였다. 역
사적으로는 동이족이 중원을 지

배하던 은나라가 멸망하고 서이족이 중원을 지배하는 주나라(기원전
1066~기원전 256)가 들어서게 되었고, 역학적으로는 복희팔괘에 이은
문왕팔괘라고 하는 두 번째 팔괘도가 그어졌을 뿐만 아니라, 『역경』이라
고 하는 문헌이 탄생한 시기였다. 흔히 『역경』을 주나라의 역易이라
하여 『주역周易』이라 부르고 있는데, 현상적 우주관과 실천적 방법론을
하나로 집약시켜 역의 진수를 담아놓은 경전이라고 말할 수 있다. 이러한
획기적인 사건에 대하여 명대의 주역 대가 래지덕은

---

18) 『나는 역술을 이렇게 본다』 오종림, 솔 출판사 1997

"복희씨가 그은 한 획은 부처님의 염화미소요, 문왕과 주공의 단彖과
상象은 문수보살의 사치스런 말이다.(羲皇之一畫 拈花微笑 文王周公 文殊饒舌)"
라고 말한 바 있다. 그의 이 말은 즉 괘상에 모든 뜻이 담겨 있는 것이며
문자는 다만 장식에 불과하다는 뜻이지만, 따라서 문왕과 주공의 설명도
사실은 장식에 불과하다는 것이지만, 그럼에도 불구하고 상징이 의미하
는 바를 누구나 읽을 수 있는 문자로 뜻을 새겼다는 것 그 자체는
단지 괘상만 바라보던 것과는 완전히 차원을 달리하는 일이라 할 수
있다. 처음 『주역』의 시작은 단지 점복 관련된 서책의 하나에 불과한
것이었으나, 이후 동양의 독특한 우주관과 사상의 밑바탕을 이루는
핵심적인 근원으로 자리를 잡게 된다. 역의 전통이라는 거대한 물줄기의
근원에 자리하여 이후 수천 년 동안 동아시아인의 정신세계에 지대한
영향을 끼쳐 온 주인공들이 바로 주 문왕, 그리고 그의 동생인 주공,
그리고 그들을 계승하여 집대성한 공자(기원전 551~기원전 479) 라고 말할
수 있다. 어쩌면 문왕과 주공과 동시대를 살았던 그 유명한 강태공이라는
이가 알려진 역사의 그 이면에 자리하고 있을지도 모른다. 하지만 적어도
세상에 널리 알려져 있는 바로는 주나라의 문왕이 문왕팔괘를 그었고
주역 64괘의 괘사19)를 지었으며, 동생인 주공이 384효의 효사를 지었으
며, 그리고 약 500년 후 공자가 묻혀 있던 『주역』을 되살려 「십익」을
추가하면서 집대성하였다는 것이 정설처럼 되어있다. 공자의 손을 거치
면서 『주역』은 단순한 복서에서 완전히 벗어나 만물을 파악하는 동아시

---

19) 은말의 폭군 주왕 (기원전 1154~기원전 1122 재위)의 말기에 문왕은 혐의를 받아
주왕의 명으로 유리의 옥에 유폐되었다. 이때 옥중에서 64괘의 괘사를 지었다고
전해진다. 문왕팔괘가 그때 그어졌는지는 전해지는 바가 없고, 다만 추정만 할
뿐이다.

아 특유의 자연관의 본원, 도덕적 윤리와 수양의 지침, 그리고 사상과 철학의 근원 역할을 한다. 결론적으로 복희팔괘가 그어진지 약 3000년 만에 문왕팔괘가 그어지고『역경』이 지어졌고, 다시 500년이 지나 공자의「십익」으로 비로소『주역』이 완성되고 오늘날까지 그 역易의 도가 이어질 수 있게 되었으니, 일부 김항 선생이 특히 공자의 공덕을 높이 칭송하는 뜻을『정역』의 도처에 담아 놓았던 것이다. 기이한 일은 문왕팔괘가 그어진지 약 2800년 만에 다시 세 번째 팔괘인 정역팔괘가 그어지게 되었다는 것이다.

공자 이후

공자를 거친 후에 역易이란 것이 그 뒤로 장구한 세월을 내려오면서 어떤 대접을 받아왔는지 잠시 그 실상을 엿보기로 한다. 학문의 종장이라 할 수 있는 공자조차도 젊었을 때는『주역』에 대하여 잘 알지 못했다고 한다. 그러다가 우연히 서고의 먼지 구덩이에 쳐 박혀 있던『주역』을 발견한 공자가 그의 말년에 이르러 비로소 그 가치를 깨닫고는, 이후 책을 엮은 가죽 끈이 세 번이나 끊어질 정도로 연구에 몰두하면서 체계를 잡아 놓았고, 이때 잡아놓은『주역』이 오늘날까지 전해지게 된다. 그러나 공자 이후에도『주역』은 혼란했던 춘추전국시대가 다 끝나가도록 오랫동안 햇빛을 보지 못했다. 공자가 죽은 후 상구가『주역』을 이었고, 한비가 다시 그 뒤를 이었다. 이렇게 계속 음지에서 조용히 전승이 되다가 드디어 빛을 보게 된 것은 공자 이후 약 350년 후인 한나라 무제 때에 이르러서이다. 이때 제9대 제자인 양하가 높은 벼슬을 하게 되면서 비로소 제대로 된 대접을 받게 되었다.[20] 이렇게 진나라가 망한 후 집권한 한나라 초기부터 시작해서 이후 약 200년 간 역易의 황금시대가 열린다. 공자의 노력이 비로소 햇빛을 보게 된 것이다.

공자 ⇨ 상구 ⇨ 한비 ⇨ 교지 ⇨ 주수 ⇨ 광우 ⇨ 전하 ⇨ 왕동 ⇨ 양하

그 후 기원전 1세기경에 살았던 맹희(기원전 90~기원전 40), 초연수(기원전 85~기원전 40), 그의 제자였던 경방(기원전 77~기원전 37)과 같은 저명한 학자들이 바로 이 시기에 활동하던 주역主役들이다. 이후 역의 발전은 대체로 의리義理와 상수象數의 두 경로로 나누어진다. 의리역은 『역경』 주해를 위주로 역을 연구하는데, 한나라의 전하, 비직 ⇨ 후한의 정현, 순상 ⇨ 위나라의 왕필 ⇨ 진나라의 간보, 한강백 ⇨ 송나라의 정이, 주희, 양만리 ⇨ 명나라의 래지덕 ⇨ 청나라의 황종희, 호위 등을 들 수 있다. 반면 상수역은, 한나라의 맹희, 초연수, 경방 ⇨ 삼국시대 오나라 우번, 위나라 관로 ⇨ 당대 적송자 등등 ⇨ 송나라 소강절 ⇨ 명나라 유백온 ⇨ 청나라의 혜동과 장혜언 등의 계보라 할 수 있다.[21] 의리역은 『주역』의 의리적 해석에 치중하여 도덕관, 정치관, 철학 사상 으로 발전해가는 양상이었고, 상수역은 주로 응용 방면에 치중하여 복서, 풍수, 관상, 명리로 발전해 가는 양상이었다. 이 둘은 시간이 갈수록 점점 거리가 멀어지게 되는데 역대로 정통의 지위를 차지해 온 쪽은 대체로 의리역 계통이었다. 그러나 의리역과 상수역의 오랜 경합의 역사에서 주류의 자리를 먼저 차지했던 쪽은 상수역이라고

---

20) 『학역종술』 장봉혁, 학고방 1999
21) 『현공풍수학』 호경국 (옮긴이 선공세준), 전통문화사 2004

할 수 있다. 상수역과 의리역이 어떻게 다른지를 비교해볼 수 있는 실제 사례를 하나 들어보자.[22]

한나라가 역대로 가장 골치를 썩어야 했던 것은 바로 막강하기 그지없는 흉노와의 싸움이었다. 한 무제 때 흉노와 싸움을 벌이는 과정에서 흉노의 군사들이 돌연히 자기네 말들의 발을 묶기 시작했다. 한나라 군사들은 이것이 힘의 우위를 과시하는 것인지, 아니면 약세를 드러내는 것인지 도대체 그 영문을 알 수가 없었다. 이 상황에서 진격의 여부를 놓고 논쟁이 벌어지게 된다. 결국 한 무제는 주역으로 점을 쳐서 결정하고자 했다. 그리고 그가 얻은 것은 택풍대과(䷛)의 오효가 동한 괘상이었다. 『주역』 원전의 풀이에 의하면
"시든 버드나무에서 꽃이 피니 어떻게 오랫동안 버틸 수 있겠는가?"
라는 내용이었고, 신하들은 이것을 흉노가 오래 버티지 못할 것이라는 암시이므로 당장 진격하는 것이 좋겠다고 입을 모았다. 결국 이광 장군이 군사를 인솔해 출정하였다. 과연 싸움의 결과는 어떻게 되었을까? 한나라의 대패大敗였다.

이에 대해 상수역의 입장을 엿볼 수 있는 것이 청나라 때 상수역의 대가였던 혜동의 풀이이다. 그의 의하면 택풍대과(䷛)의 상괘가 동하였으므로 상괘가 흉노를 뜻하는 것이고, 하괘가 한나라를 뜻한다. 이때 상괘의 태괘(☱)는 금 기운이고, 하괘의 손괘(☴)는 목 기운이니 당연히 금극목의 관계에 의해 흉노에게 한나라가 대패하는 상象이라는 것이다. 이렇게 같은 괘상인데도 불구하고 실전풀이는 판이하게 다르다. 원전 문구에 충실하자는 쪽이 의리역의 입장이었던 반면에, 같은 괘상을 음양론이나 오행론 등을 접목해서 전혀 다른 논리로 풀이하는 것이 상수역의 입장이었다. 상수역은 한나라의 맹희로부터 시작해서 초연수

---

22) 『나는 역술을 이렇게 본다』 오종림, 솔 출판사 1997

50 •

와 경방으로 이어지면서 발전하기 시작한다. 맹희 이후의 한대 상수역의
특징은 최고 권력자인 황제를 비롯하여 유력한 신하들이 적극적으로
이를 활용했다는 점이다. 특히 한 무제가 백가百家를 내쫓고 유가儒家의
술만을 높이는 정책을 시행하게 되는데, 이때 수많은 술수학 중 음양오행
설에 근거를 둔 상수역이 당당히 주류를 차지한다. 이는 당시의 상수역
학자들이 내세운 음양오행설이 한 무제와 같은 최고 통치자들로부터
가장 합당한 이치로 인정받을 수 있었기 때문이었다. 오랜 역사를 통틀어
상수역이 이때만큼 오랫동안 주류로 인정받았던 적도 아마 드물었을
것이다. 한대의 상수역은 음양오행설에 근간을 두면서 재이설(災異說)에
의지하여 크게 일어나게 된다. 한 무제와 재상 동중서의 세 차례에
걸친 재이에 관한 회합을 비롯해, 당대의 유명학자들이 재이를 논하는
것은 하나의 상식이었다고 할 수 있다.23) 재이설의 근본 배경은 자연계에
서 발생하는 비정상적인 재앙이나 상서로운 현상들은 바로 인간 세상에
서 벌어지는 사건들과 결코 무관하지 않을 뿐만 아니라 하늘이 인간에게
보여주는 하나의 징표이므로 열린 눈으로 그것을 통찰한다면 장차
닥칠 현실의 일들을 예상해볼 수 있다고 그들은 인식하고 있었던 것이다.
실제로 경방의 기록에는 자신이 재이를 배운 것을 다행이라고 얘기하는
대목이 있을 뿐 아니라, 그의 스승 맹희가 여러 차례 상소하여 장래를
미리 말했는데 몇 달이나 일 년 이내에 실제로 들어맞는 경우가 많았다고
한다. 그리고 경방 스스로도 음양오행설에 바탕을 두면서 반란이 일어나
고, 일식이 일어나고, 일기가 불순하여 여러 날 안개가 걷히지 않은
일들을 미리 예견하여 황제를 기쁘게 하였다고 말한다.

---

23) 『주역과 오행 연구』 윤태현, 식물추장 2002

그러나 상수역은 일부 천재적 인물들에 의해 많은 발전이 있었음에도 불구하고, 결국에는 오랫동안 비정통적인 것으로 배척당하였고, 심지어는 금지를 당하는 처지에 놓여야만 했다. 상수역이 흥하게 된 것이 한대 황제들의 응원이 주원인이었듯이, 배척당하게 된 것도 따지고 보면 왕조의 흥망성쇠가 반복됨에 따라 상수역의 기능을 두렵게 여기게 된 역대 황제들이 그 원인이었다. 결국 이리하여 주로 피지배계층이나 은사들에 의해서만 은밀히 전해지게 된 상수역은 민간의 방술로 전락하여 한낱 강호술사들의 생계수단으로 전락하게 된다.[24] 결국 역이 본래 가지고 있는 두 가지 기능 중, 대체로 역의 수양적 기능은 지배계층에 의해 지나치게 비대하게 인정을 받아 온 반면, 응용과학적 기능은 지나치게 홀대를 받음으로써 결국 균형적 발전이라는 측면에서는 커다란 문제를 야기하게 된다.

3 하락河洛 역사

이러한 오랜 역사 속에서, 역리의 근본이라 일컬어지는 하도와 낙서가 과연 어떤 위상을 차지해 왔었는지를 따로 자세히 살펴보지 않을 수 없다. 그 역사를 살펴보면 오늘날에는 시중 서점에 있는 거의 모든 주역 관련 서적의 권두를 치장할 만큼 흔해 빠진 그림에 불과할 뿐이지만,

---

24)『현공풍수학』호경국 (옮긴이 선공세준), 전통문화사 2004

오래 전 고대에는 사정이 전혀 달랐다고 할 수 있다. 쉽게 말해서 그들의 초기 위상은 지금과 같이 아무나 쉽게 구경하거나 감상할 수 있는 그런 물건이 결코 아니었으며, 오히려 왕실의 국가적 보물로써 매우 귀한 대우를 받았다. 가령 국왕이 즉위할 때나 혹은 정권 교체시의 정통성을 보장 받을 수 있는 하나의 중요한 징표였고, 하늘이 인간 세상에 내리는 극히 상서로운 신물의 하나로써 여겨졌다.

진대 이전

진나라 이전의 일들을 논하기에는 사실상 거의 불가능에 가까운 것이 현실이다. 남아 있는 고서가 극히 희귀할 뿐더러 혹 남아 있는 고서가 있더라도 그 기록 자체의 신빙성이나 실제 저술 연대가 큰 논란거리가 된다. 더욱이 기원전 213년 진시황이 민간의 서적을 모조리 불살라버린 분서갱유와 기원전 206년 초나라 항우가 박사들의 서적을 모조리 불살라버린 두 차례의 큰 수난이 있었다. 그리고 민간인이 서적을 소장하지 못하도록 금지하였던 진시황의 협서율(挾書律)이 폐지된 것이 기원전 191년(한나라 제2대 황제 혜제 4년)에 이르러서이다. 설사 분서갱유가 아니더라도 지금까지 남아서 전해질 가능성이 극히 희박할 텐데, 그것도 모자라서 이러한 대형 참사들이 겹겹으로 있었던 상황이라면 이미 고대의 문헌이나 경전은 씨가 마를 대로 말라서 제대로 된 기록이나 문헌이 지금까지 남아 있을 리가 만무하다. 이제 나올 건 거의 다 나와서 더 나올게 없다고 볼 수 있다. 사실 그것이 오늘날 학자들이 접근해볼 수 있는 거의 유일한 길이기는 하지만 안타깝게도 한계를 가질 수밖에 없는 게 엄연한 현실이기도 한 것이다.

그래도 기적적으로 아직도 현전하는 문헌들 몇몇에서는 하도와 낙서에 대해 언급된 바를 찾아볼 수가 있다. 이들을 근거로 보게 되면, 대략 최초의 문헌적 흔적은 약 기원전 11세기까지 거슬러 올라가게 된다. 구체적인 문헌들을 열거하자면 『상서』의 「원명편」, 『논어』의 「자공편」, 『예기』의 「예운편」, 『주역』의 「계사전」등을 들 수 있다. 이 문헌들을 통해서 추론해보면 대략 하·은·주의 세 왕조를 비롯해서 대성으로 일컬어지는 공자에 이르기까지 하도와 낙서를 극히 중시했었던 것을 엿볼 수 있다.[25] 가령 『상서』「원명편」에는

"태옥·이옥·천구·하도 재동서(在東序)"

라고 하여 서주의 성왕(기원전 11세기) 당시에 하도가 국가의 중요한 보물의 하나로써 극히 중시되고 있었음을 알 수 있다. 또 『상서』의 「고명편」에 성왕의 뒤를 이어 강왕이 즉위할 때 기물의 진설을 말하면서,

"진설한 옥기玉器는 다섯 조組가 되는데, 진보·적도·대훈·대벽·완·염은 서쪽 행랑에 진설하고, 대옥·이옥·천구·하도는 동쪽 행랑에 진설한다."

고 했는데, 진설된 기물들은 모두 종보宗寶로서 대부분이 옥玉으로 보이는데, 그 가운데 하도라는 명칭을 찾아볼 수가 있다. 그렇다면 여기서 언급되어 있는 하도가 단순히 옥의 일종에 불과한 것인가? 물론 이렇게 주장하는 이들도 있다. 반면에 옥에 하도의 도상을 새겼을 뿐만 아니라

---

25) [하도·낙서의 형성과 개탁] 문재곤
　　 [한·송대의 9·10수론과 하도·낙서 도상의 정립] 김만산, 한국동서철학연구회 논문집

그 뒤쪽에는 낙서까지 새겨져 있었다는 주장도 있다. 이처럼 옥은 옥이로 되 하도의 도상圖象을 새겨놓은 옥이었을 가능성도 배제할 수 없다. 현재로선 추측 이외에는 할 수 있는 게 별로 없지만, 공자의『논어』「자한편」에서는 하도가 중요한 부명상서(符命祥瑞)의 하나로 여겨진 듯이 적힌 말이 분명하게 있다.

　"봉황이 날아오지 않고 황하에서도 그림이 나오지 않으니 나의 이 일생도 다한 듯하구나!"

성인이 나타나면 황하에서 그림이 출현한다는 전설이 있는데, 공자는 이런 상서로운 신물神物들이 나타나지 않음을 들어 당시의 혼탁한 천하가 맑아질 조짐이 없음을 한탄하고 있는 것으로 보인다. 사마천의『사기』「공자세가」에서는『논어』의 이 구절을 더욱 보완해서 다음과 같이 전하고 있다.

　"황하에서는 그림이 나오지 않고 낙수에서는 글이 나오지 않으니 나의 일생도 다한 듯하구나."

좀 전에『논어』에서는 하도만이 언급되어 있었던 것을, 사마천(기원전 145년?~ ?)은 이를 더욱 보완하여 하도와 낙서를 나란히 신성한 것으로 취급하고 있음을 알 수 있다. 따라서 최소한 사마천이 살던 시기에는 하도와 낙서가 이미 함께 나란히 신성한 것으로 거론되고 있었음을 알 수 있는데, 사실 이러한 사마천의 언급이 아니더라도 하도와 낙서는 이미 공자의 시대에 함께 나란히 취급되고 있었던 구체적인 증거가 더 있다. 공자가 지은 것으로 알려진『주역』「계사전」에 다음과 같은 말이 분명하게 기술되어 있기 때문이다.

　"하늘이 상을 드리워 길흉을 나타내니, 성인이 이를 본받았다. 황하에서 하도가 나오고 낙수에서 낙서가 나와 성인이 이를 본받았다."

한대 이후

진나라가 망하고 한나라가 들어서면서부터는 이전보다 훨씬 많은 서적들이 현재까지 전해지고 있는데, 이러한 기록들에 의하면 하도와 낙서가 제왕이나 혹 제왕이 되려는 자들의 정통성을 증명해주는 수명이 제(受命而帝)와 관련된 하나의 필수적인 조건이라는 생각이 한대 이후에 주류를 형성한 유학자들에게 각인되어 있었음을 알 수 있는데, 이 당시의 생각을 짚어볼 수 있세 만드는 하나의 중요한 사건이 바로 후한의 시조 광무제[26]가 태산에 봉선封禪을 올리면서 하도와 낙서의 정문을 받들어 행했다는 내용이다.[27] 이를 통해서 알 수 있는 바는 최소한 후한 시대 초기까지만 해도 분명 하도와 낙서를 수명受命이나 봉선과 관련하여 필수적으로 귀중한 신물로 인식하고 있었다는 사실이다. 이를 한 마디로 말하자면 이제 막 천하의 주인이 되려는 자가 하도와 낙서를 가지고 있지 않거나, 하도와 낙서를 제시할 수 없다고 한다면, 그의 정통성을 기약할 수 없었다는 말이 되는 것이다. 한대의 하도와 낙서는 이렇게 제왕의 수명이나 봉선에 연관되는 신물로 인식되었을 뿐만이 아니라, 한대 당시에 크게 성행했던 역학의 근본이 바로 하도와 낙서인 것으로 인식하고 있었다는 내용들이 문헌상에 분명하게 전해지고 있다.

---

26) 유수(기원전 6~기원후 57) 본 이름은 유문숙. 9살에 양친을 여위고, 28세에 후한의 초대 제왕으로 등극하였다.
27) [하도·낙서의 형성과 개탁] 문재곤

기원전 2세기경 한나라 사람이었던 공안국은,

"하도는 복희씨가 천하를 다스릴 때 용마가 황하에서 나와 그 무늬를 본받아 팔괘를 그리게 되고, 낙서는 우왕이 치수할 때 신구가 무늬를 등에 지고 나오는데 숫자가 9에 이르거늘 우왕이 이에 의하여 차례대로 하여 구류를 이루었다."

고 했다. 공안국의 이러한 언급은 후한 말 사람인 유흠(기원전 ?~기원후 23)의 유사한 주장에서도 재확인할 수 있다. 이와 같이 한대를 비롯하여 후한시대까지는 하도와 낙서가 국가적 보물이었을 뿐만 아니라, 그것이 역易의 근본이라고 보고 있었음이 확실하다. 그리고 지금 공안국의 언급에서처럼 낙서가 9수數로 이루어졌다는 주장이 문헌상에 명백하게 기록되어 있지만, 어찌된 일인지 하도가 10수數로 이루어졌다고 하는 구체적인 기록은 아쉽게도 보이지를 않고 있다. 그러나 나중에 다시 언급되겠지만 최근에 발달한 고고학적 연구 결과들과 여러 정황들을 살펴보았을 때, 하도와 낙서가 한나라 때 역학의 발전과 더불어 참위설의 대유행을 몰고 오게 한 근본 뿌리였을 것이라는 사실은 의심의 여지가 없다고 할 수 있다.

그러나 후한이 망한 이후, 삼국시대를 거치고 동진 이래 열국 시대와 남북조 시대를 거치는 동안 중국의 천하는 실로 어지러워진다. 수많은 왕조들이 풍전등화와도 같이 짧은 기간 동안 흥망성쇠를 겪으며 빠르게 교체되어 가는 와중에 도교의 도사들이나 술사들은 음양오행과 기문둔갑을 비롯한 구궁팔괘 이론 등으로 국가의 흥망성쇠와 운명을 예언하는 일이 많아졌다. 사정이 이렇다보니 역대 제왕들이 왕권에 위협을 느끼지 않을 수가 없게 되었고, 드디어 남조 송대(457~464)에는 도참이 금지되기에 이르렀으며, 수나라 양제(569~ 618)때에는 아예 도참 서적을 모조리 불살라버리고, 항간에 참위설을 말하고 다니는 사람들은 모두 처형해버리는 지경에까지 이르게 되었다. 따지고 보면 도가의 술사들이 하늘처럼 떠받들던 노자와 장자가 일러주었던 바가 바로 함부로 나서지 말라는 신신당부였음을 술사들이 너무도 뒤늦게 깨달은 것이다. 초나라 왕이 두 명의 대부를 보내 장자를 재상으로 초빙하려 했을 때, 복수에서 낚시를 즐기고 있던 장자가 두 사신들에게 말하기를,

"초나라에는 영험한 거북이 있고, 그것이 죽은 지 3천년이나 되었지만, 왕이 보자기로 싸고 상자에 넣어 종묘에 소중하게 간직하고 있다고 들었소. 그러나 그 거북이가 죽은 뒤에 뼈만 남아 귀하게 대접받는 것과 살아서 진흙 속에서 꼬리를 길게 끌며 지내는 것, 이 둘 중에서 어느 쪽을 진정으로 바란다고 보시오?"

라고 물었다. 이에 두 사신이 대답하기를,

"그야 당연히 살아서 진흙 속에 꼬리를 끌며 다니는 쪽을 바랐을 테죠."

라고 대답하였고, 장자는

"가시오, 나는 진흙 속에서 꼬리를 끌며 살겠소."

라고 말하였다. 비단 옷과 맛있는 음식과 높은 관직이 결국은 자승자박으로 돌아와 자신의 목을 조르게 될 것이라는 것을 장자는 너무도 잘 알고 있었던 것이다. 그리고 노자는 더욱 더 명확하게 말한다.

"감히 천하에 나서서 남보다 앞장서려 하지 말라. 난세에 함부로 나서면 큰 화를 당하는 법이다. 머리 내밀기를 좋아하지 말라."

노자와 장자가 말한 그대로 기어이 큰 사단이 벌어지고 만 것이다.

이렇게 너무도 뼈저리게 교훈을 얻게 된 이후, 사람들은 옛 스승의 가르침대로 결코 다시는 함부로 나서지 않게 되었고, 모든 저술은 가능하면 남기지 않았고, 꼭 남겨야 한다면 다른 사람의 이름에 가탁하여 남기는 것이 하나의 전통이 되어버렸다. 비유하자면 아인슈타인이 기껏 연구해서 상대성 이론을 알아내고도 다른 사람의 이름에 의지해 남겨야 되는 지극히 슬픈 상황이었지만, 입 한번 잘못 놀리고 붓 한번 잘못 놀렸다가 멸문지화를 당하는 것보다는 이편이 훨씬 나았던 것이다. 이후로 하도와 낙서, 복희팔괘도와 문왕팔괘도에 관한 모든 비밀들은 도사나 승려들과 함께 깊고 험한 산 속으로 숨어들었고 오랫동안 세상에서 완전히 사라져 도무지 그 흔적을 찾아볼 수 없게 되어버렸다.[28] 그리고 하도와 낙서는 한동안 역사의 무대에서 그 흔적이 완전히 사라져 버린다. 황제의 권위를 상징하는 신물은 옥새와 같은 것들로 완전히 대체되기에 이른다.

송대 이후

　그렇다면 현재 전해지고 있는 하도와 낙서란 대체 무엇이란 말인가? 복희팔괘도와 문왕팔괘도는 또 무엇이란 말인가? 오늘날에 전해지는 하도와 낙서는 남송의 주희(1130~1200)가 그의 저서『주역본의』에 그림으로 수록한 이후부터 일반인들에게 알려졌다는 것이 일반적인 정론이다. 앞서 살펴본 바와 같이 이미 공자의 시대에『주역』「계사전」에서 성인이

---

28)『주역을 읽으면 미래가 보인다』박태섭, 도서출판 선재 1999

그렸다고 언급되어 있던 하도와 낙서가 송나라 시대 이전의 유명하다고
하는 대유학자들, 즉 한나라 이후 경방·순우·우번·위나라의 왕필·
당나라 공영달·이정조 등의 저작 속에는 전혀 나타나지 않고 있다.
그 이유는 필시 하도와 낙서가 세상에서 자취를 감추고 대대로 은밀히
전승되었기 때문에 이들 제도권 학자들이 아예 그것들을 접할 기회가
없었기 때문일 것이다. 그리고 그 결과로써 한나라 이후의 유가儒家가
오로지 의리적인 면에 치중(특히 정치와 관련된 도덕적 기능만을 중시)하게
된 것으로 보인다. 그러다가 당나라 말과 송나라 초엽에 이르러 화산도사
진단(? ~989)이 등장한 이후 갑자기 상황이 일변한다. 하도·낙서·복희
팔괘도·문왕팔괘도 등이 또 다시 세상에 나타나게 된 것이다. 진단의
자字는 도남이고, 호는 희이라고 하였다.『불조통기』에 보면 진희이는
마의도자에게서 역易을 전수받았다고 하는데, 마의도자는 상법에 일가
견이 있어서 마의상이라고 불렸던 스님이었다.29) 마의도자는 말없이
화로 앞에 앉아 잿더미에 부지깽이로 글씨를 써서 진희이를 가르쳤다고
전해진다. 진희이는 송 태조가 송나라를 일으키기 전에 그의 얼굴을
보자마자 장차 황제가 되리라고 예언했던 것으로도 유명하다. 나중에
노상에서 송 태조가 왕조를 창업하고 황제에 즉위했다는 소식을 듣고는
하늘을 보고 껄껄껄 웃다가 말에서 떨어졌다는 일화도 전해진다. 한편
진희이와 함께 갑자기 세상에 나타난 낙서는 구궁에 배치된 숫자배열이
었을 뿐만 아니라 하도까지도 구체적 도상의 형태를 가지고 등장하게
된다. 청대 황종희가 쓴『역학상수론』에 의하면 진희이 이후 하도와
낙서가 전달되는 계보는 다음과 같다.

---

29)『주역을 읽으면 미래가 보인다』박태섭, 도서출판 선재 1999

진희이 ⇨ 충방 ⇨ 이개 ⇨ 허견 ⇨ 범악창 ⇨ 유목 ⇨ 일반인

이 계보에 의하면 유목의 저서『역수구은도』로 인해 이후 하도와 낙서를 비로소 일반인들이 널리 알 수 있게 되는 계기가 만들어졌고, 나중에 주자에 의해 결정적으로 널리 보급된 것이다.[30]

9 · 10의 논란

이미 한나라의 공안국이 기원전 부터 분명 낙서가 9수數라고 기록하였음에도 불구하고, 어찌된 일인지 북송 중기의 유목(1011~1064)과 남송의 주진(1072~1138)과 같은 학자들이 하도가 9수, 낙서가 10수라고 거꾸로 주장하는 일까지 생겨났다. 스스로 하락지학(河洛之學)에 정통하였다고 자부하던 유목은 어느 날 당시 북송 황제였던 인종(1010~1063)에게 자신이 저술한『역수구은도』를 바친다. 본래 수명이제의 상징이었던 하도와 낙서가 아마도 인종 황제에게는 전해지지 않았던 모양인데, 여기서 주목할 만한 것이 바로 여전히 하도와 낙서가 황제의 권위를 세우는데 있어 극히 유용한 것으로 받아들여지고 있었을 가능성이 크다는 것이다. 다시 말하자면 유목이 그것을 바칠 만하니까 바친 것이 아니겠느냐는 것이다. 유목은 인종에게 진상한 그의 저술에서 하도와 낙서가 모두 복희씨가 천명으로 받은 것이라고 하면서, 하도가 9수이고 낙서가 10수라는 설을 주장함과 아울러 복희씨가 팔괘를 그린 것과 연관 짓고 하도가 복희팔괘의 근본이라고 주장하고 있을 뿐만 아니라, 나아가

---

30)『학역종술』장봉혁, 학고방 1999

낙서까지도 모두 복희씨에게서 유래되었다고 주장한다.[31] 지금 생각해 보면, 조금 코믹한 상황이 아닐 수가 없다. 유목과 같은 나름 고명한 학자가 황제에게 바치면서 이르기를 낙서를 놓고 하도라 하고, 하도를 놓고 낙서라고 했다는 말이니, 복희씨가 이를 보았더라면 아마도 배를 잡고 쓰러질만한 상황이었던 것이다. 그러나 하도와 낙서가 모두 복희씨에게서 유래되었다는 주장만큼은 눈여겨 둘만하다. 나중에 제2권에서 최종적 결론이 복희씨로부터 하도와 낙서가 유래되었을 가능성이 큰 것으로 귀결되는 것과 일맥상통하기 때문이다.

이후 청대의 호위(1633~1714)가 저술한 『역도명변』에 의하면 대대로 비밀리에 전승되던 하도와 낙서는 북송의 휘종(1101~1125 재위) 황제에 의해 처음으로 세상에 공개되었다고 한다. 그리고 바로 이것이 송대에 이르러 상수역이 크게 성행하게 되는 계기가 된다. 그러나 얼마 후 북송이 망해버린다. 1127년 하나의 오랑캐에 불과하다고 저만치 깔보고 있던 여진족이 세운 금나라의 창칼을 이기지 못하고, 송나라의 황제였던 휘종과 흠종마저 포로로 끌려가 북송이 망하게 된 이후, 남쪽의 산악 지방으로 초라하게 쫓겨나 새로 세워진 나라가 바로 남송이었다. 중국의 역사를 오직 한족漢族에 국한해서 놓고 보면 세상에 이들보다 더 불쌍한 족속도 드물다고 할 수 있다. 끊임없이 이민족들에 의해 피지배를 받아올 수밖에 없었으니 말이다. 남쪽으로 쫓겨나 초라하게 성립된 남송의 황실에 또 다시 하도와 낙서가 전해졌을 리가 만무하고, 1135년에 주진이

---

31) [하도·낙서의 형성과 개탁] 문재곤
    [한·송대 9·10수론과 하도·낙서 도상의 정립] 김만산, 한국동서철학연구회 논문집

라는 학자가 『한상역전』을 통해 하도와 낙서를 남송의 고종(재위 1127~1162)에게 진상하는 일이 다시 생겨났다. 주진은 그 책에서 송나라 역학 가운데 상수학 부분, 곧 하도와 낙서, 선천도와 태극도 등의 근원이 모두 진희이라고 주장하고 있고, 하도와 낙서를 모든 도상圖象의 우위에 놓으면서 상수학의 근본으로 보고 있다. 하지만 주진의 학문은 유목의 설에 바탕을 두었기 때문에 여전히 하도를 9수, 낙서를 10수로 보고 있었다. 이러한 유목과 주진의 설에 대해 남송 이래의 상수가들, 그러니까 소강절(1011~1077), 주희(1130~1200), 채원정(1135~1198)과 같은 학자들은 하도가 10수이고 낙서가 9수라는 설을 받아들이고 있었기에 크게 관심을 기울이지 않았다. 이들은 다른 경로를 통해 진희이가 들고 나왔던 하도와 낙서의 진상을 이미 입수하고 있었던 것으로 추측된다. 유목과 주진이 주장한 하9·낙10설을 처음 공식적으로 부정하고, 하10·낙9설을 주장한 사람은 북송말기의 완일이라는 사람이었다. 그는 하도와 10수론을 결부시킴으로써 이후에 주자가 하도 10수설을 주장하는데 커다란 영향을 주었다. 결과적으로 현재 전하는 하도와 낙서 도상을 구체적으로 정립시킨 학자는 바로 남송의 주희라고 말할 수 있다. 그는 유목의 하9·낙10설을 정면으로 비판하면서, 한대의 공안국과 유흠의 설을 계승하고 아울러 완일과 소강절의 설에 영향 받아 하10·낙9설을 확립하면서, 하도의 연원은 복희씨이고 낙서의 연원은 하나라의 우禹라고 주장하는 데, 바로 이것이 현재까지 정설처럼 자리 잡고 있는 내용이다. 그리고 주희는 그의 저서인 『주역본의』에 하도·낙서와 더불어 복희팔괘도와 문왕팔괘도를 포함시키기에 이른다. 이 시대는 불교와 노장 사상이 널리 유행하고 있었던 데에 반해 공자로부터 비롯된 정통 유학

사상은 미미하기 그지없어서 이미 쇠퇴일로를 걷고 있었다. 그러나 남송의 유학자들은 당시 사회의 폐단을 불교와 노장 사상이 원인인 것으로 돌렸고, 그렇게 해서 새롭게 시도된 것이 이른바 공자의 정통 유학을 근간으로 해서 불교와 노장 사상을 대대적으로 흡수한 새로운 유학을 정립하게 되는데, 이를 집대성한 이가 바로 주희, 그 사람이었다. 그는 쓰러져가는 남송과 정통 유학을 다시 일으켜 세워 보겠다는 일념으로 도가의 서적, 불가의 서적, 유가의 서적들을 두루두루 탐독하면서 성리학을 만들어냈고, 이후 주자학은 한동안 그늘 속에 잠자고 있다가 드디어 때를 만나 이후 수백 년간 동아시아를 풍미하는 사상으로 자리를 잡게 된다.[32]

진위 논란

이처럼 하도와 낙서는 한대 이후 여러 학자들의 다양한 학설을 거친 결과, 최종적으로 남송의 주희에 의하여 하도는 『주역』 「계사전」에 언급된 천지지수인 10수이고, 그리고 낙서는 『서경』 「홍범구주」의 9수를 표상한 것이라고 규정됨으로써, 현전하는 도상으로 정립되었음을 알 수 있다. 그러나 하도와 낙서의 역사에는 이와 같이 서로 이름이 뒤바뀌는 일만 있었던 것이 아니고, 한술 더 떠 아예 하도·낙서의 도상이 송나라 시대 이후에 돌연히 나타났다는 이유를 들어서 많은 학자들이 이를 역학적으로 탐구할 가치가 전혀 없는 것으로 여기기도

---

[32] 『공자가 죽어야 나라가 산다』 김경일, 바다출판사 1999

했었다. 이러한 주장은 송나라 구양수·섭적, 원나라 진응윤, 명나라의
유겸, 청나라의 호위·황종희 등을 비롯하여 비교적 최근까지도 끊임없
이 그리고 집요하게 이어지고 있었다. 탐구할 가치가 전혀 없다고 보는
반대론자들의 말대로 과연 송나라 이후에 돌연히 나타난 하도·낙서의
도상은 과연 진본일까, 위작일까? 과연 진희이는 희대의 사기꾼인가,
아닌가? 그에 의해 소강절, 주희 등과 같은 당대의 내로라하는 대학자들
이 어이없게 놀아났던 것일까? 이러한 논란에 대하여 최근에 고고학적인
발굴이 활기를 띠게 되면서 새로운 국면들이 전개되고 있다. 1977년
안휘성 부양현 쌍고퇴의 서한시대 여음후의 고분이 발견되었는데, 출토
품 중에 수많은 유물과 함께 문자기록이 나왔고, 이것이 한나라 문제
15년(기원전 165년)때의 유물이라는 것이 밝혀졌다. 그 중에 '태을구궁점
반'이라는 유물이 있는데, 이것은 낙서의 원리에 근거한 육임과 기문둔갑
의 이론으로 천반과 지반을 가지고 점을 치는 물건이었다. 그것은 후한이
망한 뒤 제갈량이나 방통 같은 이들이 육임과 기문으로 신출귀몰한
병법과 도술을 구사했다는 전설과 같은 이야기들에 힘을 실어줄 수

있을 만한 증거물이다. 하지만 더
욱 중요한 것은 이 반盤의 정면을
보면 팔괘의 위치와 오행이 속성에
따라 배열되어 있으며, 작은 원반
부조 안에 들어있는 그림은 바로
낙서의 수리 배치와 완전히 부합되
고 있다는 점이다. 이로써 낙서가
도상으로 기원전 한나라 때에 이미

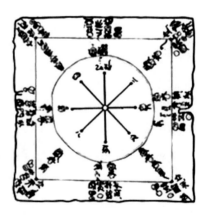

형성되어 있었음을 반증하는 것으로 확인되었다. 결코 반대론자들의 주장과 같이 송나라의 진희이나 혹은 그 밑에서 놀던 일당들이 임의로 조작해낸 것이 아니라, 아주 오래 전의 전통에 기원을 둔 뿌리 깊은 정통성 있는 보물임을 증명해주는 결정적인 자료가 된 것이다.[33] 따라서 탐구할 가치가 전혀 없는 것이 아니라, 오히려 가치가 아주 많은 것이라는 의미가 되는 것이다.

정리해보면 하도 · 낙서는 한 때는 너무나 귀한 것이어서 극소수의 지배자 계층에게만, 그리고 어느 한 때는 너무나 위험한 것이어서 은자들에 의해서만 비밀리에 전승되었으므로, 이런저런 이유로 해서 결과적으로 아무나 쉽게 볼 수 있었던 물건이 아니었다. 그렇기에 송나라 이전의 대유학자들마저도 주역은 알아도 하도 · 낙서는 알 수 없게 되어버렸다. 그러던 것이 송나라 초기 진희이의 등장과 함께 세상에 다시 모습을 드러내게 되고, 이후 당시 쇠퇴일로에 있던 유학이 남송의 주희에 의해 도가와 불가로부터 긴급 수혈을 받아 도학의 성격이 가미된 주자학으로 거듭나는 과정에서, 이면에서 잘 보이지 않았던 하도 · 낙서가 제도권 속으로 다시 부상하게 된다. 하지만 그러한 과정 자체가 오랜 역사에 비추어 볼 때 너무나 돌연한 것이었기에, 이후 하도가 9수數냐, 10수數냐 하는 논란, 그리고 나아가 아예 진본이냐 아니냐에 대한 논란들이 일어났었던 원인이 되었다. 하도 · 낙서는 이런저런 우여곡절 속에서도 결국 오늘날까지 굳건하게 살아남았고, 이제 일반인들도 아주 손쉽게 접할

---

33) 『주역을 읽으면 미래가 보인다』 박태섭, 도서출판 선재 1999
　　 『현공풍수학』 호경국 (옮긴이 선공세준), 전통문화사 2004

수 있는 물건이 되었다. 그러나 아이러니컬하게도 너무 귀해서 보기 힘들었던 옛날의 사정이나 오늘날 너무 흔해서 제대로 대우받지 못하고 있는 사정이, 마치 너무 과해도 안 되고 너무 부족해도 안 된다는 역易의 진리를 떠올리게 만든다. 장구한 인류의 역사 속에 비추어 볼 때, 단지 신출내기에 불과한 과학이란 것이 최고의 가치로 극진하게 대접받는 오늘날과 같이 역易이란 것이 이렇게 철저하게 무시되거나 푸대접을 받았던 때도 또 없었을 것이다. 더불어 하도와 낙서가 갖고 있는 본래의 함의 같은 것은 새까맣게 잊혀진지 이미 오래되었고, 단지 서책의 권두나 치장해주는 그런 물건으로 전락해버린 지도 이미 오래이다. 따지고 보면 이러한 권두치장의 전통도 주희에 의해 비롯된 것이라고 볼 수 있으니, 대략 900년 동안이나 아무 생각들 없이 계속 반복되고 있다고 보아야 할 것 같다. 그러나 만물의 이치가 궁극에 이르면 반드시 반생反生 한다는 극즉반의 원리대로 과학이란 것이 최첨단으로 깊숙이 들어가면 들어갈수록 오히려 현대인으로 하여금 역易이란 것을 다시 한 번 돌아보게 만드는 기이한 현상들이 나타나고 있으니, 이는 실로 흥미로운 일이 아닐 수 없다. 그리고 어쩌면 하도와 낙서가 혹시 다시 한 번 살아있는 신물로 되살아나는 놀라운 전기轉機가 만들어질지도 모르는 일이다.

4 진인의 삶

이처럼 오늘날까지 역易이 지나온 바를 모두 통관하여보면, 결론적으

제1장: 동서원류 • 67

로 그 영향력이 가장 지대했던 인물은 진희이, 바로 화산도사 진단이라고 말할 수 있다. 그가 없었다면 오늘날까지 하도와 낙서는 물론이고, 제대로 된 도상 하나 구하지 못하게 되었을 것이고, 역易의 회생은 아마도 영영 불가능한 일이 되어버렸을 것이 틀림없다. 그나마 간신히 명맥을 유지하고 있던 『주역』마저도 뿌리 없는 신세로 전락해 온통 뜬구름이나 잡으면서 알맹이 없는 허상만 그려내고 있었을 것이고, 그 속에서 인류에게 새로운 지평을 열어주는 희망의 작은 불씨 하나를 끄집어낸다는 것은 필경 역부족의 상황이 되고야 말았을 것이 분명하다. 그러니 화산도사 진단이야말로 가히 역易의 중흥조로 칭송받을만하다고 여겨진다.

화산 도사

진희이가 있었기에, 그 진인이 큰 줄기를 굳건히 세워 확고하게 중심을 잡아주었기에, 그나마 역이란 거대한 나무가 오늘날 회생의 기회를 한번 움켜쥘 수 있게 되었다. 정녕 그렇게 말한다고 해도 전혀 과언이 아닐 정도이다. 현진자는 『현천비요』에서 이르기를

"진희이의 학문은 유학에서 도학으로 전환한 후에 더욱 넓고 깊어졌으며 멀리 앞일을 내다보는 등 현묘하기 이를 데 없다. 노자의 하상공 일맥에서는 전수되지 않는 비결을 홀로 취득했다. 거기다가 단가와 위백양의 주역참동계에서 따로 전수되는 학문을 터득했을 뿐만 아니라 독자적이고도 오묘한 이치를 창제하는 등의 능력은 결코 주자 따위나 여느 단가에 비할 수가 없다. 주역에 정통하고 유학을 도학에 융화시키는 등 백가의 학문을 하나로 포괄함에 있어서 무리가 없고 매끄러우면서 적절했다. 상象 밖으로 놓이지 않고 또한 상 안으로 구애를

받지 않음으로써 초연하고 자유로우며 형체에서 해탈하여 범속하지 않기에 세상 밖에서 유유자적 할 수 있는 것이다.”

라고 말하면서, 진희이가 중국문화의 도학과 이학에 얼마나 지대한 영향을 끼쳤는지를 적절하게 정리해주고 있다. 당나라 말기에서 송나라 초기까지 살았던 화산도사 진단의 출생과 관련해서는 『시화총귀』에 다음과 같은 기록이 있다.

“당나라 덕종 때에 태어났으며 희종 때에 이르러 청허처사에 봉해졌다.”

또 『군담채여록』에서는 다음과 같이 적혀 있다.

“도남의 출생은 알려지지 않았는데 한 어부가 그물로 자색 옷에 싸이고 고깃덩어리에 공 같은 모양의 큼지막한 깃을 끌어올리게 되어 집으로 가져가 솥 안에 넣고 삶아 먹으려고 했을 때 갑자기 집안에 번개가 치고 천둥소리가 울려 퍼졌다. 어부는 깜짝 놀라 그 물건을 꺼내 땅바닥에 내동댕이치자 옷이 갈라지면서 이이가 나타나므로 어부의 성씨였던 진씨로 하게 되었다.”

그리고 『체도통감』에서는

“진박은 태어나서 말을 하지 못했는데 4~5살이 되어 와수[34]가에서 놀고 있을 때 한 푸른 옷 입은 노파가 그를 품에 안고 젖을 먹이자, 그제야 말을 할 수 있게 되었고 총명하기 이를 데 없게 되었다. 그리고 장성한 후에는 경사를 빠뜨리지 않고 다 읽었다.”

---

34) 진희이는 박주 진량(眞諒)사람이다. 따라서 와수가에서 놀았다고 함은 바로 박주를 지나간 와수를 가리키는 것으로 보인다.

하나같이 명확하지 않고 믿기지 않는 풍설만 적고 있을 정도로 출생 자체가 베일에 가려져 있지만, 제법 여러 군데에서 그에 대한 기록만큼은 어떻게든지 남겨보려고 애를 쓰고 있음을 알 수 있다. 이후 그의 행적을 추적해볼 수 있는 단서가 『송사열전』에 있는데,

"당나라 후기 중흥 연간에 진사의 과거를 보았으나 낙방하자, 벼슬길을 쫓지 않고 산천 구경을 즐겼다. 그는 손군방과 녹피처사를 만난 적이 있다고 하였다. 그들 두 사람은 진박에게 '무당산35)의 구실암에서는 은거할 만하다.'고 추천하였다. 그리하여 진박은 그 곳으로 가서 살게 되었고, 산천의 정기를 들여 마시느라고 20년간 곡식을 입에 넣지 않았으나, 매일 몇 잔의 술을 마셨다."

라고 적고 있다. 또 다른 기록으로서 『선석총귀』에서는,

"진희이는 본성이 담백하고 자연을 사랑하는 마음이 있었는데 과거에 낙방을 한데다가 부친상까지 당하게 되었다. 때마침 소군방과 녹피처사를 만나 서로 역리와 노자 및 장자에 관해 밤낮을 가리지 않고 7일 동안 이야기를 나눈 결과 '마음이 천지 밖으로 떠돌고 오행 가운데서 벗어나야겠다.'는 마음이 굴뚝처럼 일었다."

라고 적고 있다. 이로써 진희이가 처음에는 벼슬에 뜻을 두고 과거 시험까지 보았으나 별다른 성과를 거두지 못했고, 이후 도를 닦으러 산 속으로 숨어든 것임을 알 수 있다. 그리고 진희이가 무당산에서 직접 『현문비요』라는 책을 지었다고 전해지는데,

---

35) 무당산은 태화산(太和山)이라고도 하며 대파산맥에 속한다. 위치는 호북성 균현 남쪽이고 모두 27봉우리로 이루어져 있으며 가장 높은 봉우리를 천주봉 또는 자소봉이라고 하는데 하늘과 맞닿았다고 해서 금정(金頂)이라고도 한다. 기암절벽 으로 이루어져 있는 도가의 성지였다.

"나의 이 현문玄門은 문이 없음이 도의 문이고, 현묘함이 지극한 도이고, 갈고 닦지 않음이 큰 수행이며, 비밀이 없음이 지극한 비밀이로다. 큰 도의 요체는 마음을 맑게 하고 욕심을 버리는데 있고 도덕을 존귀하게 여기며 초범입성(超凡入 聖)을 시발과 기초로 한다."

라고 적고 있다. 이미 상당한 경지를 터득한 것임을 엿볼 수 있는데, 그의 경지를 짐작해볼 수 있는 또 다른 기록이 『화산수은기』에 남아있다. 진희이가 어느 날 그의 문하의 제자들인 충방과 가득승에게 이르기를,

"도인은 무상심하고 천지의 마음으로써 마음을 삼는다. 고로 사람의 마음이 움직이면 사람의 욕심이 일어나기에 반드시 그 즉시 잘라야 한다. 천지를 보되 천지가 없고 만물을 보되 만물이 없고 사람과 나를 보되 사람과 내가 없고 세상을 보되 세상이 없으면 이 마음은 절로 조용해져 움직이지 않을 것이니 유심이라 하더라도 무심과 같으니라. 이는 도문의 무심법요이다. 도심은 바로 깨끗하고 조용하면서 움직이지 않고 맑으면서도 두터운 마음이 무심의 마음인 것이다. 사람의 마음이란 바로 생각하는 것이 여러 가지로 헤아리고, 일정하지 않게 오락가락 하는 마음이오, 유심의 마음이다. 성인의 마음은 언제나 조용하고 반응을 해도 조용하며 언제나 반응해도 언제나 조용하니 바로 참마음을 일에 쓰는 것이다. 범인의 마음은 언제나 흔들리는데 반응할 때도 흔들림은 물론이고 반응을 하지 않는데도 흔들리니 바로 망령되이 일에 마음을 쓰는 것이다. 마음의 머리를 자르되 바로 마음이 흔들리기 전에 상념의 머리가 이는 곳에서 잘라 버려야 한다. 또한 희노애락이 발생하기 이전에 잘라 흔들리지 않고, 일으키지 않으매 발생하지 않도록 하는 것이 바로 선천경지라 무극경지인 것이다."

라고 하였다. 도인들이 수행하여 대체 어떠한 경지에 드는 것인지를 이를 통해 충분히 짐작해볼 수 있을 것이다. 한편 『무당수은기』에서는

"진희이 선생이 입산한 지 얼마 후 후당 명종이 그 이름을 듣고 손수 글을 내려

불렀다. 명종 앞에 나타난 선생은 읍만 했을 뿐 큰절을 하지 않았으나, 명종의 물음에 고견을 피력하여 듣는 사람으로 하여금 깊이 성찰토록 했다."

라고 적고 있으니, 이미 당나라 말기에 도가수행으로 경지에 오른 진인으로써 세상에 널리 이름을 떨치고 있었던 것 같다. 또 『송사열전』은 다음과 같은 기록이 있다.

"주나라 세종은 황백술을 좋아하였다. 진박의 이름을 듣고, 그는 현덕3년에 화주에서 대궐까지 데려오도록 하여, 한 달포 대궐에 머물게 한 후에 여유 있는 태도로 황백술에 대해 묻자 진박은 다음과 같이 대답하였다. '폐하는 사해의 왕이시니 모름지기 사해를 염두에 두셔야 할 텐데 어이하여 황백술에 대해 신경을 쓰십니까?' 세종은 진박을 꾸짖지 않고 간의대부에 임명하고자 했으나 진박은 사양하고 벼슬을 받지 않았다. 세종은 재백 50필과 차 30근을 진박에게 내렸다."

한편 도가 수행을 통해 득도의 경지에 오른 진희이의 전혀 다른 면모를 엿볼 수 있는 기록들이 남아있는데, 그는 단지 황백술에만 통달했던 사람이 아니라, 하락지학에도 매우 능통했다는 사실을 적어놓았다. 가령 『송사열전』은,

"진박이 역술을 읽기 좋아하고 손에서 책을 내려놓지 않았다."

라고 적고 있다. 이는 단지 그가 도가수행에만 그친 것이 아니라 역술의 이치에도 매우 밝았다는 것을 알 수 있다. 그리고 『선감기』에서는 다음과 같이 기술하고 있다.

"진희이가 어느 날 나귀를 타고 화음으로 놀러 갔다가 송 태조가 등극했다는

말을 듣고 소리 내어 웃으며 천하가 안정되었다고 말하였다. 그리고는 화산으로 돌아가 은둔을 했으며 다시는 나가지 않았고 태조가 불러도 찾아가지 않았다."

라고 하여, 당나라가 망하고 송나라가 들어설 때까지도 진희이가 계속 살아 있었다는 것을 알 수 있다. 송나라가 들어선지 16년 만에 송 태조가 죽고, 그의 동생인 광의가 뒤를 이어 등극하니 송 태종이었다. 태평흥국 초기에 그는 진희이를 부르기 위해 한 편의 시를 내렸는데 그 내용은 다음과 같았다.

　　지난 번 왕조 때 흰 구름 속에서 나오더니
　　나중에 종적이 묘연해져 소식이 없더라.
　　이제 조정의 부름을 받아 조정으로 올 것을 약속한다면
　　어쨌든 세 봉우리를 그대에게 하사하리라.

　산 속에 은거하여 도나 닦고 있는 사람 하나 불러내자고 이렇게 직접 시까지 지어 내리다니 참으로 멋진 시대, 멋진 제왕이 아닌가! 옛 사람들은 이렇게 풍취 있게 세상을 살았던 것일까? 과연 진희이도 비슷한 생각을 했는지, 이번에는 사양치 않고 직접 산을 내려와 부름에 응했는데 『송사열전』은 그때의 일을 다음과 같이 기록하고 있다.

"태평흥국 때 조정으로 찾아오매 태종께서는 무척 융숭한 대접을 하였다."

또 『체도통감』에서는 다음과 같이 적고 있다.

"선생은 대궐에 이르자 조용한 방을 내주어 쉴 수 있도록 해 달라고 부탁했다. 위에서 건륭관을 내주어 쉬도록 하자 빗장으로 문을 걸고 푹 잠에 빠졌다가 달포여 만에 일어났다. 그리고 우복羽服과 화양건에 짚신을 신는 등 예복을 갖추고 손님으로써 연영전에서 태종을 배알했고, 태종은 그에게 오랫동안 질문을 하였다. 이 때 태종은 하동을 치려고 마음을 먹고 있던 참이었는데, 선생은 때가 좋지 않다고 그만 둘 것을 간하였다. 그러나 이미 군사를 일으킨 뒤라 태종은 그 말을 쫓지 않았고, 선생을 어원에서 쉬도록 하였다. 그런데 군사가 귀환했을 때 알아보니 정말 불리했다고 말하지 않는가. 백여 일이 지나게 되었을 때 선생은 산에 돌아갈 것을 말씀드리자 태종은 허락을 하였다. 태평흥국 4년에 다시 선생은 부름을 받고 조정에 오게 되었을 때 하동을 취할 수 있는 좋은 때라고 하였다. 그리하여 다시 군사를 이끌고 하동을 쳤는데 아니나 다를까 대첩을 거두게 되어 유계원과 연병주를 잡고 그곳을 평정하게 되었다.”

라고 적고 있다. 이쯤 되면, 화산도사 진단이 미래를 제 손금 보듯이 훤히 내다보고 있었던 것이 아닌가하는 생각이 들지 않을 수 없다. 진희이의 깊은 경지를 엿볼 수 있는 어록이 전해지고 있는데, 『하산취적기』에 진희이가 문하의 가득승에게 다음과 같이 말해주고 있다.

“마음을 비우면 뜻이 성실해지고 뜻이 성실해지면 정적을 떠올리게 되고 정적을 염두에 두면 기氣가 안정되고 기가 안정되면 신神이 한가해지고 신이 한가해지면 지혜가 생겨나게 되고 지혜가 생겨나면 모르는 것이 없게 되고 맞지 않는 헤아림이 없는 것이지, 결코 따로 신의 도움이 있는 것이 아니다.…(중략)…신과 사람이 하나가 되는 학문은 오로지 한 마음에 있다. 마음밖에 도가 없고 도 밖에 마음이 있을 수 없다. 도를 닦는 것은 다만 이 한 마음을 닦아서 이 한 마음을 성실히 하고 이 한 마음을 밝게 하는 등, 이 한 마음을 다할 뿐이다.…(중략)…마음이 성실하고 영적으로 비어 있으면서 사물에 얽매이지 않는다면 절로 신과 하늘을 감응할 수 있다. 하늘과 사람이 하나가 되려면 반드시 하늘과 사람이 통한다는 것을 느끼기 시작해야 한다. 신과 사람이 하나가 되려면 반드시 신과 사람이 통한다는 것을 느끼기 시작해야 한다. 느낌이 없다면 반응이 없고 반응이 없으면 통함이 없고 통함이 없으면 하나로 합쳐질 수가 없다.”

하늘과 감응해서 하나가 되는 절대 경지에 오른 진인이 무념무상의 도통한 경지에서 우주와 어떻게 감응하는지를 유감없이 드러내고 있다. 경지가 이러하니 어찌 세상을 호령하는 제왕인들 그를 존경하지 않을 수가 있었겠는가! 그를 마음 속 깊이 존경한 태종은 그를 친히 불러서 희이 선생이란 호를 내렸는데 그 조서 내용은 다음과 같았다.

"화산의 은사 진박은 산 속으로 들어가 동굴 속에 기거하면서 온갖 고통을 참고 도를 닦는 데만 전념해 왔구려. 과거 주나라 때부터 조용히 은둔 생활만 해오셨으며 조정의 부름에 응할 만하건만 끝내 품은 도심을 저버리지 않았소. 그 후 많은 세월이 흘렀으나 여전히 사물 밖에서 초연해 있을 뿐 아니라 날로 더 청허하구려. 이제 닦는 도가 지극히 현미한 경지에 이르렀으며, 몸소 조정까지 와 주셨을 뿐만 아니라 청고한 삶의 모범이 되신 데 찬사와 더불어 표창을 하지 않을 수 없구려. 따라서 희이 선생의 호를 내려 여기에 오신 데에 대해 경의를 표하고자 하오."

라고 하여, 비로소 세상 사람들이 화산도사 진박을 희이 선생이라고 부르게 된 연유가 드러나고 있다. 더욱이 『화산수은기』에서는 기록하기를,

"선생은 아울러 황제에게 '문치와 성학에 좀 더 많은 힘을 쓰십시오.' 하고 권했으며 다음과 같이 말하기도 했다. '천하를 무武로써 취하고 문文으로써 지키고 법法으로써 제압하고 예禮로써 안정시키고 가르침으로써 밝게 하고 군사로써 위엄을 떨치십시오.' 라고 말했다."

라고 적고 있다. 진희이의 말을 따르기 위해 태종은 언제나 글공부에 열심이었고 매일 이른 아침부터 저녁까지 틈만 나면 책을 보게 되었다고 한다. 그리고 악사와 이방 등에게 명하여 태평어람 · 태평광기 · 태평환우기의 3부 대작을 편찬하도록 했고, 그 결과 송나라의 문치는 중국

역사를 통틀어 가장 화려한 개화를 보니, 당나라 때보다도 더욱 학풍이 성행하여 여러 명학들이 새로이 정립되고, 송나라 이학이 자리 잡는 등 새로운 국면에 이르게 되었다. 태종은 진단에게 물었다.

"요순의 사업을 오늘에도 이룰 수가 있겠소?"

황제의 이러한 질문에 대해 그는 답하기를,

"섬돌을 석자로 높여도 잡초를 잘라내지 않는다면 그 자취에 미칠 수가 없습니다. 하오나 백성을 사랑하고 근검절약을 바탕으로 삼고 천하의 위공爲公을 마음에 새기고, 조용히 하는 것 없이 다스리며 예의를 밝히고 법을 강화하여 기강을 바로 잡는다면 천하는 군사 없이 상해질 것이고 싸우지 않고서 위엄을 세우며 다스리지 않고 다스리는 것이 바로 오늘의 요순입니다. 성인의 도는 때에 따라 새로워져야 값어치가 있는 것이고 어느 정도로 많이 바꾸어야 하는 것은 융통성 있는 변화를 도모하는 데에 그 값어치가 있는 것입니다. 이럴 수만 있다면 어찌 요순의 사업을 이루지 못할 수가 있겠습니까!"

라고 대답하였다. 『송사열전』에 의하면 화산도사 진단이 앞날을 내다보는 각종 예언이 번번이 적중하게 되자, 어느 날 재상 송기 등이 어떻게 미래의 일을 알 수 있는지를 질문한 적이 있고 진희이가 대답하기를,

"사물에 얽매이지 않으면 마음은 저절로 비워질 것이고 무심이 되면 심경은 자연히 조용해질 것이며, 아는 것이 없으면 신神은 자연히 맑아질 것이려니와 염두에 없으면 느낌은 자연히 영검해지는 것이오. 만약에 상象 밖으로 초연해질 수 있다면 자연히 그 가운데에 있는 것이오.…(중략)…배움을 위해서라면 반드시 마음이 살도록 해야 할 것이고 도를 위해서는 반드시 마음이 죽도록 해야 할 것이오. 마음이 죽으면 신이 살고, 마음이 살면 신이 죽게 되는 것이오. 따라서 상념을 일으키면 끊어야 하고, 마음이 생기면 죽여야 하는 것이 바로 이 때문이오."

라고 했는데, 나중에 태종이 이 말을 전해 듣고는 매우 감탄해했다고 한다. 또 『소씨견문』이란 책에서는,

"황제는 진희이가 관상에 뛰어나다고 하여 남아로 가서 진종眞宗을 봐 달라고 분부하였다. 진희이는 대문 앞까지 갔다가 되돌아왔다. 그래서 그 까닭을 묻자 '왕궁의 대문 앞에서 일하는 사람들이 모두 장상이니 왕을 볼 필요가 어디 있겠소이까?'라고 대답했다."

라고 적고 있다. 또 『체도통감』에서는,

"진희이는 경사에 해박하고 역학에 더욱 정통하여 사람이나 사물을 관찰하고 거룩함과 범속한 것을 구별하는데 털끝만큼도 오차가 없었다."

라고 적고 있다. 그리고 『송사열전』에서는

"진희이는 사람의 뜻을 미리 알아차리고 천기를 먼저 헤아려 냈다."

라고 하였고, 또 『도림잡기』에선

"송 태조와 태종이 용상에 오르기 전에 조충헌과 더불어 장안의 거리를 구경하게 되었을 때, 진희이는 그들과 함께 술집으로 들어가 약간의 술을 들고자 하였다. 이때 조충헌이 거침없이 윗자리에 앉는지라 진희이가 말하기를 '당신은 자미제원의 한 조그만 별에 불과한데 감히 윗자리를 차지할 수 있겠소?'라고 했다. 그리고 주세종과 송태조, 태종이 동행하게 되었을 때도 진희이는 '성 밖에 세 천자의 기운이 뻗치는구나.'라고 말하였다."

라고 적고 있다.

전승의 계보

진희이가 세상에 남긴 것은 크게 보아 무극도학과 선천역학이라 할 수 있는데, 이로써 소위 도가에서 말하는 도라는 것과 역에서 말하는 음양의 도란 것이 결코 서로 다른 것이 아니라는 것이 분명해진다고 할 수 있겠다. 진희이가 남긴 무극도학은 이후 북송과 남송의 이학을 연 효시라고 할 수 있는데, 주돈이에게 전해져 『태극도설』로 남았고, 선천역학은 소강절에게 전해져 세상 사람들은 이를 진박 역학이라고 불렀다. 황종염은 『회목태극도변』에서 이르기를,

"고찰해 보면 하상공의 본래 그림의 이름은 무극도였는데, 위백양이 얻은 후 참동계를 저술했고, 종리권이 얻은 이후에 여동빈에게 전수했고, 여동빈은 나중에 진도남과 함께 화산에 은거했다가 진희이에게 전수했으며, 진희이는 이를 화산의 석벽에 새겼다. 진희이는 다시 마의도자부터 선천도를 얻어서 모두 충방에게 전수했다. 충방은 목수와 승수애에게 전수했는데, 목수는 선천도를 이지재에게 전수했고 이지재는 또 소천수에게 전수했다. 한편 무극도는 목수가 주희에게 전수했고 주희는 또 승수애로부터 선천지지게를 얻었다. 승수애의 선천지지게 원지는 역시 진박과 충방의 일맥으로 이어져 온 것이었다. 무릇 선천의 가르침은 모두 역경과 노자로부터 나온 것이며, 진나라와 한나라 이후 방사와 도가의 사람들은 비슷하게 말해 왔지만 역시 진희이가 가장 먼저 그 비밀을 전했다. 그의 선천 무극도는 가장 먼저 천지의 근원을 밝히고 만물의 끝과 시작을 추구하여 단도의 연양을 참고하여 극도로 화육을 자연스럽게 했다."

라고 하였다. 한나라 이후 유학자들이 역에 관해 언급을 하면서도 무극도를 말하는 이가 아무도 없었으나, 송나라 때에 이르러 진희이가 무극도를 화산의 석벽에 새겼고, 이로 인해서 비로소 후세로 전해지게 되었다.

황종염은 이르기를,

"주자가 얻어서 그 차례를 전도하고, 더욱 그 이름을 바꾸어 대역에 덧붙여서는 유학자들의 비전으로 삼았다."

라고 말하고 있다. 또한 허백운은 아래와 같이 말했다.

"태극도는 원래 역경에서 비롯된 것이나 앞서의 성인들이 그 뜻을 미처 밝히지 못한 점이 있었는데, 주희는 대도의 정묘한 점을 탐색하여 붓을 들고 이 책을 완성한 것이다."

이에 대해 주자가 말하기를,

"진희이의 학문이 오묘한 점은 모두 태극이란 한 그림에 있다."

라고 하여, 자신의 태극도가 화산도사 진단에 연원을 두고 있는 것임을 밝히고 있다. 이처럼 진희이로부터 다시 살아나 주자에게 이어진 송나라 이학은 가히 현대 중국문화의 근원이라고 일컬을 만하다. 한편 이렇게 무극도학이 전해져 송나라 이학이 꽃을 피우는 동안, 또 다른 한편에서는 선천역학도 소강절이라는 대가에게 전해져 또 다른 개화를 보게 된다. 현진자가 이르기를,

"주희의 태극도는 원래 진희이의 무극도에서 나온 것이고, 진희이의 무극도와 선천수는 똑같이 원래는 역경에서 비롯된 것이다. 주희는 진희이의 도서를 전수받은 사람이고, 소강절은 수학을 전수받은 사람이다. 진희이의 학문은 이들 두 사람에 이르러 크게 일어나게 되었고 후세에 끊임없이 전해지게 된 것이다."

라고 말한다. 그리고 『도문잡기』는 이르기를,

> "진희이의 정묘한 역학은 문왕의 후천 역학을 주장하는 것이 아니라, 복희의
> 선천역을 주장하고 있다. 거기다 하락이수를 배합하여 선천의 상수지학을
> 열고 깊이 천지의 운화, 음양의 줄어둠과 불어남, 기운의 차고 비움 등의 세상
> 변화의 대수를 밝혔다. 그렇기 때문에 언제나 고금의 미래를 미리 알아차리고
> 귀신처럼 모두 알아맞혔다. 그리고 선천도와 무극도마저 함께 충방에게 전수를
> 했고, 충방은 이지재에게 전수했으며, 이지재는 소옹에게 전수했는데 모두가
> 불세의 빼어난 인재들이었다."

라고 정리하고 있다. 진희이가 문왕팔괘에 기반을 둔 후천보다는 복희팔
괘에 기반을 둔 선천역학을 특히 강조한 것은 사람의 본성이나 만물의
변화란 것이 본시 주로 후천적인 변화 양상에 영향을 받기보다는 이미
선천적으로 타고나는 바, 즉 태생적으로 굳어져 있는 것에 훨씬 더
많은 영향을 받는다고 보았기 때문이었다. 진희이로부터 시작된 선천역
학의 전승계보를 정리해보면 다음과 같다.

진희이 ⇨ 충방 ⇨ 목수 ⇨ 이지재 ⇨ 소강절

첫 번째 계보에 있는 충방의 자는 명일이고, 송나라 낙양 사람인데
천부적으로 자질이 뛰어나고 총명하기가 따를 자가 없었다고 전해진다.
젊었을 적에는 진희이로부터 선천도학과 무극도학을 배웠으며 또한
역학도 전수받았다. 나중에 제자들을 모아 학문을 강의하는 것을 생업으
로 삼았고, 그는 술을 아주 좋아하여 스스로 운계취후라 부르기도 했다.
나중에 종남산에 은거하여 스스로 농사를 지어서 자급자족의 삶을
누렸으며 한평생 결혼도 하지 않았다. 그의 저서로는 『몽서』와 『사우설』

이 있다. 전운사 송유간이 그의 재주를 황제에게 아뢰자, 황제는 조서를 내려 그를 좌사간에 임명하려고 하였다. 하지만 그는 벼슬을 사양하면서 병을 칭탁하여 자리에 드러누웠다. 훗날 충방이 임종을 앞두게 되었을 때, 그는 옷차림을 단정히 하고 제자들을 모아놓고 차례로 술을 들게 하고 몇 순배 돌게 되자 책을 태우며 말했다.

"남겨서 후세의 창생들에게 화를 안겨 줄 필요가 없다."

그리고 단정히 앉아서 떠나갔다. 진희이가 충방을 처음 보았을 때 말하기를,

"만약에 밝은 주인을 만나게 되면 이름이 하늘을 진동시킬 것이다. 허나 이름은 옛날이나 지금이나 아름다운 그릇이기에 조물주의 거리낌을 받게 된다. 자네의 이름은 망치는 사물이 있어서 끝내 말년에 남쪽지방에 은둔하게 될 것이다."

라고 하였는바, 과연 그의 말과 같이 충방은 은둔의 삶을 살았고 그의 모든 학문은 목수라는 수제자에게 전해졌다. 『화산수은기』에서 이르기를,

> "목수는 어릴 적에 충방을 따라 산으로 진희이를 만나러 온 적이 있었으며 한쪽에 시립해 서는 등 태도가 무척 공손했다. 진희이는 목수를 보고 말했다. '대체로 부귀를 추구할 마음이 있어서 나중에 신선이 될 복이 없을 것이다.' 그리고 목수를 오랫동안 바라보다가 '훗날의 그릇이로다. 모름지기 도를 가르침 받겠구나.'라고 말했다."

진희이의 말대로 목수는 나중에 학문을 전수받았다. 목수는 혼주 출신으로 자는 백장인데, 진종 때 진사출신으로 벼슬이 영주 문학참군에 올랐다. 성품이 강직하고 박학다식하였다. 비록 도학을 전수 받았으나 명리를 모조리 떨쳐 버리진 못하였고, 또한 깊은 산 속으로 은둔하지도 않았다. 당시에 글을 농하는 사대부들은 모두 목수의 이름을 내세웠고,

목수가 편찬하고 저술한 책들을 널리 읽었다. 이후 목수는 이지재에게 전수하였고, 임종 시에 당부하기를,

"전수받은 바를 조신해서 갈무리해라. 너는 비록 유명한 벼슬아치이기는 하나 이 도를 크게 일으킬 사람은 너밖에 없다."

그렇게 목수에게 전수받은 이지재는 나중에 소강절이라는 이름을 전해 듣고는 그를 직접 찾아 나섰다. 『송사열전』「소옹본전」에서 이르기를,

"소옹은 자가 요부인데 그의 조상은 범양 사람이었다. 부친이 작고하자 형장으로 이사를 갔다가 다시 공성으로 이사를 갔다. 소옹의 나이가 30살일 때 그는 하남을 유람하다가 무친을 이수에나 장사를 지내게 되니 그때부터 하남 사람이 되었다. 북해 이지재는 공성의 현령으로 있다가 소옹이 향학열이 대단하다는 소문을 듣고 소옹의 집으로 찾아가, '자네는 물리성명의 학문에 관한 소문을 들어보았는가?' 라고 물었고, 소옹이 답하기를, '가르쳐 주시면 고맙겠습니다.'라고 하였다. 그리하여 소옹은 이지재에게 사사를 받았고 하도·낙서와 복희팔괘, 육십사괘도상까지 전수 받았다."

라고 적고 있다. 이렇게 해서 소강절은 그에게 진희이로부터 대대로 전승되어오던 학문을 직접 전수받을 수 있었고, 그가 다시 하도와 낙서의 본의에 의거해 『황극경세』라는 책을 저술하여 역리를 세상에 널리 알렸다. 소강절에 이르러 하도와 낙서에 기반을 둔 상수학은 마침내 절정의 꽃을 피울 수 있게 되었다.

5 새로운 조류

　오늘날 동양과 서양이라는 구분이 큰 의미가 없어질 정도로 전 지구적인 교류가 활발하게 일어나고 있다. 말로만으로 지구촌이 아니라 진정한 하나의 지구촌이 되어가고 있다는 느낌이 실감난다. 매일매일 밤사이 지구촌 곳곳에서 벌어진 희한한 일들이 아침 식탁 위에 해외토픽이라는 이름으로 생생한 화면과 함께 배달되는 세상이 된 것이다. 우리는 앞에서 서양과 동양의 우주관에 대해 따로따로 점검해보는 시간을 가져 보았으나, 지금부터는 동양과 서양이라는 조금은 생소한 서로 다른 두 문화가 활발하게 교류하면서 과연 어떤 일들이 벌어져 왔는지를 잠시 살펴보기로 한다. 사실 15세기 이전까지 오랫동안 쿨쿨 잠만 자고 있던 중세 서구 유럽인들을 깨워, 15세기 이후부터 그들을 온 세상으로 돌아다니게 만들게 한 근본 원인은 동아시아였다고 말할 수 있다. 동아시아에서 유럽 쪽으로 세차게 휘몰아 친 동풍의 위력이 얼마나 충격적이었고 강력한 것이었는지, 이후 서구에서 바라보는 동양의 의미는 한마디로 공포와 신비였다고 정리할 수 있을 정도였다. 적어도 근세기 서양의 과학 기술이 너무나 어처구니없게도 동방의 거대한 두 제국, 인도와 중국마저 우습게 유린하기 전까지는 확실히 그러했다. 사실은 그러했었던 것인데…. 쥐구멍에도 볕들 날이 있는 법이고 세상은 돌고 도는 것이니, 이러한 우주의 섭리 앞에선 그 누구도 예외가 될 수 없다. 서양의 여러 제국들이 일제히 제철을 만난 듯 세계사의 중심으로 흥기하게 되었을 바로 그 무렵, 우연인지 필연인지, 동양은 때를 맞춘 듯이 대부분 쇠락의 길을 걷고 있었다. 그리고 이렇게 한번 기울어진 균형추는

21세기에 이른 지금까지도 완전히 회복되지 못하고 있는 실정이다.

누가 깨웠나?

오랫동안 한나라로부터 조공을 받으면서 그들을 괴롭혀 오던 흉노에도 대위기가 찾아온다. 서기 155년, 북흉노가 선비·후한·남흉노의 연합군에 의해서 멸망하였다. 그 후 남흉노 지도층의 일부는 후한에 동화되었고, 북흉노의 잔존 세력은 어쩔 수 없이 서쪽으로 이동하기 시작했다. 요즘 심심찮게 거론되는 주제 중의 하나가 바로 흉노와 고구려, 흉노와 신라, 흉노와 가야의 관계에 대한 얘기들이 많이 회자되고 있으니, 사실 흉노의 이야기는 따지고 보면 우리 핏줄에 관한 이야기이기도 한 셈이다. 그러니 북흉노의 이동 경로를 좀 더 주의 깊게 감상해볼 필요가 있다. 이때부터 서진한 흉노가 우랄산맥을 넘어 정착하고 약 200년이 지나면서 이미 거주하고 있던 유목민들에게 동화된 후 훈족이라고 불리게 되는데 이들이 유럽에 일대 광풍을 몰고 오게 된다. 서기 395년, 고구려 광개토대왕이 20세의 청년이 되었을 바로 그 무렵, 징기스칸과 알렉산더대왕에 이어 3대 제국을 건설했다고 일컬어지는 훈족의 영웅 아틸라(395~453)가 탄생했다. 그들의 지도자 아틸라가 이끄는 훈족의 서진은 역사상 첫 번째 동아시아발 충격으로써, 그 당시 우월한 기동성과 발달한 활을 무기로 삼아 유럽으로 서서히 진격해 들어갔다. 그들은 진격하면서 알란족, 스키리족, 사르마트족, 게피타이족, 헤룰리족, 콰디 족, 슬라브족, 동고트족 등을 정복하게 되었는데 자발적으로 합류한 민족들도 있었고, 일부는 도망가고 나머지는 끝까지 싸우다가 정복당한 민족들도 있었다. 일례로 알란족은 처음엔 훈족과 맞서 싸웠으나 크게 패한 뒤 훈족에 흡수되어 전투에서 큰 역할을 하였고, 슬라브족 또한 격렬하게 싸웠으나 패배하고 훈족에게 흡수된다. 게르만족의 하나인 동고트족은 로마제국에 보호 요청을 하고 그곳에서 살게 해달라고 하였고, 처음에 로마인들은 동고트족이 트라키아 지역에서 살도록 배려하면서 서로 잘 지내는 듯 했다. 하지만 점차 동고트족을 야만인으로 대하며 차별하기 시작하였고, 결국 동고트족은 반란을 일으켜 로마에 대한 약탈을 시작하였다. 이렇게 로마제국이 혼란해진 틈을 타서 다른 게르만족들도 로마 제국의 영토로 몰려들었다. 게르만족의 대이동이 본격화 된 것이다. 그리고 게르만족의 대이동을 촉발시킨 근본 원인은 바로 훈족이었고, 그들은 5세기 중엽에 가장 세력을 떨쳐 아틸라의 지휘 아래 서쪽은 라인강에서 동쪽은 카스피해에 이르는 대제국을 이루었다. 그들의 말과 활, 그리고 기동성은 당시 유럽에 거주하던 다른 국가들보다 훨씬 더 우수했는데, 훈족이 훈 제국을 세웠을 때 주요 거래 품목이 바로 말이었다. 당시 훈족들의 말을 다루는 솜씨는 가히 천하일품이었다. 말은 훈족에게 있어서 삶의 가장 중요한 부분이었다. 걷는 것 다음으로 바로 말 타는 법을 배우고, 말 위에서 식사와 수면을 취하고 심지어 용변까지 말위에서 처리했다. 이는 유럽의 다른 국가들에게 큰 인상을 남겼는데 사절단이 훈족에 방문할 때마다 훈족의 수장들은 대부분 말 위에서 그들을 반기고 심지어 국사를 논의할 때조차도 말 위에서 하는 것을 좋아했다. 또 그들의 또 하나의 자랑거리였던 화살 쏘는 솜씨도 또한 그들의 기마술만큼이나 우수했었는데, 그들의 최대 사정거리는 약 300m쯤, 살상거리는 약 150m쯤이나 되었다.

5세기 무렵 서로마 제국은 훈족의 지도자 아틸라의 공격에 맞서 게르만족의 힘까지 빌렸지만 결국 패하고야 말았다. 마침내 452년 아틸라의 군대는 서로마 제국의 중심지인 로마 근처까지 왔다. 이때 교황 레오 1세가 아틸라를 만나 겨우 감언이설로 설득하여 로마를 떠나게 되는데, 그 조건으로 교황 레오는 황금과 땅에 대한 권리 등 엄청나게 많은 선물을 줄 수밖에 없었다. 이후 로마는 황제의 자리가 자주 교체되다가 결국 게르만족 용병대장 오도아케르가 반란을 일으켰고, 서기 476년 그는 마침내 서로마 제국의 소년 황제 로물루스 아우구스툴루스2세를 폐위시키고 스스로 왕위에 올랐다. 이로써 오랜 세월 유럽사회를 주름잡으면서 번영을 구가해왔던 서로마제국이 마침내 그 최후를 맞이하게 되었다. 훈족의 서진이 결국 서로마라고 하는 거대한 제국의 멸망을 초래한 것이고, 이후 서양 역사의 중심에서 로마는 사라지고 중세 유럽 시대가 시작되었다. 이렇게 동아시아발 제1차 충격이 있은 후 잠시 조용해지는가 싶더니 얼마 안가서 제2차 충격이 한차례 더 유럽에 가해진다.

1240년 11월, 이번에도 작고 찢어진 눈을 가진 징기스칸의 손자 바투가 몽골 기마군을 이끌고 아드리아해의 크로아티아 지역까지 쳐들어가 그 일대를 초토화시켰다. 당시 러시아에서 가장 큰 도시였던 키예프는 맹렬히 저항했지만 불과 한 달을 채 견디지 못했다. 키예프 사람들은 난생 처음 보는 공성 무기들과 기마부대의 공격을 감당할 수가 없었다. 키예프의 함락으로 동부 유럽이 무너졌고 다음은 중부 유럽의 차례였다. 몽골군은 키예프에서 군대를 둘로 나누어 진격해 들어갔다. 북군은 폴란드를 거쳐 독일로, 나머지는 헝가리를 거쳐 오스트리아의 빈으로 향했다. **당시 유럽은 중세시대였고** 그때까지만 해도 **전 세계에서 가장 가난한 지역**36)이었으므로 외부로부터의 침입이 거의 없었다. 그러나 키예프의 난민들이 서유럽으로 도망가면서 살벌한 소문들이 유럽 사회 전체를 뒤흔들어놓았다.

1241년 3월24일, 몽골 북군은 비스톨라강을 건너 스지들로우에서 폴란드 군대를 격파하였다. 폴란드의 크라코프도 한 달을 버티지 못하고 몽골군에게 점령되었고, 4월에는 독일 리그니츠에서 폴란드-독일 연합군이 몽골군에게 대패했다. 당시 슐레지엔 영주였던 하인리히 2세의 지휘아래 독일과 폴란드 기사 연합군이 몽골군에 맞서 맹렬히 저항했지만 수적으로 우세했음에도 불구하고 연합군은 몽골군에게 몰살당했다. 불과 한 달 만에 몽골의 북군은 두 번의 결정적 승리를 통해서 폴란드와 지금의 체코 지역을 정복했다. 약 600㎞를 한 달 만에 주파한 몽골 북군은 장차 몽골 주력군이 펼치게 될 헝가리와의 일전을 편안하게 해주는 역할을 하였고, 독일·폴란드 연합군을 몰살할 때 구사했던 몽골군의 전략은 다음 헝가리와의 전투에서도 그대로 되풀이되었다.

다음 상대는 당대 서유럽 최강의 기사 군단이었던 헝가리군이었고, 유럽 각지에서 모여든 기사들까지 모두 합쳐 그 숫자가 무려 10만 명에 이르는 대군이었다. 몽골군은 4월4일 부다페스트 부근 다뉴브 강변에 집결했다. 바투와 스부데이는 다뉴브강을 건너서 헝가리 군대와 결전하는 것은 무리일 뿐만 아니라 몽골 기마군단의 특기를 살릴 수

---

36) 과거 번영을 구가했던 로마의 문명이 크게 퇴보하여 당시 유럽은 문명의 암흑기가 약 600년간 이어졌다.

없다고 판단해 일시 후퇴를 단행한다. 약 5만의 몽골군이 6일간에 걸쳐 천천히 후퇴를 하니 헝가리군은 우세한 병력을 믿고 몽골군을 추격했다. 20년 전에 러시아 원정을 했던 경험이 있는 노장 스부데이는 도주하다가 드디어 무히 평원에 이르자 갑자기 멈추어 섰다. 이때 헝가리군은 비록 쫓는 입장이었지만, 추격하느라고 잠을 자지 못하고 지쳐 있었고, 반면 몽골군은 도망가면서도 틈틈이 말 위에서 잠을 자고 있었다. 4월10일 몽골군은 야간에 좁은 사조강을 건너 헝가리군을 기습하였다. 유인과 기습은 기동력에 자신 있는 몽골군의 전형적인 전술이었다. 이에 맞선 헝가리군은 마차로 둥글게 둘러싸 움직이는 강력한 요새를 구축했다. 몽골의 기마군이 이들을 둘러싸서 불화살을 쏘아댔고 투석기로는 돌과 화약 등을 퍼부어댔다. 몽골의 화살은 멀리서 날아오는데, 헝가리군의 화살은 사거리가 그렇게 길지를 못했다. 사방에서 날라 오는 불덩어리들은 서유럽의 최정예 기사군단을 공포의 도가니로 몰아넣었다. 갑자기 몽골군이 슬며시 한 쪽 퇴로를 열어주자, 그들은 일제히 그쪽으로 도망가기 시작했다. 하지만 숲 속 저 너머에는 바투의 몽골군이 잠복하고 있었고, 결국 그들은 떼죽음을 당해서 약 7만 명이 전사했다. 헝가리 왕 벨라4세는 아드리아해 쪽으로 달아났다. 몽골 군대가 지금의 발칸지방까지 벨라 4세를 추격하자, 왕은 지중해의 한 섬으로 달아났다. 부다페스트가 무너지고 헝가리 전 지역이 파괴되었고 인구의 3분의 1이 죽거나 납치당했다. 이로써 사실상 중세 유럽은 전멸되었고, 유럽에서 기사계급이 완전히 무너지는 중대한 계기가 되었다. 제2차 세계대전에서 조차도 하루에 30~50㎞ 정도의 이동이 가능한 수준이었지만, 당시 몽골군은 말을 타고 하루에 최대 160㎞를 질주할 수 있었다. 몽골군은 세르비아와 크로아티아에도 나타났다. 당시 전 유럽이 몽골의 공격 가능성 때문에 공포에 떨어야만 했다. 때맞춰 유럽 전역에 일식까지 일어났다. 유럽 전역이 최후의 심판에 대한 두려움과 지옥불의 공포에 휩싸였다. 그해 겨울 도나우 강변에도 몽골의 척후병들이 나타나기 시작했다. 이제 오스트리아의 빈과 프랑스의 파리가 몽골군에 짓밟힐 차례였다. 프랑스의 루이9세는 수없이 대책회의를 열었지만 뾰족한 대책이 있을 수 없었다. 그런데, 이때 갑자기 몽골군 진영에 오고데이 황제가 죽었다는 소식이 날라들었고 바투는 철군을 명령했다. 서유럽으로서는 세상에 이보다 더 기쁜 일이 있을 수가 없었다.

당시 몽골군은 보급부대가 따로 없이 모두가 기병이었고, 다른 나라보다 통상 4~5배나 빨랐다. 기동성을 높이기 위해서 몽골군단은 갑옷도 최소화해서 최대한 가볍게 만들었다. 그들은 1237~1238년 겨울, 그리고 1240~1241년 겨울 두 차례 러시아로 쳐들어가 겨울 작전을 성공시켰다. 수백 년 뒤 나폴레옹이나 히틀러조차 물러서게 했던 러시아의 지독한 추위도 몽골 기마군의 전투력을 꺾지는 못했다. 몽골 기마군은 1241년 초 헝가리에서 하루 평균 100km를 주파한 셈이다. 이 속도는 제2차 세계대전에서 기록된 독일 기갑군단의 돌파속도보다도 더 빠른 것이었다. 반면 13세기 당시 유럽의 기마전법은 중무장이었을 뿐 아니라 보병과 연계된 조직이었으므로 당연히 기동성이 떨어지게 돼 있었다. 중세 유럽 기사들의 갑옷 무게는 약 40kg이었고 말에 덮어씌운 갑주까지 보태면 100kg을 넘었다고 한다. 만약 말이 넘어지기라도 한다면 도저히 혼자선 일어날 수가 없었다. 유럽 기사들은 창과 칼을 주로 썼다. 그들은 활이 비겁한 무기라고 치부하면서 법으로 금지시키기도 했고 하층민의 무기로 제한하기도 했다. 중무장한 유럽기사들에 대한 몽골기마군의 전형적인 공격법은 200~300m쯤의 거리를 두고 활로써 집중사격을 하여 혼을 빼놓은 다음 돌격하여 박살을 내는 것이었다. 또 도주하는 척 하면서 유럽기병들을 유인하여 전열을 기다랗게 분산시킨 다음 삽시간에 재집결하여 길게 분산된 적을 각개 격파하는 전술도 즐겼다. 하지만 몽골군은 이렇게 속도에서만 압도적 우위를 보인 게 아니라 동아시아 지역이나 아랍 지역과의 수많은 전쟁 과정에서 습득한 최신 화약기술이나 최신 투석기 같은 대단히 강력한 신무기들까지도 보유하고 있었다. 그러니 당시 천하에 당해낼 자가 없었던 것이다. 당시 전 세계를 통틀어 몽고와 정면으로 맞붙어 무려 43년간을 버틸 수 있었던 나라도 사실 고려가 유일했다. 몽골의 입장에서 보자면 징그럽고도 징그럽게 버티던 고려인데도 불구하고 그들은 몰살정책이 아니라 전혀 뜻밖에도 고려의 국호와 고려의 체제를 인정해주는 태도를 취했다. 그들이 고려와 베트남만큼은 따지고 보면 똑같은 한 핏줄이라는 사실을 잘 알고 있었기 때문에 오직 이 두 나라에 대해서만큼은 예외적으로 대해주었다고 한다.

한편 죽음의 공포를 바로 코앞에 두고 있다가 전혀 뜻하지 않게 갑자기 사라져버린 몽골군이 다시 돌아올 것을 극히 두려워했던 프랑스의 루이 9세는 몽골에다가 사절단을 파견하여 몽골의 동태를 파악해보기로 한다. 이후 적지 않은 유럽인들이 동아시아 쪽으로 여행을 하면서 유럽 사회에 견문록을 널리 소개한다. 당시 몽골제국은 6~10일 이내에 동쪽에서 서쪽으로 소식을 전할 수 있을 만큼의 최첨단 통신체계를 구축한 최초의 대제국이었다. 그들은 전 세계적인 그물망의 통신체계를 유지하기 위해 약 20만 마리의 말들을 상시 동원하고 있었다. 이렇게 발달한 몽골제국의 시스템에 힘입어 서아시아의 천문학, 역법, 수학, 지도학, 제철기술 등이 동아시아 쪽으로 전파되었고, 인쇄술, 화약, 화기, 무기, 종이, 나침반, 의술 등이 서쪽으로 전파될 수 있었다. 이후 기나긴 세월 잠자고 있던 유럽에 혁명적인 변화가 일어나게 되었다. 그들이 화약을 사용하기 시작하였고, 전에 없던 많은 것들을 그들이 가지게 되면서, 유럽이 문명의 변방에서 서서히 문명의 중심으로 부상하게 된 것이다. 몽골의 황제가 때맞추어 죽지 않았다면 결코 맛볼 수 없었던 지극한 영화를 한번 누릴 수 있게 된 것이다. 이것이 바로 천운이 아니고 다른 또 무엇이 천운이란 말인가! 그들이 드디어 천운을 만나게 된 것이다. 동아시아로 부터 비롯된 두 번의 잊을 수 없는 충격, 그로인해 첫 번째에는 게르만족의 대이동이 촉발되면서 서로마제국이 무너졌고, 두 번째에는 최후의 심판과 더불어 지옥 불의 고통을 앞두고 있다가 가까스로 깨어나 마침내 정신을 차리고 그들이 나침반과 화약 등을 가지게 되면서, 이후 불과 150년이 지나자, 그러니까 서기 1400년 무렵이 되자, 유럽인들은 마침내 스스로 대★ 항해 시대를 열 수 있게 되었다. 이렇게 해서 잠자던 서방 백호들, 그들이 완전히 깨어나게 된 것이다.

새로운 인식

"다니엘아 마지막때까지 이 말을 간수하고 이 글을 봉함하라. 많은 사람이 빨리 왕래하며 지식이 더하리라." 『성경』 「다니엘서」 제12장 4절에 나오는 구절과 같이, 이후 세상은 급변하였고 표현된 그대로 예언이 성취된다. 그리고 20세기 초기에 이르러선 각 분야의 과학 기술이 놀라울 정도로 정교하게 발달하면서, 서양인들이 우주의 실상을 더욱 적나라하게 들여다보게 되었다. 그리고 이후, 서양인들의 생각이 조금씩 달라지고 있다. 이분법적 세계관에 바탕을 둔 커다란 회오리바람으로 온 세상이 한바탕 몸살을 앓아 볼대로 앓아본 지금, 전혀 새로운 움직임이 전全 지구적으로 태동하고 있다는 것을 이제는 누구나 느낄 수 있게 되었다. 서양의 합리주의, 그리고 과학? 그거 좋기는 한데 그게 전부가 아닌 것 같다는 생각, 동양은 낡고 비과학적이고 구시대적인 쓰레기? 그런데 동양적인 것들이 그렇게 썩 나쁜 것만은 아니었다는 희미한 의식의 전환에서 출발해서 이제는 아예 한 걸음 더 나아가 서양의 이분법적 물질관으로 극복할 수 없는 한계가 무지무지 오래 된 동양의 철학에서 실로 오래 전에 이미 극복되어 있었다는 것을 깨닫기 시작한 것이다. 동양은 현대 과학이 겨우 감을 잡기 시작한 그 부위의 정점을, 그것이 어떻게 가능했는지조차 믿기지 않을 정도로 실로 오래 전부터 이미 수중에 움켜쥐고 장난감처럼 희롱하고 있었다는 것을 깨닫게 된 것이다. 오늘날 우주론의 최고 선봉장이라 할 수 있는 스티븐 호킹 박사 왈,

"우리가 파고 들어가면 들어갈수록 과거 이미 오래 전에 동양의 현자들에 의해서 내려졌던 결론들을 단지 현대과학이 다시 한 번 확인하고 있는 과정이 아닌가 하는 회의가 문득문득 들게 되지만, 아무튼 우리는 실망하지 않고 계속해서 끝까지 한번 전진해볼 생각이다.…"

작금에 이르러선 이렇게까지 다시 뒤바뀌게 되었다. 이제 동양은 먼 과거의 막연한 신비에 그치는 것이 아니라 정말로 신비로웠다는

생각들이 다시 고개를 들고 있다. 과학 기술의 우월감에 도취하여 동양의 선禪이나 명상을 비웃거나 동양의 문화를 한낱 비과학적이고 비합리적이라는 시각에서 바라볼 수만 없다는 것이 분명해지고 있는 것이다. 그들에게는 무언가가 있었다. 어떻게 그것이 가능했었는지조차 실로 불가사의한 일이지만 그들은 확실히 달랐고, 확실히 신비로운 그 무엇이 있었음에 틀림없다. 저 유명한 아인슈타인이나 닐스 보아를 비롯해서 노벨 물리학상을 받은 사람들치고 주역을 공부하지 않는 이가 없을 정도이고, 유명한 서구의 정치인들이 앞장서서 매일매일 명상이나 요가를 행하고 있으며 동양의 무도를 배우고 있다. 서양식 의학의 한계를 극복할 수 있는 대체의학으로 침술을 비롯한 각종 동양적 시술 방법들이 다시 주목 받기 시작하고 있으며, 풍수학 이론이 접목된 건축물들이 서구 세계에 들어서게 되었다. 동아시아 삼국 중에서 일본이 가장 주역을 많이 연구하고 있다지만, 미국의 하버드 대학에서도 주역을 아주 열심히 연구하고 있다는 것도 널리 알려진 일이다. 그렇다면 이렇게 새롭게 부상하고 있는 동양적인 것이란 게 대체 무엇일까? 동양적 우주관이란 것은 알고 보면 그리 어렵지가 않다. 그러나 그것을 성취하기는 결코 쉽지가 않다. 그것은 아느냐, 모르느냐하는 머리의 문제가 결코 아니기 때문이다.

옛날 기성자紀渻子라는 사람이 주나라 선왕宣王의 명을 받아 투계鬪鷄에 내보낼 닭을 맡아 기르고 있었다.[37] 훈련한지 열흘쯤 지났을 때 왕이 그에게 물었다. "열흘간 훈련을 시켰으니 이제 싸움닭을 시켜도 자신이 있겠지?"

---

[37] 『두 귀를 씻고 듣는 이야기』 황패강, 단대출판부 1991

왕의 물음에 기성자는 고개를 가로저으며 대답했다.

"아직 안됩니다. 충분한 훈련을 받지 않은 주제에 마음이 한껏 교만해져서 자기 기운을 대단한 것으로 믿고 있어서, 아마 싸우면 지고 말 것입니다. 조금만 더 기다려 주십시오."

다시 열흘이 지나서 왕이 물으니 기성자는,

"아직 안되겠습니다. 저번과는 달리 싸움에 교만한 태도는 없습니다마는 밖에서 들리는 소리나 보이는 물건에 정신이 팔려 그 쪽에 신경을 쓰는 까닭으로 아직 충분하지 못합니다."

라고 하면서 좀 더 여유를 달라고 하였다. 다시 열흘이 지나서 왕이 또 물으니,

"이제 외물에 마음 쓰는 일은 없습니다마는 아직도 스스로 강하다고 믿는 마음을 버리지 못하고, 앞을 노리고 싸울 기세를 갖추고 있어 안 되겠습니다. 조금만 더 기다려 주십시오."

라고 말하였다. 다시 열흘이 지나서 왕이 물었을 때, 기성자는 그제야 회심의 미소를 지으며 대답하였다.

"이제 되었습니다. 곁에서 다른 닭이 울어도 동요하는 빛이 전혀 없고, 멀리서 보면 흡사 나무로 깎은 닭처럼 보일 정도로 마음이 안정되어 있습니다. 이긴다든가 싸운다든가 하는 따위의 생각이 전혀 없고, 마치 덕을 갖춘 사람모양 안정된 자세가 보입니다. 이쯤 되고 보면 어떤 닭도 상대가 되지 않을 것입니다. 상대편이 먼저 두려워하여 도망하고 말 것입니다. 이제 완전한 투계가 되었습니다."

이는 『장자』 「달생편」에 나오는 이야기 인데, 동양에서는 이와 같이 설사 하나의 미물에 불과한 싸움닭이라 할지라도 마땅히 지향해야 할 경지가 존재한다고 보았다. 싸움하지 않는 싸움닭의 경지, 나 없는 나의 경지, 이것이 바로 동양의 지향점이라 할 수 있다. 동양에서는 데카르트의 생각하므로 존재하는 나라고 하는 것이 극복해야 할 하나의 병病적인 상태를 의미하는 것이며, 무명無明 혹은 무지無知의 소산에 불과한 것이었다.

선종의 제2대 조사가 된 혜가(487~593)는 본래 낙양의 무뢰 출신이었다. 32세에 뜻한바 있어 낙양 향산사에 들어가 좌선에 몰두하였다. 그러나 무엇이 부족한 듯 항상 가슴이 답답하기만 했다. 그리하여 40세 되던 해에는 숭산 소림사에서 달마가 면벽수행을 하고 있다는 말을 전해 듣고는 그를 찾아 법문을 청하기로 결심하였다. 소문대로 달마는 늘 벽을 대하고 앉아 있을 뿐이었다. 혜가는 달마 동굴이 건너다보이는 발우봉(鉢盂峰) 산자락에 토굴을 지었다. 한없이 기다리고 기다리던 혜가는 드디어 달마에게 질문을 던질 수 있었다.

"저의 마음이 편치 않습니다. 부디 저의 마음을 편안하게 해주십시오."

달마가 대답하였다.

"그대의 마음을 가지고 오라. 편안하게 해주리라."

다음날 다시 혜가는 달마를 찾아서 말했다.

"없습니다. 아무리 마음을 찾아도 찾을 수가 없습니다."

그러자 달마가 대답하였다.

"이미 그대의 마음을 편안케 하였다."

그 순간 혜가가 크게 깨달을 수 있었다.

동양과 서양의 차이가 바로 이런 것이다. 서양은 인식가능하고 눈에 보이는 유有의 세계를 바라보지만, 동양은 그 너머에 있는 무無의 세계를 바라다본다. 바로 이것이 핵심이라 할 수 있을 것이다. 데카르트는 기껏해야 생각하므로 존재하는 나를 주장했지만, 달마는 무지의 세계에서 헤매고 있는 혜가에게 생각하지 않으므로 존재하지 않는 나를 유감없이 드러내주고 있다. 스즈끼 다이세쓰(鈴木大拙)의 말을 잠시 빌려보자.[38]

---

38) 『현대물리학과 동양사상』 프리초프 카프라 (옮긴이 이성범 김용정), 범양사 출판부 1979

"사물들 전체의 단일성이 개오開悟되지 않았을 때, 바로 그때에 개체화뿐만 아니라 무지가 일어나게 되며, 그리하여 온갖 부정한 심상이 커지게 된다.…(중략)…세계의 모든 현상들은 마음의 환상적인 현현顯現에 불과하며, 그것들은 그 자체의 실재성을 갖고 있지 못하다."

동양의 현자들이 보았을 때 데카르트의 '생각하는 나'라는 선언은 자신이 얼마나 무지한 상태에 있는가를 애써 소리쳐 외치는 것과 하나도 다를 바가 없는 것이라고 할 수 있다. 동양의 현자들에게 있어서 생각하므로 존재하는 나는 자각의 종착점이 아니라 단지 에고, 즉 자아의식의 시작점에 불과한 것이었다. 생각하므로 존재하는 에고에서 한걸음도 진일보하지 못한 상태이므로 생각 이전의 경지인 무아를 터득했을 턱이 없는 것이었다. 나라고 하는 것을 던져버리지 못하였으므로, 나와 너라는 것이 대립된다는 이분법적 분별심은 필연적일 수밖에 없는 것이고, 이는 바로 나라고 하는 허상을 벗어 던지지 못하는 데서 비롯된 망상에 불과한 것이었다. 따라서 우주의 실상이라고 하는 것은 결국 불교에서 말하는 일체유심조(一切唯心造)라는 용어 그대로 일체의 형상들이 오직 자신의 마음으로부터 일어나는 것이었다. 스즈끼 다이세쓰는 이에 대해 다음과 같이 보다 구체적으로 설명한다.[39]

"너와 내가 다르다고 하는 마음으로부터의 분별 때문에 무수한 사물들이 생겨난다.…(중략)… 이러한 것들을 사람들은 외적인 세계로서 받아들인다.…(중략)… 외적인 것으로 나타난 것은 실재로서 존재하는 것은 아니다. 잡다한 것으로 보이는 것은 기실은 마음이요, 말하자면 물질이나 소유물이나 그와 같은 일체의 것은 단지 마음 외의 아무것도 아니다."

---

39) 상동

이렇게 동양의 현자들에 의해서 갈파되는 우주의 실상은 마음과 물질을 떼래야 뗄 수가 없는 것이었다. 우주는 너와 나의 구분이 존재하지 않으면서, 영원히 움직이고, 살아 있고, 유기적인 하나의 존재라고 할 수 있다. 이렇게 동양에서의 우주는 정신적인 것이고 동시에 물질적인 것으로써, 서로 분리할 수 없는 하나의 불가분의 실재로 파악되었던 것이다.[40] 이렇게 되면 우주는 개척하고 제어해야 할 대상이 더 이상 아니게 된다. 우주는 끊임없이 변화하면서 살아있는 것이고, 인간은 거기에 순응해가야 한다. 우주는 나라고 하는 허상이 궁극적으로 합일해 가야 하는 지향점이다. 그리고 그 우주 속에 존재하는 물질이란 것은 정신의 효용가치를 위해 존재하는 죽어있는 하나의 독립적인 객체가 아니라, 정신과 서로 떼래야 뗄 수가 없는 불가분의 한 몸과 같은 것이고, 하나의 또 다른 양상에 불과한 것이다.[41] 이러한 동양적 세계관은 불교, 도교, 힌두교를 비롯한 모든 동양의 제 종교들과 이제부터 우리가 집중적으로 조명해보게 될 역易이라고 하는 동아시아에서 형성된 독특한 우주 대수학 체계에 그대로 한결같이 녹아 들어가 있는 것이라고 할 수 있다. 그러나 이러한 우주의 적나라한 실상도 그것을 바라보는 이의 시각이나 마음의 경지에 의존하여 전혀 다르게 왜곡돼 보일 수 있는 것이니, 그것이 바로 개체화된 부분들의 집합으로 보는 이원적 분류 관점이다. 그리고 이 시점에서 다음과 같은 질문이 자연스럽게 떠오를 수 있다. 동아시아의 역易이라는 체계는 우주를 크게 음陰과 양陽이라고 하는 두 가지 서로 다른 대립적 특성을 바탕으로 해서 설명하는 체계인데,

---

40) 상동
41) 상동

이것이 서양에서 바라보는 선善과 악惡이라는 이분법적 세계관과 어떻게 다른 것인지가 궁금해질 수도 있을 것이다. 서구의 관점에서는 선과 악이라고 하는 것은 서로 융합할 수 없는 대립되는 두 성질이며, 그 두 가지가 끊임없이 투쟁하고 있다고 본다. 여기서 인간은 선이라는 것을 지향해야 하는 것이고, 악이라는 것은 결국 소멸시켜야 하는 대상일 뿐이라고 파악한다. 이러한 관점에 바탕을 두고 태어난 것이 바로 아마겟돈이라고 하는 선과 악이 펼치는 최후의 결전이다. 하지만 동아시아에서는 선과 악은 대립적인 것과 동시에 상보적인 관계로 본다는 것이 크게 다르다. 선과 악이라는 개념 자체가 선은 악이라는 개념에 뿌리를 두고 있으며, 악은 선이라는 개념에 뿌리를 두고 있는 것으로써, 악을 없애고자 한다면 동시에 선도 함께 사라져야만 그것이 가능하다는 입장을 견지한다. 우주의 실상을 꿰뚫어보는 경지의 차이가 분명히 존재하고 있음을 느낄 수 있다. 이해를 돕기 위해 잠시 『탈무드』에 나오는 이야기를 읽어보자.

> 지구를 휩쓴 대홍수 때, 모든 동물이 노아의 방주를 찾아왔다.[42] 선善도 서둘러 달려왔으나 노아는 방주에 태우기를 거절하며,
> "여호와께서 짝이 있는 것만 태우라고 하셨네."
> 라고 말했다. 그러자 선善은 하는 수없이 숲으로 돌아가 자신의 짝이 될 만한 상대를 찾아 헤맸다. 그리고는 마침내 선善은 누군가를 데리고 노아의 방주로 돌아왔는데 그가 바로 악惡이었다.

이때부터 선과 악은 항상 따라다니고 있다고 한다. 따라서 지금 이

---

42) 『탈무드』 김경찬 옮김/ 이남우 그림, 동해출판 2003

순간 정의감에 불타서 이 세상에서 모든 악惡을 모조리 제거하고 싶다면, 선 자신이 악을 동반하여 둘이 함께 사라져야만 한다. 선이 악을 이기는 치열한 투쟁의 과정이 필요한 것이 결코 아니다. 선이라고 불리는 것이 이 세상에 존재하는 한, 그와 대립되는 악의 존재는 어쩔 도리가 없는 것이다. 선이라는 개념 자체가 이미 악에다가 뿌리를 두고 있기 때문이다. 그것이 바로 여호와의 진정한 뜻이다. 세상 사람들은 끝없이 선함과 부유함과 아름다움과 똑똑함을 추구한다고 생각하고 있을 테지만, 이러한 노력들이 치열해질수록 동시에 그와는 정반대에 있는 악함과 가난함과 추함과 똑똑하지 못함이 필연적으로 같이 커져 나갈 수밖에 없는 것이다. 이것이 우주의 실상이다. 이를 깊이 이해해야 한다. 그래야만 비로소 가면 갈수록 양극단으로 치닫기만 하는 현대 사회의 고질적 병폐들에 대한 본질적인 해결의 실마리가 보일 것이기 때문이다.

동양도 변해야…

과거 수천 년 전에 성립된 동양 철학의 심오함이 오늘날 최첨단 서양 과학자들의 입에서 또 다시 회자되는 작금의 상황에 대해, 그것을 옆에서 지켜보는 오늘날의 동양인들을 잠시 되돌아 볼 필요가 있다. 대체 이들은 누구인가? 동양인인가, 서양인인가? 과거 그들의 선현들처럼 심오한 경지에 오른 것도 아니고, 그렇다고 서양인들보다 더 과학을 잘 하고 있는 것도 아니고…. 죽도 밥도 아닌 오늘날의 동양인들, 과연 이들에게 희망은 있는 것일까? 동아시아에는 그 오랜 역사와 전통만큼이나 거대한 두 개의 뿌리가 있었다. 그것이 바로 인간 의식의 정점이라고 일컬어지는 이른바 '도道'라는 것이고, 우주 만물의 변화 원리를 논한다고 하는 '역易'이라는 것이다. 진리니, 법法이니, 도道이니, 단丹이니, 성性이니, 아트만이니 혹은 똥 막대기니, 그것을 부르는 이름이 조금씩은 달라도 하나로 요약 정리하면 바로 도道라는 것이고, 주역, 역법, 육효, 매화역수, 기문둔갑, 한의학, 오운육기, 육임, 풍수, 명리학, 자미두수, 하락이수, 관상이라고 하는 것들이 바로 역易[43]의 범주에 속한 것들이다. 동양을 요약 정리하면 결국 도와 역이라 할 수 있다. 동아시아에서 도와 역이라는 것은 그 역사만큼이나 유구하기 이를 데가 없어서 도가 아닌 것이 없었고 역을 벗어난 것이 없었다. 다시 말해 철저히 역易에 살고 도道에 죽는 세상이었다. 갑자·을축·병인, 그리고 건·곤·감·리, 무극·태극·황극, 그리고 병법·한의학·주역·성리학이니 하는 것들을 빼고 나면 남는 게 거의 없다고 해야 할 정도이다. 그들이 살아가는 동안의 거의 모든 일상들, 달력을 보면서 농사지을 때와 제사지낼 때를 알고, 결혼 하고, 이사 하고, 질병을 고치고, 살아가는 이치를 배우고, 학문을 하고, 전쟁을 하고, 나아갈 때와 물러날 때를 살피고,… 등등의 삶의 모든 일상들이 사실상 역易에 매여 있었다고 해도 과언이 아니다. 한마디로 **삶의 지향점은 도였고, 삶이란 그 자체는 역이었다.** 이렇게 중요했던 그 밑바탕에 바로 하도와 낙서가 자리하고 있었다. 과거 모든 역리들이 하도와 낙서에서 비롯되었다. 그러나 현재는 그것을 이어주던 연결고리들이 이미 오래 전에 망실돼버려서 작금에 이르러선 그것이 어떤 원리에 의해서 만들어졌는지, 혹은 하도와 낙서에서 만들어

---

43) 이 책에서 역易이라는 용어는 하도와 낙서에 기반을 두고 성립된 모든 역리학(易理學) 분파들을 총칭하는 의미로 사용된다. 단지 주역周易만을 뜻하는 것이 결코 아니다.

진 것은 정말 맞는지조차 심히 의심스럽게 되었다. 그리고 지금은 근원조차 잘 모르는 그런 개념들을 그럭저럭 사용이나 하는 수준에 그치고 있다. 그러나 이렇게 되면 무엇이 문제가 되는가? 결코, 결단코, 새로운 것이 나올 수가 없다는 것이다. 한국의 과학자들이 아직도 노벨물리학상이나 노벨화학상을 받지 못하고 있는 이유도 바로 기초 과학이 부실하기 때문이라고 한다. 종국에는 다시 기본에서 해답을 찾아야 한다. 역사는 발전한다? 인간은 또한 수없이 퇴보도 해왔고 수많은 시행착오들을 반복해왔으며 또 앞으로도 그것을 수천, 수만 번이나 계속 반복하고도 남을 거란 것을 스스로들이 너무도 잘 알고 있을 것이다.

　옛날 어떤 스승 밑에 두 사람의 제자, 손오행과 저팔괘가 있었다. 그 두 제자는 스승으로부터 도를 배운 후 이웃나라로 향했다. 두 사람이 한참 길을 걷다가 땅을 바라보니 코끼리의 발자국이 찍혀 있었다. 손오행이 그것을 자세히 살핀 후 말했다.
　"이 발자국은 암 코끼리의 것이다. 암 코끼리는 새끼를 뱄으나 눈이 멀었을 것이다. 또 어떤 여자가 코끼리를 타고 있는데, 아마 그 여자는 계집아이를 임신하고 있을 것이다."
　그 말을 들은 저팔괘는 깜짝 놀라며 물었다.
　"자네는 그것을 어떻게 아는가? 도저히 이해가 안 되는데…."
　"하나를 보면 열을 아는 것이라네. 만일 믿지 못하겠거든 가서 확인해보세."
　그리하여 두 사람은 서둘러 걸음을 옮겼다. 한참을 달려가니 과연 손오행의 말대로 코끼리가 한 마리가 서 있는데 그 주변을 살펴보니 코끼리가 새끼를 낳은 뒤였고, 그 곁에는 한 여자가 앉아 있었다. 또 그 여자를 자세히 바라보니 길가에서 방금 계집아이를 낳은 후 쉬고 있는 중이었다. 저팔괘는 그 모습을 확인한 후 탄식하며 말했다.
　"함께 스승 밑에서 공부했는데, 나는 아직 사물의 이치를 깨닫지 못했구나!"
　얼마 후 두 사람은 다시 스승에게로 돌아왔다. 저팔괘가 스승에게 아뢰기를,

"우리 둘이 함께 길을 가는데, 손오행은 코끼리 발자국을 보고 여러 가지 이치를 알았지만 저는 알지 못하였습니다. 원컨대 스승님은 저에게도 비법을 가르쳐주십시오."

이야기를 듣고 난 스승은 손오행에게 물었다.

"너는 그것을 어떻게 알았는가?"

손오행이 대답했다.

"스승님께서 늘 말씀하시던 대로 따랐을 뿐입니다. 저는 코끼리가 오줌 누는 것을 보고 그것이 암놈인 줄을 알았고, 오른쪽 발자국이 깊은 것을 보고 새끼를 밴 줄 알았으며, 길가의 오른쪽 풀이 쓰러진 것을 보고는 오른쪽 눈이 멀었다는 것을 알았습니다."

"그럼 임신한 여인이 있다는 것은 어찌 알았느냐?"

"코끼리가 멈춘 곳에 소변 자국이 있는 것을 보고 그 사람이 여자인 줄을 알았으며, 오른쪽 발자국이 깊은 것을 보고 임신한 줄을 알았습니다."

손오행의 대답을 듣고 난 스승이 말했다.

"대개 공부는 깊이 생각해서 통달하는 것이다. 어설프게 해서는 이루지 못하는 것이니, 가르쳤는데도 깊이 깨닫지 못하는 것은 스승의 허물이 아니니라."

격물치지, 이심전심, 그리고 비인부전. 이것이 동양에서 전통적으로 행해진 가르침의 방식이었다. 바로 이것이 가르칠 수 없는 것을 가르치는 방법이었으며 올바른 도를 전하는 동양의 비법이었다. 그러나 모든 것은 장점이 있으면 반드시 단점이 함께하는 법…. 늘 손오행 같은 제자들만 함께 할 수 있었다면 동양의 빛나는 전통은 결코 끊어지지 않았을 것이다. 그러나 그 반대라면 얘기가 전혀 달라진다. 그것이 결국 근본적인 연결고리가 오늘날까지 이어지지 못한 이유일 것이다. 이제 와서 누구를 탓하겠는가? 누구를 탓하기에는 이미 너무 늦어 버렸다. 그러면 이대로 절망할 것인가? 아니다. 절망하기에는 또 너무 이르다. 바뀌어야 한다. 동양도 이제는 바뀌어야 한다. 어떻게 바뀌어야 할까?

나아갈 방향

동양 역리학의 한 지맥이었던 현공풍수의 전래 과정을 잠시 살펴보면서 우리가 어떻게 바뀌어야 하는지 그 방향을 알 수 있게 될 것이다. 현공풍수의 역사를 살피는 과정에서 동양의 학문이란 것이 서양의 제 학문과 달리 얼마나 닫힌 체계였는지를 절절하게 느껴볼 수 있을 것이다.

풍수학은 크게 둘로 나눠 볼 수 있는데, 이론 체계를 중시하는 이기풍수와 산과 물의 실제 형세를 중시하는 형기 풍수가 바로 그것이다. 그 중에서 역대로 비전 중에서도 최고의 비전으로 꼽혀왔던 현공이기풍수학이 오늘날까지 어떻게 전래되어 오게 되었는지를 살펴보는 것은 그 자체로 자못 흥미롭기 그지없는 일인지라, 국내에 출간된 서적들의 여기저기에 흩어져 있는 현공풍수에 관한 이야기들을 한데 모아 보았다.[44]

동아시아만의 독특한 자연관을 반영하고 있는 풍수학이 형성된 시기는 이미 진나라(기원전 221~기원전 206) 시대로 거슬러 올라간다. 진시황이나 한 무제의 황릉은 당시의 풍수 이론으로 터를 잡은 대표적인 사례이다.

---

[44] 『현공풍수학』호경국 (옮긴이 선공세준), 전통문화사 2004,
　　『풍수기초학』송소광 (편역 배병철), 성보사 2001
　　『현공풍수』최명우, 도서출판 답게 2005, 『실전자미두수』김선호, 대유학당 2004

이후 풍수는 부귀공명을 탐내는 제왕과 귀족들의 욕심에 편승해서
점점 더 성행하게 되는데, 위·촉·오 삼국을 통일한 진나라(서기 265~420)
때에는 풍수의 유행이 거의 절정기에 달해서 풍수에 관한 전문서적들이
쏟아져 나오고 풍수를 전문적으로 보는 지관들이 출현하게 된다. 특히
당시 중국의 동남 지역은 풍수의 본고장이라 불릴 만큼 풍수가 대단히
성행하였다. 가옥, 묘지 및 주변 환경의 형태를 중시하는 강서파와
팔괘나 음양오행 등의 이론적 측면을 중시하는 복건파의 대립도 이때부
터 비롯된다. 이후 당·송 시대에 이르면 묘지뿐만이 아니라 서민들의
주거문화까지 풍수의 영향을 받게 된다.45) 현공풍수의 기원도 풍수학의
전성기였던 진나라(265~420)때부터 비롯된 것으로 알려져 있다. 당나라
의 증공안(일명 증구기)이 지은 『청낭서』를 보면, 곽박(276~324)이 현공술
을 전했다고 언급하고 있다. 당나라의 양균송(834~900)이 편찬한 『청낭
오어』에는 현공의 이치는 음양이 서로 만나는데 있고, 현공의 술은
음양이 서로 만나는 때의 오행의 운용에 있으며 현공법은 분명 애성장법
에 있다고 하였다. 양균송은 그밖에도 『천옥경』을 지어 정식으로 현공대
괘의 애성법을 현공의 술이라 여기고 애성술을 애성학이라 불렀다.
이후 증공안은 양균송의 비전을 얻어 『청랑오어』의 서문을 지었다.
그러나 양균송과 증공안 두 사람 모두 현공술의 비밀을 대중에게 공개하
지 않았고 구전으로만 그의 제자에게 전하였기 때문에 애성술을 아는
사람은 천하에 몇 명 되지 않는 실정이었다.46)

45) 『나는 역술을 이렇게 본다』 오종림, 솔 출판사 1997
46) 『현공풍수학』 호경국 (옮긴이 선공세준), 전통문화사 2004

　송대에 이르러 오경란이 진전을 얻어『현공비지』,『천기부』를 지었으나 애성법의 비밀은 여전히 공개되지 않았고 계속 비전의 학술로 남아 있었다. 명대 말이자 청대 초기에 이르러, 장대홍(1616~1700?)이『무극자진전』을 얻고「애성도」를 얻어 이를 깊이 깨닫고, 양균송의『현공풍수서』에 주를 달아 쉽게 풀이한『지리변정』을 세상에 발간하는 등 여러 책을 지었다. 그러나 천기는 누설되어서는 안 된다는 계율 때문에 가장 중요한 애성법을 공개하지 않았다. 그는 현공풍수에 대한 깊은 이해를 바탕으로 여러 풍수학설들의 오류를 지적하면서 풍수학 발전에 기여하기도 하였지만, 정작 애성법을 공개하지 않아 이로 인해 각종 위설이 만들어지게 되면서 전보다 더 많은 오류를 만들어내는 원인이 되기도 하였다. 그는 자신이 그 비밀을 엄격히 준수하였을 뿐만 아니라 제자에게도 천기를 누설하지 않도록 당부했다. 그는 말하기를,

　"오로지 애성만이 있으니, 원공대오행은 음양의 최고로 귀한 것이다. 원래 천기의 비밀은 세상에 전해져서는 안 된다. 그러나 다만 우연히 한번 누설된 것뿐이다…. 오늘날 진전을 얻은 자가 사람을 선택하는데 신중하지 않아 천기를 가벼이 누설하고 있다. 그런 사람은 길지를 얻더라도 그 복을 받지 못할까 두려울 따름이다. 천보를 누설하는 자는 옛 스승의 계율을 거듭 위반하는 것이다. 조물주가 노하지 않더라도 스스로 재앙을 만들 것이다."

라고 하였다. 그리고 장대홍은 제자 강요에게만 비전을 전하였는데, 강요가 그 비전을 얻은 과정도 결코 쉬운 것이 아니었다고 한다. 그는 스승을 20여 년간이나 모셨을 뿐만 아니라, 장 씨에게는 원래 재산이 없었기 때문에 강요가 자신의 땅을 팔아 장대홍의 아버지 장례를 지내는

데 거금 2천금이라는 막대한 돈을 쓰고서야 비로소 그 진전을 얻을 수 있었다. 비전을 전하면서 장대홍은 강요에게

"한두 가지라도 세상에 누설하지 말라."

고 거듭 당부하였다. 후에 강요는 『청랑오어』에 주를 달았지만 스승의 계율을 준수하느라 중요한 곳에는 그 글을 얼버무리고 애매모호하게 만들어 결국 읽는 사람으로 하여금 갈피를 잡지 못하게 만들어 놓았다. 그러나 다행히 강요는 『종사수필』을 지어 그 안에 '체괘구결'을 기록해 놓았다. 또 스승을 따라다니며 확인한 예증을 약간 남겨놓아 현공학을 공부하는 사람에게 애성의 비결을 알 수 있는 실마리를 남겨 놓았다. 이후 청대 강희, 건융 년간에 이르러 송대의 역학이 다시 부흥하게 되었다. 그러나 가경 연간 이후 기대규의 『지리말학』이 성행하여 학자들은 점차 그를 따르게 되었다. 근본적인 원인은 애성술을 아는 사람이 드물었고, 또한 그 비밀을 세상에 전파하는 것을 금지한 때문이었다. 이로써 학자들은 길을 잃고 거짓된 술법에 따르게 되었으며 일부 잘못된 술법으로 생계를 꾸려가는 경우도 많았다. 그러다가 청대 말 전당 사람 심죽잉(호는 소훈, 1849~1908)이 1871년 겨울에 부친이 사망하여 안장할 길지를 찾게 되었다. 그 터는 중태산에 있었고 나경을 사용하여 임좌병향(북쪽에서 남쪽을 바라보게)을 잡았는데, 산수의 형세와 격국이 완전하여 형기풍수의 관점에서는 보기 드문 길지였다. 그는 이를 더욱 확실히 확인하는 차원에서 장강 이남의 지관 70~80명을 불러 모아 함께 묘혈을 둘러보았는데 모두들 이구동성으로 칭찬하였다. 그러나 알고 보니 그 묘혈은 어떤 관리가 먼저 많은 돈을 주고 사버린 뒤였다. 심죽잉은 뜻밖에도 이와 같은 좋은 묘혈을 놓치게 되자 크게 낙담하였고 이를

마음에서 지워버릴 수가 없었다. 그 관리가 해당 길지에 선친의 유골을
안장한다는 소식을 듣고 가 보았더니 아닌 게 아니라 혈 아래의 흙이
과연 생각했던 대로 태극무늬를 띠고 있어 길지임이 확실한 것을 보자
마음이 더욱 더 울적할 수밖에 없었다.[47] 그러나 그 후 이 혈을 쓴
관원의 집에서는 부자가 함께 사건에 휘말려 파직을 당하였을 뿐만
아니라, 변방으로 귀양을 가다가 불행히도 도중에 죽었으며 그 집안도
점차 몰락하고 말았다. 이에 심죽잉은 틀림없는 길지에 매장하였는데도
불구하고 어떻게 이처럼 참담한 결과가 오게 되었는지에 대한 의문이
떠나질 않았다. 아무리 생각해도 이해가 되지 않아 항주의 여러 지관들을
불러 다시 그 묘혈을 살펴보았지만 길지임이 분명하였고 어떠한 결함도
찾을 수가 없었다. 매장한 연월일시를 따져보아도 어긋남이 없어 발복해
야 마땅할 곳이었다. 그러다가 후에 그의 친구 한 사람이 찾아 왔는데,
그는 행낭 속에 현공이기풍수에 관한 풍수비서를 지니고 있었다. 이
책의 기록에 따르면,

"임좌병향(壬坐丙向)이나, 병좌임향(丙坐壬向)이면 상원의 1운에 해당
하는 20년간에는 매장하지 말아야 한다. 만약 이를 어기고 매장하면
재앙이 닥친다."

고 되어 있었다. 그리고 매장 시기를 따져보니 과연 상원의 1운에 해당하
였다. 심죽잉은 이러한 일이 있기 전에는 현공풍수를 경시하였으나,
이런 일을 겪은 후에는 현공풍수에 눈을 돌리지 않을 수 없게 되었다.
그는 처음에 장대홍의 저작을 구해 그것을 읽었으나 아무런 두서도
잡을 수가 없었다. 현공풍수학은 사제지간에만 극비에 전수되어온 관계

---

47)『풍수기초학』송소광 (편역 배병철), 성보사 2001

로 비록 장대홍 선생의 저서가 있다고 하더라도 원문이 난해하여 스승을 두지 않고 독학으로 깊은 이치를 깨닫기에는 어려움이 많을 수밖에 없었다. 그 이후 백방으로 수소문해 본 끝에 강소성 무석에 사는 오문의 제자이며 장중산의 후예인 장모씨가 현공풍수에 관한 서책을 가지고 있다는 소문을 듣게 되었다. 심죽잉이 26세 되던 해인 1873년 집안사람인 호백안과 함께 그를 찾아가 애성의 비밀을 얻고자 하였다. 그러나 그는 그 서책을 가문의 보물로 여겨 수개월 동안 거절하다가 후에 막대한 큰돈을 받은 후에서야 장중산의 『음양이택록험』이라는 책을 빌려주었다. 이에 두 사람은 밤낮을 가리지 않고 열심히 그 책을 초록하였다. 그러나 초록해 가지고 돌아와 아무리 읽어보아도 그 핵심을 얻지 못하였고, 해가 가도록 고심하였으나 결국 그 원리를 이해할 수 없었다. 그러던 중 하루는 문득 주역과 낙서를 보다가 5가 낙서에 입중하는 이치로부터 장중산이 남긴 유작의 각 도식들을 연상해보자 갑자기 그 이치가 확 꿰뚫어 보이는 것이었다. 각 도식은 운에 의거하여 전환하는 것이지 결코 5운반을 사수하는 것이 아님이 분명하게 이해된 것이다. 1운에서 9운까지 운성을 순서에 따라 입중하면 서로 다른 성반이 만들어지는데 이것이 소위 천기였던 것이다. 그는 한편으로는 이 애성법을 연구하고 또 한편으로는 역서를 읽으며 이를 인증하여 그것이 잘못되지 않은 것임을 깨달았으나 단 그 전부를 믿지는 않았다. 왜냐하면 장대홍의 비전을 이어 받은 자는 오직 강요 한 사람이었다는 것을 알고 있었고, 장중산의 서책이 과연 강요의 비전을 이어 받은 것인지가 확실하지 않았기 때문이다. 이후 심선생은 40여 년간의 긴 세월에 걸쳐 풍수를 연구하고 1700여종의 역서를 읽은 경험을 토대로, 강요가 남긴 『종사수

필』을 연구하여 장중산의『음양이택록험』을 인증하였다. 이로써 자신
의 모든 의혹을 제거하여 그의 확신에 더 이상의 의심은 없었다. 강요의
『종사수필』에서 제시한 용법은 장중산의 서책의 내용과 완전히 일치하
며 조금도 틀림이 없었으니 이로써 장중산의 애성법은 강요가 전한
것임이 확실해졌다. 이후 1908년 심죽잉은 죽기 전에 그의 아들 심조면에
게 당부하기를

"오늘날 서양 사람들은 성광星光이 화전되는 기막힌 이치와 또 이외에
비밀스런 과학의 이치를 하나도 숨김이 없고, 하나도 아낌없이 세상에
책으로 밝혀 천기를 드러내도 그들 누구 하나 천벌을 받았다는 소리를
들었는가? 그러니 비밀이라고 감추는 어리석은 짓을 할 필요 없다.…
이 애비가 세상을 떠난 후라도 너는 나의 유작을 깊게 감추어 진귀한
비전인 것처럼 보이게 하지 말고 보고 싶은 사람이 있다면 모두 보여주어
절대로 기국 작은 소인이라는 말을 듣지 말라."48)

고 하였다. 심죽잉이 세상에 있는 동안 그의 문인들이 매우 많았기
때문에 그가 세상을 떠난 후, 그의 아들과 문인들이 그의 유고와 각
문인들의 저술을 수집하고 편차에 따라 분류하여 중국 상해에서 1925년
『심씨현공학』이라는 책을 출판하게 되었다. 이로써 현공애성술이 비로
소 대중에게 널리 공개되었고 일반 풍수사에게도 현공풍수가 조금씩
보급될 수 있었다. 그러나 마침 중국 공산정권의 미신타파 정책으로
인해 중국에서는 꽃을 피우지 못하고 홍콩과 대만에서 명맥이 유지되어
오다가 최근에는 삼원현공풍수와 관련한 서적이 수 백 여권이 출판되면
서 일반 풍수사들도 쉽게 접근할 수 있게 되었고 이를 계기로 지금은

48)『실전자미두수』김선호, 대유학당 2004

이기풍수의 대명사로 확실히 자리 잡게 되었다.[49] 뿐만 아니라 홍콩이 중국에 반환된 이후에는 홍콩에 살던 외국인이 자국을 비롯한 세계 각지로 돌아가면서 현공풍수를 보급하고 있어서 이제는 세계적으로 확산일로에 있다고 할 수 있다. 우리나라에도 최근 현공풍수 관련 서책이 보이기 시작하였다. 아마 10년 후에는 홍콩처럼 이기풍수理氣風水의 대명사가 되어 있을 것으로 예상된다.

동양의 역이 나아갈 방향이 과연 무엇인가? 신출내기 과학이 눈부시게 발전하는 데에는 다 그만한 이유가 있기 때문이니, 그것은 바로 열린 시스템이 구축되어 있기 때문이다. 누구나 논문을 써서 의견을 피력하고, 조금만 이론에서 벗어나는 증거들이 발견되면, 이를 100% 수용할 수 있는 새로운 법칙들을 찾아내려고 애를 쓴다는 것이다. 이것이 과학이 발전하는 핵심 비결이자 원동력이다. 따라서 결론적으로 동양도 과학과 같이 열린 시스템을 구축해야 한다. 오직 그것만이 살 길이다.

---

49) 『현공풍수학』 호경국 (옮긴이 선공세준), 전통문화사 2004

初초 初초 之지 易역 2

初初之易

초 초 지 역

1994년에 프랑스 남부 아르데스 협곡의 평범한 절벽처럼 보이는 곳에서 동굴[1] 하나가 발견되었다. 우연히 바위가 떨어지면서 동굴의 입구를 막았고, 그 덕분에 동굴 안에 있었던 3만2천 년 전의 공기, 흙, 물, 작은 미생물들이 외부공기와 차단된 채, 밀폐된 상태로 남아 있을 수 있었다. 그런데 쇼베 동굴 내부에는 마치 어제 그린 것처럼 생생하고 역동적인 약 300여점의 동굴 벽화들이 그려져 있었다. 이미 오래전에 멸종된 매머드 같은 동물을 포함하여, 사자·곰·하이에나·표범·올빼미 같은 동물들이 있었고, 빨간 손바닥자국이나 그 의미를 알 수 없는 상징적인 기호들도 많았다. 그런데 더 특이한 건 동굴의 울퉁불퉁한 벽면을 이용해서 동물들의 움직임에 3차원적인 효과를 냈다는 점이다. 임신한 물소, 으르렁거리며 달려가는 사자 무리, 어느 것 하나 역동적이지 않은 게 없었다. 그리고 얼마 후 프랑스의 고고학자 마르크 아제마, 예술가 플로랑 리베르가 동굴의 벽화가 움직이는 그림이라는 사실을 입증했다고 발표했다. 그 동굴의 벽화에는 유난히 한 동물에

---

[1] 고고학 분과 공무원이었던 J.M Chauvet 라는 사람에 의해서 발견되었고, 동굴도 그의 이름을 붙여 쇼베 동굴이라 한다.

다리가 여러 개이거나 머리가 여러 각도로 그려진 게 많은데, 연구에 따르면 그러한 벽화를 불빛의 깜빡임에 따라 모션으로 돌려보면 움직이는 형상으로 보인다고 한다. 즉, 선사시대 사람들이 자신들의 그림에 애니메이션 효과를 넣었다는 것이다! 마르크 아제마와 플로랑 리베르는 "선사시대 사람들이 당시부터 현대 영화의 원리를 어떻게 알았는지는 몰라도 이를 깨달아 이 같은 움직이는 그림을 표현한 것이다." 라고 말했다. 그것이 아주 깊숙한 곳에 그려졌다는 사실, 사람이 살았던 흔적이 보이지 않았다는 점 등으로 미루어 동굴은 성소로 추측되고 있다. 그림을 그렸던 사람에 대한 정보도 서서히 밝혀지고 있다. 벽에 찍은 손도장은 그림을 그린 사람의 키가 180㎝이며, 새끼손가락이 굽어 있었다는 사실까지 알아냈다. 무엇보다도 확실한 건 그들의 솜씨가 매우 뛰어났다는 점이다. 이미 원근법을 사용하고 있었고, 다리와 뿔을 여러 개를 그려서 움직이는 동물을 표현했으며, 해부학적 지식을 잘 알고 있는 듯이 아주 섬세하고 사실적인 데생력을 보여주었다. 더군다나 벽화는 사냥감들로만 채워져 있지도 않다. 그냥 단순히 사냥의 성공을 기원하거나 축하하는 주술적 그림만은 아니었다는 것이다. 그들은 그것을 넘어서 더 높은 차원에 도달해 있었다.

1 역易의 부호

흔히 물고기나 잡아먹고 나무 열매나 따먹으며 지극히 자연인(?)의 삶을 살았을 것으로 추정되는 선사시대 원시인들이 이처럼 놀라운 수준의 그림을 그릴 수 있었다는 것이 과연 가능한 일일까? 단언컨대 불가능한 일에 속한다. 1877년 한 프랑스인[2]이 띠 모양의 장치에 그림을 연속으로 그린 후 그림이 움직이는 것처럼 보이게 만드는 프락시노스코프란 기계를 만들어 사람들에게 선보인 걸 보통 현대 애니메이션의 시초로 보고 있으니, 기껏해야 137년 전에야 그런 개념이 사람들의 인식 속에 들어왔다. 그러면 원근법이란 또 어떠한가? 1720년 베이징을 다녀온 이기지[3]는 베이징의 천주교 성당에서 서양 그림을 보고 나서 느낀 충격과 흥분을 『일암연기』에 다음과 같이 적고 있다.

"처음 천주당 안에 들어가 얼굴을 들어 언뜻 보니, 벽에 커다란 감실이 있고 그 안에 구름이 가득하고 구름 속에 대여섯 사람이 서 있어 아른하고 황홀한 것이 마치 신선과 귀신이 환상으로 변한 것인 줄 알았으나, 자세히 살펴본즉 벽에 붙은 그림이었다."

너무 사실적으로 그려져 있어서 실제처럼 튀어나와 보였으나 알고 보니 그냥 그림이었다는 것이다. 원근법으로 그려진 그림을 난생 처음 보고 놀란 조선인의 마음이 이러한 것이었다. 그런데 원근법이 조선인만

---

2) 그 사람의 이름은 Charles Émile Reynaud (찰스 에밀 레이노)

3) 이기지(李器之 1690~1722)는 1720년 부친 이이명(李頤命)을 따라 숙종의 서거를 알리는 고부사(告訃使)의 일원으로 연행 길에 올랐다. 당시 부친은 사행단의 정사였으며, 이기지는 자제군관(子弟軍官)으로 수행했다. 이 때 이기지의 나이는 서른이었다. 사신 일행은 9월18일 북경에 도착한다. 1720년의 연행을 바탕으로 기록된 이기지의 『일암연기(一菴燕記)』는 18세기의 연행록들 가운데 서양인과의 만남이 가장 다양하고 구체적으로 기록되어있다. 이기지는 북경 도착 시점부터 북경을 떠나는 11월 24일까지 두 달 가량 북경에 머물면서 서양인 선교사들과 교류하게 되며, 그들과의 교류가 반영된 기록이 두 달 가운데 20여 차례에 걸쳐 나타난다.

놀라게 한 것이 아니었다. 그로부터 310년을 거슬러 올라가 1410년경 어느 날, 이탈리아 피렌체 대성당의 서쪽 정문 근처에서 신기한 그림 한 점을 놓고 서로 보겠다고 사람들이 몰려서 일대 소란이 일어났다.[4] 그림은 가로와 세로가 각각 30㎝ 남짓 크기였다. 그림 복판에는 콩알만 한 구멍이 하나 뚫려 있었고 그 구멍에 눈을 갖다 대면 대성당을 볼 수 있었고, 다른 손에 들고 있던 거울을 갖다 대면 실물 대신 원근법으로 그려져 있는 그림이 거울에 비치는 것을 볼 수가 있었다. 그렇게 간단히 실물과 그림을 비교해볼 수 있었  고, 실물과 그림이 놀랍게도 거의 차이가 없어 보였다. 당시 그 놀라운 그림을 직접 그려서, 그 것을 직접 시연까지 했던 사람[5] 은 한 건축가였다. 애니메이션 과 원근법이란 것이 바로 이런 것이다. 그런데 무려 3만2천 년 전 동굴 속에 그런 놀라운 흔적 들이 남아있다? 게다가 거기에는 상징 부호들까지 있었다? 이는 대체 무엇을 의미하는 것일까? 분명히 무언가가 잘못된 것이다. 그러면 대체 무엇이 잘못된 것일까? 우리들 인식이 잘못되었다! 분명 인류의 지적 수준은 지금 생각하고 있는 것보다 훨씬 더 놀라운 수준에 도달해 있었을 것이다. 현재 교과서에 기술돼있는 소위 주류 역사라고 하는

---

4) 안토니오 마네티(1423~1497)가 쓴 『브루넬레스키의 전기』에 나오는 얘기다.
5) 필리포 브루넬레스키(1377~1446)

것에는 분명 중대한 무언가가 빠져있다. 눈먼 장님이 코끼리를 만지고 있듯이 온전한 실체를 보지 못하고 있다는 인상을 지우기가 어렵다. 앞에서 오늘날 과학이 눈부시게 발전한 이유가 조금만 이론에서 벗어나는 새로운 증거들이 발견되면, 좀 더 포괄적으로 작동되는 새로운 대안들을 찾아내려고 노력한다는 점을 든 바 있지만, 어찌된 일인지 고대사를 연구하는 사학계에는 이런 노력이 매우 드물다. 기존 이론에서 벗어나는 증거들이 발견되면 이들은 그것을 극복하려고 노력하는 것이 아니라 일단 무시하려고 기를 쓴다. 그러니 고대사의 진실은 항상 뿌연 안개 저 너머에 있을 수밖에 없는 것인지도 모른다.

역易의 기원 문제도 마찬가지이다. 당시의 인류가 상징 부호들을 충분히 인지할 만한 능력, 그러니까 충분히 그것을 감당할 만한 충분한 지적 수준에 도달해 있었기에 하늘이 부호를 내려줄 수 있었을 것이다. 흔히 말하는 태초(?), 그러니까 지금으로부터 약 5400년 전(?) 즈음에, 하수河水라는 강가에서 용마가 하늘의 메시지를 담은 그림을 등에 지고 나왔다는 그 당시, 용마의 등에는 1부터 10까지의 자연수로 치환될 수 있는 총 55개의 점이 그려져 있었다. 바로 이것들이 주역을 비롯한 모든 제반 역학의 시원이라 할 수 있는데, 이때부터 다양한 역의 부호들이 태동하게 된다. 그런데 간과하지 말아야 할 것은 당시의 인류는 이미 용마의 등위에 찍혀 있는 점들을 우주의 본질을 표상하는 상징체로서 인식할 수 있을 만큼 높은 의식 수준에 도달해있었을 뿐만 아니라, 이를 우주를 이해하는 실질적인 도구로써 실생활 전반에 활용할 수 있을 정도로 지혜롭고 영민하고 매우 지적 수준이 높았던 사람들이었음이 분명하다는 점이다. 그들이 결코 물고기나 잡아먹고 열매나 따먹던 원시인들이 아니었다는 말이다. 아직도 이 지구상에는 밀림이 울창한 곳에서 원시인의 생활을 유지하는 사람들이 곳곳에 남아있고, 그들에게 거북이의 등에 45개의 점을 찍어 갖다 주어보면 지금 필자가 무슨 말을 하고 있는지를 금방 이해할 수 있을 것이다.

1, 2, 3, 4, 5, 6, 7, 8, 9, 10
건(☰), 태(☱), 리(☲), 진(☳), 손(☴), 감(☵), 간(☶), 곤(☷)
甲갑, 乙을, 丙병, 丁정, 戊무, 己기, 庚경, 辛신, 壬임, 癸계
子자, 丑축, 寅인, 卯묘, 辰진, 巳사, 午오, 未미, 申신, 酉유, 戌술, 亥해

이들이 가장 핵심적인 역의 부호들이다. 일설에 의하면 처음 하도가 나왔을 때는 102년 동안이나 아무도 그 뜻을 이해하지 못했다고 한다. 지금 이 대목에서 분명 '그러면 그렇지'라고 쾌재를 부르는 이도 있겠지만, 유감스럽게도 이런 일은 지금도 똑같이 반복되고 있으니 쾌재를 부르기에는 조금 성급한 면이 있다. 사실 제3의 팔괘도라고 일컬어지는 정역팔괘가 나온 지 120여년이 지났지만 아직도 그 뜻을 제대로 이해하지 못하고 있는 실정이니, 인류의 지적 수준은 그때나 지금이나 별반 다르지 않다고 보아야 한다. 하도가 나오고 102년의 시간이 흐르고 흘러, 복희라는 걸출한 인물이 그 뜻을 파악하고 비로소 부호를 긋게 되는데, 이때 처음 등장하는 것이 음효와 양효로 구성된 팔괘라는 부호들이다. 그리고 이후 헌원 황제라고 하는 전설적 제왕 시절에 10천간과 12지지라는 개념이 도입되었고, 이를 배합한 60진법이 사용되기 시작하였다. 그리고 전설에 의하면 하나라의 우禹가 낙수에서 치수하던 시절, 하늘의 메시지가 다시 한 번 이 땅위에 당도하는 데, 낙수에서 나온 거북이의 등에 그려져 있던 마방진6)이 바로 그것이다. 이 또한 9개의 자연수로 치환할

수 있는 45개의 점이었으니, 이로써 하늘의 뜻이 더욱 공고히 그 자리를 잡는다.

자연수란?

결론적으로 하도는 10개의 자연수, 낙서는 9개의 자연수로 구성된다. 너무나 단순한 구성이지만 여기에는 역易의 기본 골격을 이해하기 위해 반드시 먼저 통과해야 할 하나의 비밀이 비장되어 있다. 언뜻 보면 하도와 낙서 자체가 단지 전체 자연수들 중의 극히 일부분의 구성원들만 으로 성립되어있는 것으로 생각될 수 있으나, 사실은 하도와 낙서를 구성하는 숫자들은 자연수 전체와 연관되어 있으며, 자연수 전체를 대표한다고 보아야 한다. 왜 그런 것일까? 이를 이해하기 위해선 하도와 낙서가 바라보는 자연수 개념과 우리가 흔히 이해하는 일반 수학적 자연수 개념을 서로 비교해볼 필요가 있다.

'자연수가 뭐 그렇게 대단한 거라고······.'

이렇게 생각한다면 큰 오산이 될 수도 있으니, 자연수라는 개념이 결코 그렇게 호락호락한 것만은 아니라는 것이다. 숫자들 중에서는 그나마 가장 소박한 것이 자연수라고 할 수 있으나, 그것이 이론적으로 확립된 것은 놀랍게도 겨우 20세기 초입에 들어와서이다. 이탈리아의 수학자이

---

6) 마방진에서 方(방)자는 정사각형을 말한다. 3×3형, 혹은 5×5형의 빈 칸에 서로 다른 숫자를 하나씩만 넣어서, 가로 방향, 세로 방형, 대각선 방향의 그 어떤 방향으로 더해도 항상 일정한 수가 나오는 특징이 있다. 옛 사람들은 이를 마귀를 쫓는 부적으로 사용하기도 했다.

자 논리학자였던 페아노(1858~1932)라는 한 천재가 나타나 이른바 [페아노의 공리]라는 것을 발표하면서 비로소 확립되었다고 하니 말이다. 따라서 당연히 그 이전까진 자연수라는 개념 자체가 아무런 이론적인 근거도 없이 사용되어왔던 셈이니, 과학적, 논리적, 합리적 사고라는 말을 감히 들먹이기가 쑥스러워질 만큼 큰 구멍이 뚫려 있었던 셈이다.

사람 한 명, 두 명, 세 명…….
사과 한 개, 두 개, 세 개…….
돼지 한 마리, 두 마리, 세 마리…….
수레 한 대, 두 대, 세 대…….
집 한 채, 두 채, 세 채…….
화살 한 개, 두 개, 세 개…….

여기서 사과 세 개, 돼지 세 마리, 수레 세 대, 사람 세 명 등에서 셋이라는 공통점을 추상화하여 사람들이 3이라는 숫자 개념을 생각해내었을 것이다. 분명 지능이 고도로 발달한 인간의 의식으로는 앞의 예시들에 존재하는 모종의 수리적 공통점을 그리 어렵지 않게 짐작할 수 있었을 것이다. 그러나 과연 3이라는 개념이 자연 속에 존재하는 물이나 혹은 돌멩이 등과 같이 이 우주에 객관적으로 존재하는 실체적인 것이라고 말할 수 있을까? 예전에는 분명히 이 자연수(Natural Number)라는 것을 이름 그대로 자연(Nature)에 당연히 존재하는 수(Number)라고 생각했던 적이 있었다. 하지만 이성적, 합리적 사고 체계에 기반을 두고 수학 이론이 고도로 발전한 현대에 이르러서는

"자연수라는 것도 인간 사고가 만들어낸 산물의 하나일 뿐이다."
라는 주장이 오히려 더 타당한 것으로 받아들여지고 있다.

"왜냐고?"

"만약 사고하는 인간이 존재하지 않았더라면 자연수도 존재할 수 없었을 것이기에!"

지금도 우리 주위에서 인간과 같은 수준의 사고思考가 없이 살아가는 돼지나 금붕어 같은 생물들은 여전히 자연수라는 실체를 보지 못하고 살아가고 있다. 여기서 중요한 것은 자연수라는 것도 분명 인간 뇌의 작용, 즉 사고라는 것을 거쳐서 만들어진 것이라는 점이다. 물이나 돌멩이 등과 같이 인간의 사고 작용 이전에 이미 자연 그 자체에 존재하던 것과는 분명 본질적으로 다른 것이라는 말이다.

부분과 전체

한편 하도와 낙서도 수로 표현되어 있다. 그리고 하도와 낙서에 기반을 둔 제반 응용들도 모두 수數와 상象으로 표현되면서 우주 만물에 대한 이론이 전개된다. 여기서의 수數는 당연히 자연수를 말한다. 다시 말해 자연수의 범주 안에서 이론이 전개되면서, 과거나 현재의 현상을 설명하기도 하고 미래를 예측하기도 한다. 그런데 여기서 사용되는 자연수는 우리가 익히 알고 있는 일반 수학적 개념과는 조금 다른 점이 있다. 역易이란 시스템 자체가 태생적으로 형이하학적인 것과 형이상학적인 것을 따로 가리지 않는다. 따라서 당연히 형이하학적인 것에도 사용할 수 있고, 형이상학적인 것에도 적용할 수 있다. 그에 비해 일반 수학적 개념에서는 자연수라는 것이 형이하학적인 수량적 지표에 불과한 것이다. 가령 300과 같이 숫자가 크면 많거나 큰 것을 의미하고, 20과 같이

122 •

숫자가 작으면 적거나 작은 것을 의미한다. 이와 같은 일반 수학적 개념에만 시각을 고정시키고 역易의 관점으로 표현된 자연수를 보게 되면, 얼마 지나지 않아 기존의 관념과 괴리되는 수리적 개념을 발견하고는 심사가 크게 뒤틀리게 될지도 모른다. 인간의 심리는 때로는 매우 작은 것이 중요해지기도 하는 법이다. 한번 뒤틀리면 모든 걸 부정해버릴 수도 있는 게 인간의 심리이니 말이다. 아주 쉽게 이렇게 될 수도 있다는 것이다.

"(이 책을 내던지며) 에잇! 이것도 학문이라고, 내 참 어이가 없어서…"
자연수를 어떻게 바라보고, 어떤 용도로 사용하는 가는 누가 옳고 그른지에 관한 논리적 흑백 문제가 아닐 수도 있다. 따지고 보면 자연수 자체가 이미 인간 사고의 산물일 뿐이다. 따라서 그것을 어떤 식으로 바라보고 어떻게 사용하는 가도 전적으로 인간의 사고 체계나 방식에 매여 있는 것일 수 있다.

옛날 어떤 부잣집에서 하인을 새로 들이게 되었다. 어느 날 주인이 그에게 돈을 주면서 말했다.
"시장에 가서 달고 맛있는 과일을 사오너라."
하인은 돈을 받아 들고 시장으로 향했다. 과일가게에 이르자 그는 가게 주인에게 말했다.
"어떤 과일이 맛이 있습니까?"
가게 주인이 대답했다.
"우리 집에서 파는 과일은 모두 맛이 있소."
"그 말을 어떻게 믿습니까?"
"믿지 못하겠다면 우선 하나를 맛보면 알 것이 아니요."
과일 맛을 보니 상당히 괜찮은 맛이었지만, 그 하인은 첫 번째 심부름에서 좋은 평가를 받아야 앞으로 좋은 대우를 받을 수 있을 것이라고 내심 생각하면서 과일을 직접 맛본 뒤에 맛있는 것만 골라서 사기로 마음먹었다.

"하나만 맛보고 어떻게 다른 과일들이 모두 맛있다는 것을 알겠소, 지금부터 하나하나 모두 맛을 본 뒤에 사겠소."

그리고는 그는 정말로 하나하나 맛을 보기 시작하였다. 그런 다음 그는 검증된 과일들만을 가지고 집으로 돌아왔다. 집으로 돌아오자 주인이 물었다.

"맛있는 것으로 사왔겠지?"

그러자 하인은 의기양양하게 대답했다.

"그럼요, 틀림없습니다. 제가 하나하나 깨물어보고 일일이 확인한 후에 정말 맛있는 것들만 골라서 사왔으니까요."

그 말을 들은 주인은 불쾌한 표정을 지으며, 한 개의 과일도 먹지 않았다.

정말 어리석은 녀석이 틀림없다. 내쫓기지 않았으면 다행일 정도이다. 일일이 다 맛을 볼 필요는 전혀 없는 것이다. 하도는 우주 만물을 추상한 것이지만 단지 자연수 10개의 숫자로 구성되어 있다. 흔히 접하는 일반적인 수학적 관점에서 보자면 다소 어처구니가 없다고 느껴질 수도 있으나, 그러나 여기에는 일반 수학에서는 꿈도 꾸어보지 못한 기상천외한 노림수가 숨어 있다. 하도는 우주 만물의 구성을 일종의 프랙탈(Fractal)[7] 구조인 것으로 파악했다는 점이 차이가 있는 것이다. 피

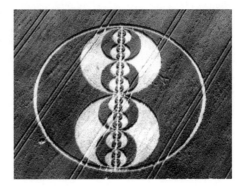

---

7) 프랙탈이란 1975년 프랑스의 수학자인 만델브로트가 자연의 복잡함 속에 내재하는 질서를 표현하고자 만들어낸 용어. 부분의 패턴이 전체의 패턴과 유사한 특성을 가지는 것이 특징이다.

라미드를 수평 방향으로 아무리 잘라보아도 크기만 다른 피라미드가 계속 나온다. 만약 우주가 이와 같다면, 그래서 이 우주를 거대한 하나의 프랙탈 구조로 볼 수 있다면, 부분(작은 피라미드)만 정확히 이해해도 그것이 전체(피라미드 전체)의 패턴과 다르지 않을 것이고, 따라서 능히 전체를 파악할 수 있게 된다고 하는 대담한 발상의 전환이 그 밑바탕에 깔려 있는 것이다! 이는 하인의 어리석음을 조심스럽게 범하지 않겠다는 정도에 그치는 것이 아니라, 오히려 멍청한 하인의 그 멍청한 행동은 전혀 따라할 필요가 없다고 대담하게 선언하는 것과도 같다.

단순함의 극치

바닷물의 맛을 알아보기 위해 바닷물 전체를 마실 필요는 없다. 이것이 바로 하도의 단순한 수리적 배열에 깔려 있는 근본 배경이다. 하도만 그런 것이 아니라, 이는 낙서도 마찬가지이다. 따라서 일반적인 수학적 개념에서 수數를 바라보는 시각과는 본질적으로 차이가 날 수 밖에 없을 텐데, 그 점을 보다 세밀히 살펴볼 필요가 있다. 먼저 하도의 입장에서 바라보는 수리는

$$12 \equiv 2, \ \ 혹은 \ 153 \equiv 3$$

의 관계가 성립한다. 매우 단순하다. 자연수의 끝자리 숫자만 본다는 이야기이다. 이것이 하도가 수리를 바라보는 시선이다. 그런데 동양적 수리가 그렇게 단순한 것만이 아닌 것이 하도의 수리적 관점과 동시에 낙서의 수리적 관점이란 것이 병존한다는 점이다.

$$12 \rightarrow 1 + 2 = 3, \quad 혹은 \quad 153 \rightarrow 1 + 5 + 3 = 9$$

이것이 낙서의 수리적 관점이다. 만일 우리가 흔히 주지하고 있는 일반 수학적 개념이라면, 절대로 자연수 12가 자연수 2나 혹은 자연수 3과 같아질 수 없을 것이다. 가령 자동차 12대가 자동차 2대나 자동차 3대와 어떻게 같아질 수가 있겠는가? 그러나 하도와 낙서에서는 그렇지가 않아서 때로는 12가 2가 될 수도 있고, 3이 될 수도 있다. 이러한 연산 방식은 여기서 그치는 것이 아니라, 가령 $2 \div 3$을 할 경우 $12 \div 3 = 4$ 와 같이 2를 12로 바꾸어 연산할 수 있다고 보기도 한다. $2 \equiv 12$가 될 수 있기 때문이다. 지금 이러한 수리적 해석 부분에 대해 다음과 같이 강력한 불만을 토로할 수도 있을 것이다.

"(사투리를 심하게 섞어) 워~매! 이 무슨 말도 안 되는 ×소리를…. 무슨 ×수작하는 것이래. 시방, $12 \equiv 1 + 2$ 로 본다는 것이여! 오매, 나는 죽어도 납득헐 수가 없으니께, 이 자리에서 나를 확실히 설득허보거나… 만약 이해시킬 수 없다면, 지금 당장 책장을 덮어 뿌리고 빠이빠이 해 부릴테니 그리 알드라구!"

동아시아에서는 고래古來로 자연수를 바라보는 두 가지 관점이 있었으니, 하나는 하도로 바라보는 수리 관점이고, 다른 하나는 낙서로 바라보는 수리 관점이다. 하도와 낙서의 서로 다른 관점이 동시에 병존하지 않으면, 우주의 기이한 존재 방식을 설명할 수가 없으므로 그리 된 것으로 보인다. 먼저 하도의 관점이라고 하는 것은 모든 자연수를 무조건 10으로 나누어서 보는 방식이다. 그리고는 나눈 수 10과 몫은 버리고 오직 나머지만을 쓴다. 조금 더 구체적으로 설명하자면,

2783 = 278 × 10 + 3 → 나머지만을 취하면 3이다.
15 = 1 × 10 + 5 → 나머지만을 취하면 5이다.
267 = 26 × 10 + 7 → 나머지만을 취하면 7이다.
8 = 0 × 10 + 8 → 8 → 나머지만을 취하면 8이다.
20 = 2 × 10 + 0 → 나머지만을 취하면 0이지만, 이때는 10을 사용한다.

하도가 형성되었을 당시에는 아직 인류에게 영(0)이라는 숫자 개념이 형성되지 않았을 때이므로, 나머지가 0일 경우에는 0 대신에 10을 사용한다.[8] 이 정도이면 충분히 논리적이므로 납득이 될 것이다. 이것이 바로 하도의 관점이다. 이렇게 하면, 단지 10개의 자연수로 자연수라는 거대한 바다를 모두 품을 수 있게 된다. 다음 낙서의 관점은 모든 자연수를 무조건 9로 나누어서 보는 방식이다. 그리고 나눈 수 9와 몫은 버리고 오직 나머지만을 쓴다. 조금 더 자세히 설명하자면,

2783 = 309 × 9 + 2 → 나머지만을 취하면 2이다.
15 = 1 × 9 + 6 → 6 → 나머지만을 취하면 6이다.
267 = 29 × 9 + 6 → 나머지만을 취하면 6이다.
8 = 0 × 9 + 8 → 나머지만을 취하면 8이다.
27 = 3 × 9 + 0 → 나머지만을 취하면 9이다.

이라고 본다. 단, 이때도 나머지가 0일 경우에는 0대신에 9를 사용한다. 또한 충분히 논리적이므로 쉽게 납득이 될 것이다. 이것이 바로 낙서의

---

8) 현재까지 알려진 바에 의하면, 영(0)이란 숫자는 약 1400~1500년 전에 인도에서 발명되어, 아라비아를 거쳐 유럽 등으로 전파된 것이라 한다. 하지만 그 이전에 이미 여러 문명에서 사용되고 있었을 가능성을 배제할 수 없다. (오히려 후자 측 가능성이 훨씬 더 높아 보인다.)

관점이다. 이렇게 하면, 단지 9개의 자연수만으로 모든 자연수들을 표현할 수 있으므로 자연수라는 거대한 바다가 낙서의 손바닥 안에 놓이게 된다. 다만, 낙서의 관점에 대해서는 조금 더 설명해야 할 부분이 있다. 여기서, 앞에서 보았던 그 이상한 연산 방식을 다시 시도해보는 것이다. 방법은 한 자리의 자연수가 될 때까지 계속 자리수를 불문하고 무조건 해체해서 더하는 것이다. 가령,

$2783 \to 2 + 7 + 8 + 3 = 20 \to 2 + 0 = 2$ ⇐ 앞에서의 연산 결과와 일치
$15 \to 1 + 5 = 6$ ⇐ 앞에서의 연산 결과와 일치
$267 \to 2 + 6 + 7 = 15 = 1 + 5 = 6$ ⇐ 앞에서의 연산 결과와 일치
$8 = 8$ ⇐ 앞에서의 연산 결과와 일치
$27 \to 2 + 7 = 9$ ⇐ 앞에서의 연산 결과와 일치

앞에서 무조건 9로 나누었던 연산 결과와 비교를 해보면 느낌이 올 것이다. 이제 이런 소리가 절로 나올 수도 있는 것이다.

"(심한 사투리로) 워매! 시방, 이거이 워떠케 된 조화당가?"

오늘날 학교에서는 절대 배울 수 없는 연산 기술이지만, 바로 이것이 낙서의 관점으로 자연수를 바라보는 방식이었던 것이다. 이쯤 되면 옛사람들을 우습게 볼 수만은 없을 것이다.

한편, 어찌하여 이처럼 역易에는 두 가지 수리 관점이 병존하는 것일까? 우주의 기이한 존재방식? 그것이 무엇인가? 필자는 이에 대해, 주돈이(1017~1073)의 그 유명한 『태극도설』9) 첫머리에 나오는 무극10)이

---

9) 겨우 200여 자에 불과함에도 불구하고, 역의 관점에서 바라보는 우주를 체계적으로 설명해주는 묘미가 있고 들어 있는 내용이 심오하여 역(易)에서 차지하는 비중이

128 •

면서 태극이라는 문구를 떠올리지 않을 수 없다. 낙서의 수리적 관점에 의하면, 10이라는 숫자는 애초에 낙서라는 곳에 발을 붙일 수가 없게 되어 있다.

'1 + 0 = 1'

의 수식에 의해 1로 바뀌기 때문이다. 이것이 무슨 말인가? 하도의 10은 무극이다. 그런데 낙서에서 10무극은 존재하지 못하고 1태극으로 변해야 한다. 주돈이의 '무극이태극(無極而太極)'이라는 정의에 대해, 필자는 다음과 같이 설명한다. 무극, 즉 없음의 궁극은 있음이다. 그리고 있음의 시초는 태극이다. 그러므로 무극이면서 태극이다. 이를 수리적으로 뒷받침해주는 것이 바로 하도와 낙서의 수리적 관점이다. 만약 하도만 있고, 낙서가 없다면, 10무극이 1태극으로 전환될 수가 없으므로 10무극의 완성만 있고 1태극의 새로운 시초가 존재할 수가 없다. 만약 낙서만 있고 하도가 없으면 이번에는 10무극이 존재할 수가 없게 되므로 10무극의 완성이 없으므로 희망이 없는 세상이 된다. 이것이 하도와 낙서가 함께 공존하고 있어야 할 이유라는 것이다.

막대하다.
10) 무극(無極)의 상태를 이루면 만물은 모두 나에게서 갖추어지고 우주 역시 나에게서 모두 갖추어진다고 한다.

2 음양오행

복희씨가 천하를 다스릴 때, 황하에서 나온 용마의 등에 그려진 선모[11] 형태의 55개의 점으로 이루어진 象을 자세히 살펴보고, 우주 만물의 모든 이치가 오직 1에서 10까지, 열 가지의 자연수 안에 매여 있음을 깨닫게 되었다. 이후 기원전 2267년 경 하나라 우禹가 치수에 힘쓸 때, 낙수라는 곳에서 거북의 등에 그려진 그림이 나왔다고 하는 전설은 이제 주지하는 바가 되었다. 하도와 낙서를 줄여 도서라고 부른다.

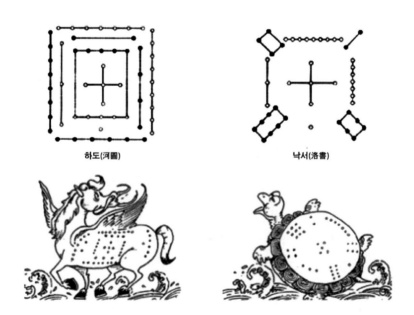

하도(河圖)   낙서(洛書)

---

11) 사람 머리에서 머리카락으로 이루어지는 가마와 같은 모양

그리고 하도와 낙서에 기반을 둔 모든 학문을 일컬어 도서학이라고 부른다. 흔히 사용하는 도서관이라는 용어도 여기서 유래한다. 오늘날 배우는 자들이 이를 모르고, 도서관에서 영어나 수학을 공부하고 있는 것이다.

용마나 거북이가 출현할 당시 그들의 등에는 단지 몇 개의 점들이 찍혀 있었다고 했으니, 당연히 1·2·3·4와 같은 숫자나 혹은 甲·乙·丙·丁 같은 문자들은 전혀 없었던 것이다. 하지만 이후 하도와 낙서의 점들은 1·2·3·4와 같은 숫자는 물론이고, 甲·乙·丙·丁과 같은 천간天干과 子·丑·寅·卯와 같은 지지地支를 상징하는 문자들로 표현되기에 이른다. 나아가 주역 팔괘와도 결부되면서, 그 결과 하도와 낙서의 점들은 단지 1개·2개·3개를 뜻하는 수량적인 의미를 초월하여, 우주 만물의 형상을 포괄적으로 상징하는 형이상학적 부호들로 탈바꿈된다. 가령 1과 6은 단지 1개와 6개를 뜻하는 부호가 아니라, 물의 기운을 상징하는 부호로 인식되었다. 또 2와 7은 불의 기운을 상징하는 부호로 인식되었다. 이와 같은 방식으로 우주 만물을 포용한다는 음양론과 오행론이 단지 자연수의 10개로 이루어진 기본적인 숫자들과 절묘한 조합을 이루면서 천지만물의 이치를 담아내는 신비한 힘을 가진 부호들로 재탄생 되었다. 이는 따지고 보면 오행론을 구성하는 원소들과 음양론을 구성하는 원소들이 그리 많은 부호들을 필요로 하는 것이 아니었기에 가능한 일이기도 하였다. 이와 같은 극적인 탈바꿈은 이후 의술, 점술과 같은 다양한 술법들의 기반이 되면서, 나아가 풍수학·한의학·명리학과 같은 여러 학문들의 정립을 보기에 이른다. 이는 단지 몇 개의 점들로 이루어진 상象들이 이후 수천 년 간 동아시아를 풍미하면서, 사람이 능히 하늘과 땅의 조화, 그리고 우주 변화 그 자체에 동참할 수 있다고 하는 너무나 놀라운 대大 환타지의 세계로 인도한 셈이 된다. 시공을 초월해 지금까지도 그 명성이 식을 줄 모르는 경이로운 슈퍼스타들의 등장이 있었으며, 그들이 펼친 초인적인 역량에 대한 에피소드들은 지금까지도 사람들의 입에서 입으로 회자되며 사람들을 신비로운 세계로 이끌어준다. 시작은 미미하지만 그 끝은 창대하리라는 말이 『성경』에 있지만, 이 보다 더 그 구절에 걸 맞는 일도 그리 흔하지 않을 것이다. 단지 몇 개의 점點들에 불과했던 것들이 어떻게 감히 우주의 변화를 담아낼 수 있었던 건지, 어떻게 그것이 가능했던 것인지, 참으로 불가사의한 일이 아닐 수 없다. 사람들은 때때로 불가사의한 능력을 발휘하게 되는 것이 아닐까?

> 시내의 어느 조그만 개인회사로 외판원이 찾아왔다. 그는 전에도 몇 번 찾아왔다가 사장이 없다는 소리를 듣고 돌아간 그 외판원이었다.[12]
> "사장님 좀 만나러 왔습니다."
> "지금 안 계신데요."
> 비서가 그렇게 말했지만 그날따라 외판원은 막무가내였다. 사장이 돌아올 때까지 기다리겠다고 강력하게 버티는 것이었다. 비서가 사장님은 언제 들어오실지 모르니 그냥 돌아가라고 했지만 꿈쩍도 하지 않았다. 얼마나 지났을까. 본의 아니게 안에서 갇히게 된 사장이 비서를 불러 외판원을 안으로 들어오게 했다. 그리고 사장이 그에게 물었다.
> "아니 도대체 당신은 내가 사무실에 있다는 걸 어떻게 알았소?"
> 그러자 그 외판원이 빙그레 웃으며 하는 말이,
> "네, 비서가 오늘은 열심히 일을 보고 있더라고요!"

---

12) 『시간죽이기』유머를 즐기는 모임, 지원

인간의 직관은 이와 같아서 우리들의 일상생활 속에서도 때로는 '척하면 삼천리가' 가능해지기도 한다. 직관, 바로 이것이 오묘한 자연의 비밀을 알아낸 핵심 비법이었을 것이다. 하지만 한 가지 확실한 것은 이 모든 것이 가능해진 게 순전히 용도와 귀서의 출현, 그리고 그것의 진가를 제대로 알아본 현인의 지혜와 탁월한 안목에 힘입은 바일 것이다. 돌이켜보면 피타고라스 등을 통하여 똑같은 씨앗이 그리스에도 뿌려졌던 것이 확실하지만, 풍토의 차이인지 토양의 차이인지, 비록 그 이유는 확실치 않으나, 동아시아에서는 귤이 되었는데 그리스에서는 탱자가 되어버렸다. 동아시아에는 복희 이후에도 황제·우왕·주 문왕·주공·공자 등으로 이어지는 강력한 에너지들이 연이어 충격을 가하면서 큰 파장을 이루어냈고 마침내 유유히 흘러가는 거대한 흐름을 일궈냈던 반면에, 그리스는 그 에너지가 다소 약했던 것으로 보인다. 그런데 여기서 말하는 에너지의 차이란 것이 과연 어느 정도인 것일까? 에피소드 하나를 예를 들도록 한다. 동아시아 쪽에서 거론되는 여러 인사들 중에서 특히 치수治水의 대가였다고 전해지는 하나라 우禹의 에너지를 느껴보는 시간을 잠시 가져보도록 한다. 4300년 전의 사람이 살아 돌아오기라도 한다는 것인가?

조선 현종 원년 1660년에 허목이 삼척(당시 지명은 척주) 부사로 부임할 당시 격심한 파도와 조수가 마을 내에까지 밀려들어 강의 하구가 막히고 오십천五十川이 범람하여 백성들은 인명과 재산을 잃어버리는 큰 재앙에 자주 시달리고 있었다. 이를 안타깝게 여긴 허목은 부임 다음해인 1662년에 고전古篆 하나라 우왕의 전서체[13]로 척주동해비문을 작성하고 비석을 세웠다. 그 비를 세운 이후

13) 하나라 우왕의 전서체를 입수한 경로는 허목의 형산비기(衡山碑記)에 나와 있다.

신기하게도 아무리 심한 폭풍우가 몰아쳐도 바닷물이 넘치는 일이 없어졌다. 이후 사람들은 그 비석과 비문의 신비한 위력에 놀라 이 비를 퇴조비退潮碑라고 불렀다. 본래 허목이 비석을 세운 곳은 정라진의 만리도[14]였다. 그런데 48년 뒤인 1708년(숙종34년)에 누군가에 의해 일부러 비석이 훼손되었는지, 비석이 풍랑에 파손되어 바다 속에 빠져버리는 일이 발생하는데, 김구용이 지은『척주지』(1848년)에 의하면 1708년 비석이 파손되자 조수의 피해가 다시 일어났다고 한다. 일이 급하게 돌아가자 당시 부사 홍만기가 사방으로 비문을 찾다가 허목의 문하생 한숙의 처소에서 원문을 겨우 구하여 다시 비문을 새겨 비를 세웠으며, 1709년 2월에 삼척 부사 박내정이 죽관도[15] 동쪽 산록에 비각을 짓고 옮겼다고 전하고 있다. 그 후 이 비석은 259년간 그 자리에 보존되어 오다가 비각의 위치가 그늘진 곳에 있어 훼손의 염려가 있다하여 1969년 12월 6일 지방 유지들이 햇볕과 바람이 잘 드는 현재의 삼척시 정상동 죽관도 산정으로 이전하였다. 또한 삼척에는 지금까지도 허목이 전했다고 하는 다음과 같은 메시지가 남아 있다고 한다.

"지금과 같은 작은 해일은 내 비석으로 막을 수 있다. 하지만 앞으로 오게 될 큰 해일은 내 비석으로도 막을 수 없으니, 그때는 이곳을 떠나라. 앞으로 불로 한번 난리가 난 후에 물로 큰 난리가 있을 것이다."

그리고 지난 2000년 4월 강원도 고성, 강릉, 삼척 등 영동지방에는 사상 최악의 산불이 발생하여 수많은 이재민을 발생시키고 수만 헥타르

그에 의하면 조선 효종 6년(1655년) 선조의 왕자이며 금석문의 대가인 낭선군(朗善君) 이우가 중국에 사신으로 갔다가 형산신우비(衡山神禹碑) 77자의 비문 탁본(拓本)을 얻었는데, 그 글자의 형상이 마치 용이나 뱀이 꿈틀거리는 것도 같고 새나 짐승이 움직이는 것도 같고 또는 초목의 형상과도 같이 빛나고 황홀하여 무어라 형언키 어려웠다. 비문은 옛날 하나라 우왕이 이 글로서 치산치수(治山治水)를 함에 중물(衆物)이 제압되어 없어지니 사람들이 안심하고 잘 살 수 있었다는 내용이었다. 4천년이나 땅속에 묻혀 있다가 명나라 1527년에 발견되었고 낭선군이 조선에 가져온 것이 허목에게 전해진 것이라 한다.
14) 만리도(萬里島) 지금의 큰 방파제 끝부분
15) 죽관도(竹串島, 지금 육향산)

의 산림을 황폐하게 만드는 대사건이 실제로 있어났다. 이때의 일은 한동안 매일같이 톱뉴스로 전파를 탔기 때문에 전 국민이 생생하게 기억하고 있을 것이다. 이제 다음에는 무엇이 일어나게 될지 심히 걱정스러울 뿐이다. 아무튼 정리하면 약 4300년 전 사람이었던 하나라 우禹의 글씨체가 우연히 빛을 보게 되었고, 단지 허목16)이 그 글씨체를 본받아 비석에 몇 글자 적어놓았을 뿐인데, 동해 바다가 이를 알아보고 감응하더라는 이야기이다. 동아시아의 에너지가 이 정도이다.

상생과 상극

흔히 하도는 선천을 의미하며 생명의 탄생과 공간적 의미를 상징한다고 말하는데, 생물의 탄생 과정을 지켜보면 공간적 의미가 중요해보이기도 한다. 반면 낙서는 흔히 후천을 의미하며 탄생한 후에 운행하고 작용하는 도와 시간적 의미를 밝힌 것이라 말하는데, 인간이 살아가는 바를 지켜보면 여기서 말하는 시간적 의미가 얼핏 와 닿기도 한다. 우리가 일상에서 흔히 말하는 바와 같이 선천적으로 타고난 아름다움, 그리고 후천적으로 개발한 아름다움, 그 둘의 차이를 상기해본다면 여기서 말하는 선천과 후천이라는 용어의 의미는 쉽게 이해할 수 있을 것이다.

---

16) 허목(許穆, 1595~1682년4월27일) 조선 후기의 문신, 역사가이며, 교육자, 정치인, 화가, 작가, 서예가, 사상가이다. 이황과 조식의 학통을 계승한 정구의 문인으로, 학행으로 천거되어 관직에 올랐으며 과거 시험에 급제하지 않고도 우의정에 올랐고, 기로소에 들어갔다. 본관은 양천(陽川)으로, 자(字)는 문보(文甫)·문부(文父)·화보(和甫), 호(號)는 미수(眉叟)이다.

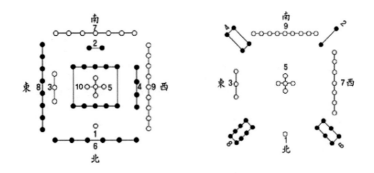

하도는 다섯 군데에서 각각 음양(피타고라스의 견해와 마찬가지로 음수는 짝수, 양수는 홀수를 의미)의 짝으로 이루어져 있는데, 양수를 모두 합하면 25이고 음수를 모두 합하면 30이므로, 음양수를 모두 합해 55이다. 낙서는 사방팔방 그 어떤 방향에서 더하더라도 항상 15가 되는 일명 마방진의 형태를 취한다(이 정도는 기본 상식에 속한다고 해야 할 정도이니 자세한 설명은 생략하기로 한다). 하도의 중궁과는 달리 낙서의 중궁에는 10 이란 숫자가 없다. 창조된 뒤에 창조의 본체는 피조물과 같이 있을 필요가 없기 때문이라 한다. 다시 말해 하도는 생성의 원리, 창조의 원리를 표현하였기에 형상이 없는 것을 의미하는 10이라는 수가 나타나지만, 낙서는 창조된 후에 존재하게 되는 사물의 유형적 외양을 나타낸 것이기에 무형의 상을 표현하는 10이 필요가 없어졌기 때문이란 것이다. 하도의 상을 자세히 보면 안쪽의 1·2·3·4·5는 생수라 하고, 바깥쪽의 6·7·8·9·10은 성수라고 하는데, 생수生數의 바깥을 성수成數가 외부에서 둘러싼 형태로 이루어져 있다. 가령 하도의 북쪽을 보면 생수 1과 성수 6이 짝으로 되어 있다. 1과 6의 상호 관계를 보면, 마치 피타고라스학파가 중시한 결혼의 숫자 5를 연상하지 않을 수 없게 된다. 이는

마치 1이 결혼의 숫자인 5만큼 큰 6이라는 수와 짝이 되는 형국이니 말이다. 6의 입장에서 보아도 이는 마찬가지가 된다. 6에 5를 더하면 11이 되므로 하도의 수리적 관점에서 1이 아닌가 말이다. 눈에 보이는 것은 단지 1과 6이지만 그들의 보이지 않는 이면에는 5라고 하는 결혼의 숫자가 상호 중요하게 작용하고 있음을 알 수 있다. 이와 같은 묘한 수리적 관계를 가장 가슴에 와 닿게 해주는 이는 공자도 아니고, 진희이도 아니고, 소강절도 아니고, 남송의 주자도 아니고, 조금 엉뚱하게도 고대 그리스 사람이었던 피타고라스이니, 그가 혹시 하도라는 도상을 알고서 결혼의 수를 논했던 것이 아닌가 하는 생각이 들지 않을 수 없게 만든다. 『다빈치코드』라는 소설을 읽거나 영화를 본 적이 있다면, 영화의 도입부

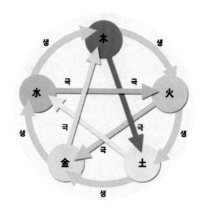

에서 자크 소니에르라는 루브르 박물관장이 괴한이 쏜 총알을 맞고 서서히 죽어가면서도 필사적으로 자신의 가슴에다가 별모양의 도형을 새기는 장면을 떠올릴 수 있을 것이다. 그것이 바로 피타고라스학파가 극히 중시한 오각별(펜타그램)이다. 그림에서 오행 상생이 바깥쪽에 표시되어 있고, 안쪽의 오행 상극을 쫓아가다보면 결국 별 모양의 무늬를 그리는 것을 볼 수 있다. 이처럼 오각별은 정확히 오행 상극의 흐름을 의미하는 것이다. 하도를 보면 동서남북중앙, 이렇게 다섯 군데에서 음(짝수)과 양(홀수)이 공교롭게도 5라고 하는 결혼의 수를 바탕으로 짝을 이루고 있고, 하도의 중간에는 피타고라스가 가장

중요시했던 두 개의 숫자가 들어 있다. 바로 5와 10이다. 또한 낙서의 중앙에도 5가 들어 있다. 이미 주지하는 바와 같이, 수천 년 전의 하도와 낙서는 보고 싶다고 해서 아무나 볼 수 있었던 그런 물건이 아니었다. 하물며 이억 만 리 떨어진 이국의 땅 그리스라면 더 말할 것도 없을 것이다. 그런 게 있는지조차도 모르고 있어야 마땅하지 않을까? 하도에 배치된 수數에서 또 하나의 특징은 용마의 머리 쪽이라고 하는 남향에는 정신을 뜻하는 2·7 화火가 자리하고 있고, 용마의 꼬리 쪽이라고 하는 북향에는 생식을 뜻하는 1·6 수水가 자리하는 묘함이 있다. 설마 이것은 몰랐을 것이다? 피타고라스가 만약 이것마저 알고 있었다면 그땐 두 말할 것도 없다. 그는 하도와 낙서의 상象을 소상히 그리고 정확히 알고 있었던 사람이 틀림없다. 피타고라스가 살았던 시대에는 어쩌면 하도와 낙서의 도상이 최소한 서남아시아 지역까지 전해졌을 가능성도 배제할 수 없을 것 같다.

이제 상생과 상극이라는 개념을 논할 차례인데, 상생과 상극이라는 개념은 다른 데서는 찾아볼 수 없고, 오직 동양의 역학에서만 볼 수 있다. 상생과 상극을 논하기 위해서는 먼저 목·화·토·금·수라고 하는 오행의 개념이 전제되어야 한다. 오행이라는 개념은 음양과 더불어 흔히 음양오행이라고 칭해지는데, 음양오행이야말로 동양의 역易을 의미하는 또 다른 고유명사라 할 정도이다. 흔히 문헌으로 고증하는 방법으로 연구하는 이들에 의해 음양과 오행에 대한 기원이 서로 다르고, 발생 시기가 다르다고 설왕설래하지만, 필자의 견해는 하도와 낙서야 말로 명명백백하게 음양과 오행의 본원이라고 생각한다. 하도와 낙서의 상에 이미 음양이 있고, 오행이 고스란히 녹아 있기 때문이다. 그럴 가능성은 사실상 전무하지만 설사 누군가 어느 날 하도와 낙서, 음양과 오행의 기원이 제각각 서로 다르다는 빼도 박도 못할 명명백백한 증거물을 가져와 바로 코앞에 불쑥 들이민다고 할지라도, 하도 낙서와 음양오행의 만남은 하도가 하늘아래 처음 나타난 그 순간부터 이미 서로 결부되도록 운명 지워졌다는 주장만큼은 절대 양보할 수 없을 것 같다.

인도에서 붓다에 의해 발원된 불교에서는 지·수·화·풍의 4원소를 논하고 있고, 고대 그리스에서도 그와 비슷한 논의들이 있었으므로 사실 만물의 원소나 오행이라는 개념 자체만 보면 어쩌면 그리 특별한 것이 아닐 지도 모른다. 하지만 그 오행을 구성하는 구성원들이 서로 물고 물리는 관계를 맺으면서 끝없는 상생의 순환과 상극의 순환 관계를 형성한다는 개념은 오랜 동아시아의 전통 속에서는 이미 묵을 대로 묵어, 장맛을 내고 있는 존재이지만, 사실 분별하여 상세히 따지고 보면 매우 독창적이고 흥미로운 소재임은 분명하다. 순환을 구성하는 기본 원자재는 완전히 똑같지만, 하도는 오행 상생의 순환을 상징하는 본거지이고, 낙서는 오행 상극의 순환을 상징하는 본거지라고 한다. 하도와 결부된 오행 상생의 순환은 다음과 같다. 하도를 보면,

동쪽에 생수 3은 갑甲이고, 성수 8은 을乙이니, 오행이 목木이고
남쪽에 생수 2는 정丁이고, 성수 7은 병丙이니, 오행이 화火이고
서쪽에 생수 4는 신辛이고, 성수 9는 경庚이니, 오행이 금金이고
북쪽에 생수 1은 임壬이고, 성수 6은 계癸이니, 오행이 수水이고
중앙에 생수 5는 무戊이고, 성수 10은 기己이니, 오행이 토土이다.

수 → 목 → 화 → 토 → 금 → 수 …

수생목(水生木) : 수는 목을 생하고,

목생화(木生火) : 목은 화를 생하고,

화생토(火生土) : 화는 토를 생하고,

토생금(土生金) : 토는 금을 생하고,

금생수(金生水) : 금은 수를 생하니,

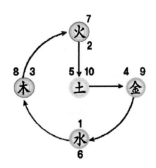

오행의 상생은 하도의 시계 방향으로 끝없는 순환 고리를 이룬다. 그다지 어려운 개념이 아니므로 쉽게 이해할 수 있을 것이다. 그리고 이제부터는 낙서의 상극을 설명할 차례이다. 하지만 그전에 먼저 짚고 넘어가야 할 것이 있는데, 그것은 바로 사람들이 크게 오해하는 것이 한 가지 있다는 점이다. 일반적으로 사람들은 상생은 좋은 것이고, 상극은 나쁜 거라고 인식하고 있다. 정말로 상생은 좋은 것이고, 상극은 나쁜 것일까? 영국의 유명한 역사학자 토인비[17]가 그의 강연에서 이야기한 내용이다.

옛날 영국의 북쪽 바다에서 청어를 잡아 생계를 꾸려가는 어부들에게 한 가지 큰 화두가 하나 있었는데, 그것은 어떻게 하면 북해로부터 먼 거리에 있는 런던까지 청어를 싱싱하게 보내서, 비싼 값으로 청어를 팔 수 있을까 하는 것이었다. 당시 청어는 영국인들이 특히 좋아하는 생선이었기 때문에, 런던까지만 청어를

---

17) Arnold Joseph Toynbee(1889. 4월 14일~1975. 10월 22일). 1918년 런던대 교수로 임명되었고, 동년 파리 강화 회의 대표 단원으로 활약했다. 문명의 흥망성쇠를 분석한 『역사의 연구』 12권을 저술했다. 특히 이 책에서 많은 문화유형을 고구(考究)하여 세계사를 포괄적으로 다룬 독자적인 문명사관(文明史觀)을 제시하였던 것으로 알려져 있다.

싱싱하게 유지한 채 가지고 갈 수 있으면 큰돈을 버는 것은 떼어 놓은 당상이었다. 하지만 어부들이 온갖 꾀를 내어 아무리 시도를 해보아도, 배가 런던에 도착할 즈음이면, 백이면 백 모두, 청어들이 거의 다 비실거리며 죽기 일보 직전의 상태였다. 그런데, 어떤 한 어부가 북해에서 잡은 청어들을 정말 싱싱하게 산채로 런던에 가지고 와서 비싸게 팔아서 혼자 짭짤하게 큰 재미를 보고 있었다. 그를 아는 모든 동료 어부들이 그 비법을 물어 보았으나, 그는 자기만의 비밀이라며 절대로 가르쳐주지 않았다. 그러다가 어느 날 정말 어렵게 살아가는 한 동료를 가엾게 여긴 그 어부는 그 동료에게 자신만의 비법을 몰래 알려주게 되었는데,

"나는 청어를 넣은 통속에다, 물메기를 한 마리 같이 집어넣는다네."

라고 말해주었다. 그러자, 그 동료 어부가 눈이 휘둥그레지면서

"그러면, 물메기가 청어를 다 잡아먹지 않아?"

라고 물었다. 그러자 그 어부는

"맞아, 처음에는 당연히 몇 마리의 청어를 잡아먹지. 그러나 단지 몇 마리뿐이야. 재밌는 것은 나머지 살아있는 청어들은 그 물메기를 이리저리 피해 다니느라 모두들 정신을 똑바로 차리고 있게 되니까, 결국 그 물메기 때문에 살아있는 청어들을 전부 다 싱싱하게 만들어주더라니까!"

이 이야기는 자연의 오묘한 조화를 적나라하게 표현해주고 있다. 하도의 상생만 가지고서는 지구상의 생물들이 이처럼 번성할 수가 없었을 것이 분명하다. 상생과 상극의 원리가 공존하면서 서로 균형을 잡아주었기 때문에 비로소 자연의 오묘한 조화가 가능해졌던 것이다. 낙서의 도상에 표현되어 있는 오행 상극의 순환은 다음과 같다. 낙서를 보면,

중앙에 있는 5는 무戊이고, 오행이 토土이고,
북쪽에 있는 1은 임壬이고, 6은 계癸이니, 오행은 수水이고,
서쪽에 있는 2는 정丁이고, 7은 병丙이니, 오행이 화火이고,
남쪽에 있는 4는 신辛이고, 9는 경庚이니, 오행이 금金이고

동쪽에 있는 3은 갑甲이고, 8은 을乙이니, 오행이 목木이다.

토 ⇒ 수 ⇒ 화 ⇒ 금 ⇒ 목 ⇒ 토 …

토극수(土克水) : 토는 수를 극하고,

수극화(水克火) : 수는 화를 극하고,

화극금(火克金) : 화는 금을 극하고,

금극목(金克木) : 금은 목을 극하고,

목극토(木克土) : 목은 토를 극한다.

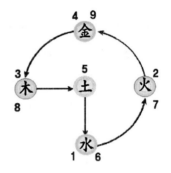

오행의 상극은 낙서의 반시계방향으로 끝없는 순환 고리를 이룬다. 상극이란 개념은 그 자체로 이미 상대를 죽여야 내가 살 수 있는 전쟁터를 연상시키기에 너무나 안성맞춤의 개념이라 할 수 있다. 책략의 대가 손무[18]는 그의 저서 『손자병법』「허실편」에서 이러한 오행 상극의 끝없는 순환을 인용하면서, 승부의 세계에서 영원한 승자라는 것이 존재할 수 없다고 주장한다.

---

18) 손무(孫武, 기원전 544년경~기원전 496년경). 중국 춘추시대의 전략가, 자는 장경(長卿). 제나라의 명문인 전씨(田氏)집안 출신으로, 전완(田完)의 5대손인 손무의 조부가 공을 세워 손씨(孫氏)를 하사 받아, 시조가 되었다. 손무는 어릴 때부터 병서를 즐기고, 황제(黃帝)와 사제(四帝)의 전투나 고대의 이윤(伊尹)·강상(姜尙)·관중(管仲)등의 용병술을 연구했다. 기원전 517년경 가문에 내분이 일어나고, 일족을 따라 강남으로 피하여 오나라의 재상 오자서(伍子胥)를 알게 되었다. 손무는 그 후, 오나라의 수도 근처의 산간에 칩거하여 『손자병법』13편을 지었다. 기원전 515년 오자서의 추천으로 오나라 왕 합려의 초빙을 받아 오나라의 군사(軍師)가 되었다.

오 행 무 상 승 사 시 무 상 위 일 유 단 장 월 유 사 생
五行無常勝 四時無常位 日有短長 月有死生

이를 풀이하자면, 그 어떤 오행도 항상 이길 수 없고, 사시에도 변치 않는 계절이 없으며, 태양도 짧고 깊이 있고, 달도 차고 기움이 있다. 오행 상극의 순환 이치에 의하면 이 세상에서 영원한 승자란 것은 존재하지 않는다. 금이 비록 목을 이기지만, 화를 만나면 힘을 쓰지 못한다. 여름날 더위가 아무리 맹위를 떨쳐도 가을이 되면 찬 이슬이 맺히고, 여름날 태양은 높고 오랫동안 빛나지만 겨울이 되면 낮아지고 짧아지기 마련이다. 우주의 이치가 이러한 데, 그럼에도 불구하고 영원히 지지 않는 법을 얻고 싶다면 어떻게 해야 하는 것일까? 이에 대한 해답으로써 손무는 전승불복응형무궁(戰勝不復應形無窮)을 제시한다. 즉 끝없는 변화에 대응하여 변해야 한다는 것이다. 그는 어제 승리했던 방법에 도취해 있지 말고, 항상 무궁한 상황 변화 속에 걸 맞는 새로운 전략을 강구해야 한다고 조언한다.

한편 지금 상생과 상극의 원리를 논했으나 과연 이것이 제반 역학에서 최상위 개념인지 여부를 생각해볼 필요가 있을 것 같다. 필자가 타고난 호기심으로 이곳저곳을 기웃거려 본 결과, 각 분파에서 최고의 경지를 논하는 이들의 한결 같은 공통점은 상생과 상극의 원리를 절대적인 것으로 치부하지도 않았고, 최우선시하고 있지도 않았다는 것이다. 바꾸어 말해 어중간한 이들일수록 상생과 상극에만 매달리는 경향이 있었으니, 가령 사주 명리의 경우 상생과 상극을 논하기 이전에 먼저 주主가 되는 체의 근본이 건전한지의 여부가 상생이나 상극보다 훨씬 더 큰 비중으로 취급되고 있었고, 현공풍수에서도 마찬가지로 산山과

향向이 왕성한지 여부를 먼저 따질 뿐 상생과 상극은 그 비중에 있어서 지극히 보조적인 개념에 불과한 것이었다. 이는 여타 자미두수나 하락이수 등에서도 마찬가지라 할 수 있었다. 그럼에도 불구하고 상생이나 상극이 먼저 강조되는 이유는 이들이 가장 기본 중에 기본이 되는 근본 원리이기에 그런 것이 아닐까?

색다른 질문

본서는 기존의 역학 서적들과는 확실히 차별화를 지향하려고 한다. 사실 최종 목표로 삼고 있는 바, 감히 정역을 이해한다는 깃은 역易의 전부를 이해한다는 것과 동의어이기에 결단코 쉬운 일이 아닐 것이다. 그럼에도 불구하고 본서는 감히 정역 연구에 도전하는 것을 최종 목표로 삼는다. 그러면서도 또한 단지 정역에만 한정짓지도 않을 것이다. 본서는 역易과 관련해서 논의되는 모든 것들을 때로는 매우 넓게, 그리고 때로는 매우 깊게, 때로는 무모할 정도로 과감하고 거칠게, 때로는 새털처럼 가볍고 자유분방하게 다루어보려고 한다. 떡 본 김에 제사지낸다고, 정역을 빙자해 제대로 된 입문서 하나 만들어 보려는 것이다. 그런 뜻에서 지나가는 길에 조금 색다른 질문 하나와 함께 甲은 3이고, 乙은 8이란 것과 같이 말하는 수리 오행이란 개념에 대해 한 번 깊숙이 생각해보는 장을 가져보고자 한다. 아마도 이전에 볼 수 없었던 시도일 것이다.

앞에서 오행의 상생과 상극을 말했으나, 이는 웬만한 역학 관련 서적에는 죄다 나오는 흔하디흔한 원리이고, 거의 기본 상식에 속하는 것일 뿐이다. 하지만 혹시 이런 생각을 해본 적이 있는가? 앞에서 분명 갑은 3이고, 을은 8이라고 했다. 그런데 갑부甲富는 1등 부자를 의미한다. 같은 이유로 을부乙富는 당연히 2등 부자가 될 것이다. 따라서 갑은 3이면서 동시에 1이기도 하고, 을은 8이면서 동시에 2이기도 하다. 조금 복잡하니 아래와 같이 도표로 한 번 나타내보자.

	갑	을	병	정	무	기	경	신	임	계
홍국수	1	2	3	4	5	6	7	8	9	10
오행수	3	8	7	2	5	10	9	4	1	6

이렇다는 말씀이다. 편의상 갑부甲富, 을부乙富라고 하는 순서를 홍국수라고 부르고, 갑3 혹은 을8과 같은 것을 오행수라고 이름 붙였다. 헌데, 이러한 홍국수와 오행수의 관계를 대체 누가 도표와 같이 정의해놓은 것일까? 전설 속의 그 황제라는 인물이 정해놓은 것일까? 여기에 화답할 만한 이는 별로 없을 것 같다. 어차피 큰 기대하고 질문한 것도 아니다. 뭐 그렇거나 말거나 대략 그렇다고 치고, 그럼 위의 홍국수와 그 아래에 배정된 오행수는 대체 어떤 수리적 관계를 맺고 있는 것일까? 아니면 아무런 관계도 없이 그저 순전히 마음 내키는 대로 임의적으로 정해놓은 것에 불과한 것일까? 이런 의문을 품어본 적은 있는가? 아마도 거의 없을 것이다. 이런 거 설명해주는 책? 필자의 손에 장을 지지건대, 그런 책은 이 은하계에는 혹시 모르겠지만 이 지구상에는 확실히 존재하지 않는다. 존재하지 않는 것이 확실하므로 지나가는 길에 잠시 이색다른 질문에 도전해보기로 한다. 도전!!!

양간의 전환

먼저 양간陽干의 경우를 살펴보자. 양간이라 함은 열 개의 천간 중에서 홍국수로 홀수 자리에 있는, 1 · 3 · 5 · 7 · 9에 해당하는 甲 · 丙 · 戊 · 庚 · 壬 다섯 개의 천간을 말한다. 도표의 숫자들을 보게 되면 머리가 어지러울 정도로 전혀 규칙성이 없어 보인다. 카오스(혼돈)에서 질서를 찾아내는 작업이 과학이고 수학이다. 과학과 수학이 따로 있는 것이 아니다. 이제 우리는 모종의 규칙성을 찾아내기 위해서 홍국수와 오행수 간의 수리적 관계에 주목을 해보는 것이다. 가령 갑의 경우 홍국수 1이 오행수 3으로 변화된다. 이러한 관계를 조금 풀어서 이야기한다면 홍국수 1에 3이란 숫자를 곱한 결과가 오행수 3이 된 것이라고 볼 수 있다. 다른 것들도 이런 식으로 쭉 나열해보면,

甲 1 → 3 : 즉 3^1을 곱한 것이니, $1 \times 3^1 = 3 → 3$

丙 3 → 7 : 즉 3^2을 곱한 것이니, $3 \times 3^2 = 27 → 7$

戊 5 → 5 : 즉 3^0을 곱한 것이니, $5 \times 3^0 = 5 → 5$

庚 7 → 9 : 즉 3^1을 나눈 것이니, $7 \div 3^1 → 27/3 → 9$

壬 9 → 1 : 즉 3^2을 나눈 것이니, $9 \div 3^2 → 1$

모두 이렇게 풀어서 이야기할 수 있다. 위에서 7을 3으로 나눌 때, 7이 어떻게 27로 탈바꿈되는 지에 대해서만 주의하면 되는데, 이미 하도가 바라보는 수리적 관점에서 충분히 연습이 되었으리라 믿는다. 한 걸음 더 나아가 이를 조금 더 고급스럽게 수학적으로 일반화해 볼 수 있다. 규칙은 비교적 간단하다. 3이라는 숫자의 지수가 +2와

-2 사이를 왔다 갔다 하고 있을 뿐이다. 마치 『주역』「계사전」의 일음일
양지위도(一陰一陽之謂道)라는 구절이 저절로 떠오른다. 갑·병·무·
경·임, 봄·여름·가을·겨울, 하도를 한 바퀴 돈다는 것이 결국 지수가
한번 음했다가 한번 양했다가를 반복하는 셈이 아닌가 말이다. 이렇게
간단한 것은 수학의 사인(Sine)함수로 간단히 해결된다. 위의 모든 경우에
서 기본적으로 3이란 숫자가 작용하면서 단지 지수 부분만 변화가
생기고 있음에 착안한다면 문제는 생각보다 훨씬 단순해지는 것이다.

$$\text{오행수} = \text{【홍국수】} \times 3^{2\sin[\text{【홍국수】}\pi/6]}$$

이렇게 아름다운 수식이 완성되었으나 정말 맞는 것인지, 검산이
필요하다. 독자들에게 직접 확인해보라면 시작도 하지 않을 것이 분명하
므로, 여기서 바로 확인 작업 들어가 본다. 수식에다가 홍국수를 대입하
기만 하면 이후는 자동적으로 풀이된다.

甲 홍국수 1대입; $1 \times 3^{2\sin(1\pi/6)} = 1 \times 3^{[2\times0.5]} = 1 \times 3 = $ **3** 【$\sin1\pi/6 = 0.5$】

丙 홍국수 3대입; $3 \times 3^{2\sin(3\pi/6)} = 3 \times 3^{[2\times1.0]} = 3 \times 9 = $ **7** 【$\sin3\pi/6 = 1.0$】

戊 홍천수 5대입; $5 \times 3^{2\sin(5\pi/6)} = 5 \times 3^{[2\times0.5]} = 5 \times 3 = $ **5** 【$\sin5\pi/6 = 0.5$】

庚 홍국수 7대입; $7 \times 3^{2\sin(7\pi/6)} = 7 \times 3^{[-1]} \Rightarrow 27 \div 3 = $ **9** 【$\sin7\pi/6 = -0.5$】

壬 홍국수 9대입; $9 \times 3^{2\sin(9\pi/6)} = 9 \times 3^{[-2]} = 9 \div 9 = $ **1** 【$\sin9\pi/6 = -1.0$】

막상 이런 식으로 풀고 보니, 홍국수와 오행수의 관계를 무조건 암기만
할 것이 아니라, 수학적 관점으로 바라보는 것도 충분히 가능했던 셈이
다. 오늘날의 수학수준을 기준으로 해서 보면 중학교 정도의 수준에
불과하지만, 지수 개념과 사인 함수가 동원되어야 하는 수식의 난이도로

보았을 때, 4600년 전의 황제라는 사람이 제 아무리 걸출한 인물이라 할지라도, 이러한 수식 관계까지 이미 알고서 홍국수와 오행수의 이론을 전개했다고 보기에는 아무래도 좀 무리가 있어 보인다. 전혀 확인할 길이 없으니 뭐 그랬거나 말거나, 홍국수와 오행수를 수학적으로 이해하는 방식을 찾아본 것으로 나름 충분히 의미 있다고 할 만하지 않은가? 아직 음간陰干의 경우가 남았으니, 이를 마저 정리해보자.

음간의 전환

음간이라 함은 10개의 천간 중에서 홍국수로 $2 \cdot 4 \cdot 6 \cdot 8 \cdot 10$과 같이 짝수 자리에 있는 乙·丁·己·辛·癸, 이상 5개의 천간을 말한다. 그런데 음간의 경우는 양간의 경우와 좀 달라서, 수식이 약간 복잡해진다. 위나라의 왕필[19]이 남긴 말 중에 의미를 파악했다면 상징은 잊어버리라는 말이 있다. 지금이 그런 경우일 듯싶다. 그 과정을 논하는 것은 본서의 주제와 지나치게 멀어지는 경향이 있으므로 생략하기로 하고, 바로 일반식을 확인해보기로 한다.

$$\text{오행수} = 【\text{홍국수} - 1】 \times 3^{2\sin[【\text{홍국수}-1】\pi/6]} + 5$$

乙 홍국수 02 대입; $1 \times 3^{2\sin[1\pi/6]} + 5 = 1 \times 3 + 5 = \mathbf{8}$

丁 홍국수 04 대입; $3 \times 3^{2\sin[3\pi/6]} + 5 = 3 \times 9 + 5 = 32 \Rightarrow \mathbf{2}$

己 홍국수 06 대입; $5 \times 3^{2\sin[5\pi/6]} + 5 = 5 \times 3 + 5 = 20 \Rightarrow \mathbf{10}$

---

19) 왕필(王弼, 226~249) 18세에 노자의 도덕경 해설하여 대천재로 칭송받음. 24세에 요절.

148 •

辛 홍국수 08 대입; $7 \times 3^{2\sin[7\pi/6]} + 5 = 7 \div 3 + 5 \Rightarrow 27/3+5 = 14 \Rightarrow$ **4**

癸 홍국수 10 대입; $9 \times 3^{2\sin[9\pi/6]} + 5 = 9 \div 9 + 5 =$ **6**

양간의 경우보다는 다소 복잡하지만, 거의 유사한 방법으로 음간의 경우에도 일반 수식으로 표현 가능함을 알 수 있다. 헌데 필자는 이러한 수학적 관계를 어떻게 알아낼 수 있었던 것일까? 자세한 과정은 지나치게 번잡해지는 부작용이 있어 생략하기로 했지만 대충 요점만 추려 설명하자면, 홍국수와 오행수의 전환 관계는 필자가 하도를 자세히 살펴보고 찾아낼 수 있었다. 하도에는 나중에 잠시 다루지만 음양의 소장성消長性이란 특성이 있다. 음이 자라면 양이 사그라지고, 양이 자라면 음이 사그라지는 특성이다. 4계절의 순환을 생각하면 이해가 쉬울 것이다. 그런 특성을 수학적으로 표현해 볼 수 있음을 알게 되었고, 이를 조금 더 연구해보니, 십간의 홍국수와 오행수 관계에도 똑같은 수식이 적용될 수 있음을 알게 된 것이다. 그런데 매우 특이한 점이 한 가지 있었는데, 하도에 홍국수를 대입할 때, **양간과 음간을 한꺼번에 대입하면 질서를 찾을 수 없었다**는 점이다. 대신 양간끼리만 대입하면 질서가 있고, 음간도 음간끼리만 대입하면 질서를 찾아낼 수 있었으니, 그것이 결국 앞에서 살펴본 바와 같이 양간과 음간이 서로 다른 수식의 형태로 나타나게 한 원인이었던 것이다.

입자물리학자의 고민

양의 관점으로 보게 되면 음의 질서가 깨지고, 반대로 음의 관점으로 보면 양의 질서가 깨진다. 이렇게 양의 관점과 음의 관점에 따라 서로 상이해지는 것. 이는 현대과학에서 느끼는 중요한 문제, 즉 입자와 파동이라는 이중성 문제에서도 일어나는 패러독스(역설)와 그리고 저 유명한 불확정성의 원리에서 일어나는 패러독스와 매우 유사한 상황이라는 것을 눈치 챘다면 놀라움은 배가되고도 남음이 있을 것이다. 흔히 고등학교 과학시간에 모든 입자들은 이중성이 있어서 입자성을 갖는 동시에 파동성을 갖고 있다고 배운다. 전자나 광자와 같은 소립자들을 입자로 보아야 하느냐 파동으로 보아야 하느냐 하는 문제…. 다시 말해 단단하고 유한한 유형의 형태로 보아야 하느냐, 아니면 파동과 같이 단단하지 않고 유한하지 않은 형태의 것으로 보아야 하느냐 하는 문제는 결코 통합될 수 없을 것 같은 상이한 두 가지 서로 다른 개념인데도 불구하고, 실상의 자연은 전혀 그렇지가 않은 것이다.

만일 어떤 과학자가 지금 빛의 입자성을 보고 싶어서 실험도구를 거기에 맞추어 준비한다면 실제로 그는 빛의 입자성을 볼 수 있게 된다. 반대로 파동의 특성을 보고 싶어 실험도구를 거기에 적합하게 준비하면, 이번에는 빛의 파동성이 여실히 드러나게 된다. 이는 다시 말해 과학자가 지금 그 빛의 어떤 특성을 보고 싶어 하느냐에 전적으로 의존한다는 의미이다.

광자 하나마저도 파동적 특성을 보이는 해괴망측한 행동 양식에 이르면 데모크리토스의 원자와 뉴턴의 견고한 입자는 일찌감치 그 종말을 맞이하게 될 뿐만 아니라, 아리스토텔레스가 신주단지처럼 떠받들던 논리마저도 그 성능의 한계를 드러내면서 더 이상 쓸모가 없어진다. 그리고 동시에 알쏭달쏭한 과학적 공안[20]이 되어버린다. 졸지에 논리적,

합리적 사고로 중무장한 현대 서구의 물리학자들이 선사들의 뜬금없는 화두를 붙잡게 된 형국이라 할 수 있다. 참 이상한 일이지만 우주의 실상이 그렇게 생겨먹은 것이다. 이것을 달리 표현해보자면, 내가 어떤 것의 예쁜 구석을 보려고 눈을 부릅뜨면 정말로 예쁜 구석이 보이게 되고, 반대로 미운 구석을 보려고 하면 또 미운 구석이 보이게 된다는 말과도 다르지 않다. 전적으로 보는 이의 주관적 관점에 따라 보이는 객관적 대상이 도깨비 변신을 한다는 것이다.

이와 유사한 문제는 여러 가지가 있지만 그 중 하나만 예를 더 들어보자. 유명한 물리학자인 하이젠베르크는 아원자[21] 수준에서는 정밀과학이란 있을 수 없음을 주장했다. 가령 천체물리학자들이 태양의 주위를 돌고 있는 어떤 행성에 대해 궤도상의 현재 위치와 동시에 현재 이 행성의 이동 속도를 알아내는 것은 그리 어렵지 않은 문제일 테지만, 원자 이하로 내려가게 되면 상황은 완전히 달라진다. 원자핵의 주위를 돌고 있는 전자의 현재 위치를 주목하게 되면 현재의 이동속도를 알아낼 수가 없고, 반대로 현재의 이동 속도를 알아내면 현재 위치가 어디인지를 알아낼 수가 없는 문제에 봉착하게 된다. 이는 입자물리학자들이 천체물리학자들보다 능력이 떨어져서 발생하는 문제가 아니라 자연의 본질이 그렇게 생겨먹은 것이다. 이것이 바로 그 유명한 입자의 위치와 운동량을 동시에 정확하게 측정할 수 없다고 하는 불확정성의 원리이다. 따라서

---

20) 불교의 선사들이 수행 중 마음속에 품는 화두. **화두를 풀면 깨달음을 얻어 붓다가 된다고 함.**
21) 원자보다 더 작은 미세한 수준. 가령 원자핵 안에는 양성자, 중성자, 중간자 등등의 소립자들이 들어 있다.

입자물리학자들은 선택을 할 수밖에 없다. 정확한 위치를 주목할 것인지, 아니면 정확한 속도를 주목할 것인지. 마치 자연이 우리에게 이렇게 말하고 있는 듯하다.

"자! 선택을 하시지, 도대체 댁이 지금 보고 싶은 게 대체 어느 쪽인 거요?"

이는 좀 전에 우리가 양간과 음간의 전환 과정에서 봉착했었던 문제와 유사한 상황이다. 하도에서도 양간을 위주로 볼 것이냐 음간을 위주로 볼 것이냐를 선택해야만 비로소 각각의 질서를 볼 수 있다. 이렇게 우주는 어느 하나의 관점으로 보는 걸 선택하는 순간, 무언가는 반드시 잃게 되어, 보지 못하는 것이 있도록 생겨먹었다는 것을 역易의 심연에서도 발견할 수 있음이다.

3 다양한 대칭성

1928년 영국인 물리학자 디랙은 상대론적 파동방정식을 연구해 이른바 디랙 방정식이란 것을 창안하였다. 그런데 그 방정식에 의하면 일반적으로 음전기를 띠고 있는 전자와 질량은 유사하면서 양전기[22]를 띠고 있는 소립자가 반드시 존재해야 한다는 결론이 도출되었다. 그러나

---

22) 양성자보다 훨씬 작으면서 전자만한 크기의 미립자이지만, 양성자의 전하량과 같은 양의 전하량을 갖는 소립자.

다른 과학자들은 디랙이 양성자를 잘못 오해한 것으로 생각하고는 이를 믿지 않았다. 그러다가 1932년 미국의 앤더슨에 의해 우주선(宇宙線) 속에서 디랙이 예언했던 그 양전자가 진짜로 발견되었다. 이후 소립자들의 세계가 기본적으로 대칭성을 갖고 있다는 증거들이 잇달아 쏟아져 나오기 시작하였다. 그리고 갈수록 더 많고 다양한 대칭적 특성이 밝혀짐에 따라 입자를 연구하는 물리학자들은 태고적부터 원자 깊은 곳에 묻혀서 비밀로 남아 있던 이러한 신비한 규칙성에 깊은 감동을 받게 된다. 이제 우주가 원자 이하의 입자들 사이에서도 엄연한 질서를 가지고 있음은 명명백백한 사실이 되었고, 그 질서를 이해하고 밝혀내는 하나의 중요한 첩경이 바로 대칭적 특성을 파악하는 것임을 절실히 깨닫게 되었다. 그리고 그들은 여기서 한 걸음 더 나아가 만일 이 우주에 어떤 원리나 현상이 발견되었음에도 거기에서 아직 그 어떤 대칭적 특성을 발견할 수 없다면, 그것은 아직도 뭔가가 미진하거나 아직 덜 여물었다는 뜻으로 받아들일 수 있다고 선언하기에 이르게 된다.

미군에 갓 징병된 이등병 하나가 어느 날 밤 어둠 속에서 PX를 향해 뛰어가다가, 누군가하고 맞부딪치는 바람에 그 사람이 넘어지고 말았다. 어둠 속에서 넘어진 사나이가 일어나 바지를 털며 그를 바라보았다. 그런데 그 사나이는 군복 칼라에 무려 별을 다섯 개나 달고 있는 것이 아닌가! 이등병은 새파랗게 질려 부동자세를 취했다.
"너, 내가 누군지 아나?"
오성五星 장군이 얼굴을 붉히며 화가 나서 소리쳤다.
"넷! 아이젠하워 원수 각하이십니다."
"너는 말이지, 군법회의감이야!"
이등병은 당황할 수밖에 없었다.
"그런데 장군님, 혹시 제가 누군지 아시겠습니까?"

아이젠하워는 더욱 화가 나서 말했다.

"너 같은 놈이 누군지 내가 알 리가 있겠어?"

그러자 이등병은 죽어라 하고 그 길로 어둠 속으로 도망쳐버렸다.[23]

다행히 우리들 인간의 두뇌는 저 멍청하기 짝이 없는(?) 컴퓨터와는 완전히 달라서, 이처럼 애매모호한 스토리에서도 묘한 대칭적 특성을 포착해낼 수 있는 고성능 지적 체계를 장착하고 있으므로, 지금부터 거론하는 다양한 양상의 대칭적 특성을 보유한 역易의 진수를 마음껏 즐길 수 있으리라 믿어 의심치 않는다. 만약 즐기지 못한다면 멍청한 그 놈이 되는 것이다.

평등한 음양

하도에 배열된 수들의 총합은 55인데, 하도의 중간에 있는 중앙의 5와 10을 열외 시키면 음양의 합이 각각 20으로써 균형을 이루고 있고, 낙서에서도 역시 중궁의 5를 열외 시키면 음양의 합이 각각 20이 되니 이 또한 균형을 이루고 있다.

양수 : 3 + 7 + 9 + 1 = 20
음수 : 8 + 2 + 4 + 6 = 20

23) 『웃으면 천당가요』 구병진, 해누리 2004

그리고 하도의 총합 55와 낙서의 총합 45를 합하면 100 이란 숫자가 되는데, 하도와 낙서를 평균하면 50인 동시에 음수의 합이 50 이 되고 양수의 합이 50 이므로 양과 음이 정확히 균형을 이룬다.

양수 : 하도(1+3+5+7+9) + 낙서(1+3+5+9+7) = 하도 25 + 낙서 25 = 50
음수 : 하도(6+8+10+2+4) + 낙서(6+8+4+2) = 하도 30 + 낙서 20 = 50

이런 식으로 하도와 낙서에 담겨 있는 수리적 내용을 분석해보면, 우주는 음과 양이 지극히 공평하게 구성되어 있음을 유추해 볼 수 있게 된다.[24] 이는 자신이 양이라고 해서 잘난 체 할 수가 없는 것이고, 음이라고 해서 못난이 취급받을 일도 전혀 없는 것임을 여실히 알려주는 것이다.

상생 · 상극

하도와 낙서에서 가장 손쉽게 발견할 수 있는 대칭을 꼽으라고 한다면 단연코 가장 먼저 하도의 상생 순환과 낙서의 상극 순환을 꼽을 수 있을 것이다. 상생과 상극이라는 개념 자체가 대칭 관계에 있기도 하지만 그들의 순환 자체가 기묘하게 기하학적인 대칭을 이루고 있다.

---

24) [하도와 낙서에 나타난 음양오행에 관한 연구] 윤창렬, 대전대 한의학과 원전의사학 교실

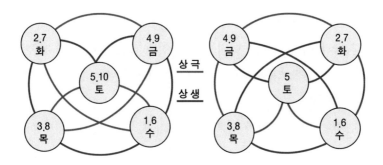

이와 관련해서 『주역과 세계』라는 책에 실려 있는 이 그림들을 도저히 빼놓을 수가 없다. 이 그림[25]들을 보고 있노라면 똑같은 상징을 보면서도 이토록 아름답게 대칭성을 표현해낼 수 있다는 데에 감탄이 저절로 튀어나오지 않을 수 없게 된다. 상생과 상극의 개념을 설명하는 그림의 하나에 불과하지만, 여기에 표현된 대칭성은 실로 아름답기가 그지없어 보인다. 그리고 여기서 또 하나 빼놓을 수 없는 점이 바로 순환의 방향이 서로 반대라는 것이다. 상생은 시계 방향의 순환이고, 상극은 반시계 방향의 순환이다. 심지어 순환의 방향까지도 대칭성을 갖고 있는 것이다. 참으로 오묘한 상생과 상극이 아닐 수 없다.

상보성

오랜 옛날 넓은 숲에 무서운 호랑이 한 마리와 사자 한 마리가 살고 있었다.[26] 사람들은 아무도 그 곳에 가서 농사를 짓거나 나무를 베려

---

25) 『주역과 세계』 김석진 (편저 중산학회), 동신출판사 1991
26) 『불교가 정말 좋아지는 불교 우화』 이용범, 수희재 2004

하지 않았다. 그런데 사자와 호랑이는 날마다 짐승들을 잡아먹고, 먹다 남은 가죽과 뼈를 그대로 버려두었다. 이내 숲은 더러운 시체로 가득 차고, 사방에 송장 썩는 냄새가 진동했다. 그러자 나무의 신이 산신령을 찾아가 말했다.

"여보게, 사자와 호랑이 때문에 숲이 더러워지고 있네. 우리들 같이 고상한 존재가 저런 지저분한 녀석들과 함께 살 수는 없지 않겠는가? 그러니 저놈들을 쫓아내야겠네."

그러자 산신령이 말했다.

"여보게, 우리는 저 호랑이와 사자 덕분에 살고 있는 것이네. 저들을 쫓아버리면 이 숲은 파괴되고 말 걸세. 저들이 없어지면 인간들이 와서 이 숲을 모두 베어버리고 밭을 일굴 것이란 말일세."

그러나 나무의 신은 뜻을 굽히지 않고 곧 사자와 호랑이를 쫓아버리고 말았다. 지저분한 호랑이와 사자가 없어지자, 숲에는 사람들이 하나 둘 나타나기 시작하더니 그들은 곧 숲을 모두 베고 밭을 일구었다. 얼마 지나지 않아서 결국 고상한 나무의 신과 산신령도 쫓겨나게 되었다.

역易에서는 만물은 고립해서 존재하는 것이 아니라 반드시 대립되는 것이 있어서 그 대립적인 관계를 통해서 우주가 성립되고 비로소 변화가 이루어진다고 본다. 대립이란 상호 제재하고 억제하는 모습인데, 모든 변화는 바로 이 대립 관계에서 생긴다는 것이니 다시 말해 대립이 없는 곳에는 변화도 없다는 말과 같다. 하도와 낙서의 대립이 있고, 음양의 대립이 있고, 건괘와 곤괘의 대립이 있다. 그리고 오행 간에도 수와 화의 대립과 목과 금의 대립이 있다. 그 어느 하나만 없어져도 변화는 생기지 않고 변화는 종식된다. 대립 관계이지만 대립 관계로 인해 그 자신이 또한 설 수 있으므로 이것이 바로 상보성(相補性)이다. 이렇게 만물은 서로 반대되는 성질로 대립하고 있지만 이러한 대립의 결과로써 변화의 조화를 이루게 되므로 이를 상보相補라고 표현하는 것이다. 만물은 대립함과 동시에 상호 의존하는 가운데서 변화가 이루어진다. 가히 역의 진수라 할만하다. 송나라 유학의 대가인 주돈이27)의 제자이면서 역시 유학의 대가였던 정명도28)가 이르기를.

"천지만물의 이치는 홀로가 없으니 반드시 상대되는 것이 있기 마련이다." 라고 하였다. 그리고 역시 주돈이의 제자이면서 정명도의 동생이었던 정이천29)은 다음과 같이 말했다.

"이치에는 대대對待가 있으니 생생生生의 근본이다."

이와 관련 불교의 고승 나가르주나(용수)는 약 1800여 년 전에 이렇게 일갈하였다.

"만물들은 서로 의존하는 데에서 그 존재와 본성을 얻는 것이지, 그 자체로는 아무것도 아니다."

아름다움이라는 개념이 서려면 추함이라는 개념이 있어야 한다. 아름다움은 추함과 대립되는 것이지만 동시에 추함이란 개념이 있어야 아름다움이라는 개념도 성립될 수 있다. 대립관계이면서 동시에 상보적 관계이다. 닐스 보아가 양자론을 완성하고 나서, 1937년 중국을 방문했을 때 음양의 대립과 상보성에 대한 이야기를 듣고는 깊이 감동하였다고 한다. 그 후 10년 후에 그에게 덴마크의 기사 작위가 수여되었을 때,

---

27) 호는 렴계, 1017~1073
28) 정호(1032~1085) 호는 명도
29) 정이(1033~1107) 호는 이천

그 문장紋章에 음양의 상보적 관계를 나타내는 태극의 도상을 선택하고 거기에 다음과 같은 문자를 새겨 넣었다.[30]

"대립적인 것은 상보적인 것이다."

분용성

음양의 분용성(分容性)이란 음속에 다시 음과 양이 있고 양속에 다시 양과 음이 있어 계속 세분해 나가더라도 계속 음과 양으로 분리되는 성질이 있다는 것이다. 하도와 낙서는 먼저 하도의 음과 낙서의 양으로 나누어진다. 하도는 다시 화 · 금의 음과 금 · 수 · 중앙의 양으로 나눌 수 있으며, 화 · 금의 음도 다시 화양과 금음으로 나누어지고, 여기서 화양도 다시 7의 양화와 2의 음화로 다시 나누어지는 것이다. 이처럼 음양은 계속 세분해 나가도 다시 음양으로 끝없이 분리할 수 있다.[31]

분용성은 요즘 현대 과학에서 활발하게 논의되고 있는 프랙탈이란 용어와도 일맥상통한다. 역에서는 음양의 분용성 외에도 오행의 분용성, 구궁의 분용성 등 다양한 분용성 개념이 있는데, 가령 낙서의 예를 들어보면 지구 전체를 구궁도 안에 넣을 수 있고, 다시 이를 더욱 세분해서 동아시아만을 구궁도에 배치할 수 있으며, 나아가 한국만을 구궁도에

---

30) 『현대물리학과 동양사상』 프리초프 카프라 (옮긴이 이성범, 김용정), 범양사 1979
   『춤추는 물리』 G. 주커브 (옮긴이 김영덕), 범양사 1990
31) [하도와 낙서에 나타난 음양오행에 관한 연구] 윤창렬, 대전대 한의학과 원전의사학 교실

배치할 수도 있고, 다시 경기도 지역만을 구궁도 안에 배치할 수도 있다. 이렇게 지역을 계속 세분해 나가더라도 계속 구궁도 안에서 논의할 수 있다. 구궁도가 마치 부처님 손바닥이 되는 것이다. 우주를 조망하는 붓다처럼 자신이 보고 싶은 것은 모두 다 구궁도 안에 넣을 수 있는 것이다.

음양의 호근성

옛날 어느 선사가 득도하고 만물을 살펴보니, 동물들은 동動하는 것에 대한 괴로움이 있고, 식물들은 가만히 있을 수밖에 없는 징靜에 대한 괴로움이 있음을 알게 되었다.[32] 다시 말해 동물들에겐 정하고자 하는 욕구가, 식물들에겐 동하고자 하는 욕구가 있었던 것이다. 자연의 이치는 양은 음이라는 뿌리를 두고 싶어 하고, 음은 양이라는 뿌리를 두고 싶어 하는 데, 그 이유는 바로 양은 음에서 에너지를 얻을 수 있고, 음은 양에서 에너지를 얻을 수 있기 때문이다. 조금 더 구체적인 예를 들어보자면, 식물은 동물로 인해서 생존할 수 있고 동물은 식물로 인해서 생존할 수 있다. 식물(음)은 동물(양)이 내뱉는 이산화탄소가 필요하고 동물(양)은 식물(음)이 내뱉는 산소가 필요하니, 서로 호흡의 근원을 바로 상대편에 두고 있음이다. 자연에 내재된 또 하나의 진수라 할 만하다.

---

32) 『동양의학혁명』 김홍경, 도서출판 신농백초

호근성(互根性)이란 양은 음에 뿌리를 두며 음은 양에 뿌리를 두면서
서로 의존한다는 것이다. 만물이 비록 변화무쌍하다고는 하나 오직
음양 두 가지로 이루어져 있음이니 뿌리를 두는 것도 서로가 서로에게
호근할 수밖에는 없을 것이다. 설명이 너무 어려운 것 같다. 좀 더
쉽게 이해할 수 있도록 이야기 한 토막을 감상하기로 한다.

　천주교를 믿는 돈 많은 부자가 그의 동생과 여행하는 도중에 그만 지병으로
갑자기 죽게 되었다.[33] 죽기 전에 그는 다음과 같은 유언을 남겼다.
"동생아, 내 재산을 정리하여라. 그리고 네 형수에게는 네가 원하는 만큼만
주고 그 나머지는 네가 다 가져라! 그리고 만일 문제가 생기거든 신부님을
찾아가거라!"
동생이 집으로 돌아와 형의 장례식을 마치고 형의 재산을 정리하였다. 모두
500억 원이었다. 욕심 많은 동생은 그 중에서 1억 원만 형수에게 주고 나머지
499억 원은 자기가 차지했다. 그리하여 형수가 신부에게 가서 불평을 늘어놓게
되었고, 신부는 양쪽을 다 불러서 원만한 해결을 모색했다. 신부가 먼저 시동생
되는 사람에게 물었다.
"돌아가신 형님의 유언이 무엇이었습니까?"
시동생이 자신감 넘치게 대답했다.
"네, 형수에게는 네가 원하는 만큼만 주고, 그 나머지는 네가 다 가지라고 하였습니
다."
신부가 이 말을 듣더니 이렇게 다시 확인했다.
"좋습니다. 그러니까 당신은 전 재산 중에서 499억 원을 원하시는 거지요?"
시동생이 자신에 찬 목소리로 확인시켜 주었다.
"네, 바로 그렇습니다."
이때 신부가 문제는 해결되었다는 듯이 이렇게 선언했다.
"당신 형님의 유언대로라면, 당신이 원하는 건 499억 원이니 그것을 형수에게

33) 『웃으면 천당가요』 구병진, 해누리 2004

주어야 합니다. 그리고 나머지는 모두 당신이 가지도록 하세요. 이것이 유언의
참뜻이오! 알아들었소?"

이 이야기에서 형의 진정한 유언은 '네가 원하는 것' 속에 은밀하게
집어넣어 놓았던 것이다. 바로 이것이 음이 양에 뿌리를 두고, 양이
음에 뿌리를 두는 비법이라고 말하면 좀 더 이해가 쉬울까? 가령 선이란
개념은 악에다가 뿌리를 두고, 악이란 개념은 선에다가 뿌리를 둔다.
음양의 호근성은 어떻게 보면 상보성, 음양의 소장성, 음양의 전화성과도
상통하는 면이 있다. 호근성의 이론적 근거는 하도에서 생수와 성수가
서로 짝을 짓는데, 하나가 양수이면 그의 짝은 음수가 되는 것에서도
나타난다.

한편 음양의 호근성과 유사한 일면은 하도와 낙서에서도 발견된다.
흔히 하도는 상생을 말하고, 낙서는 상극을 말한다고 하지만, 하도
속에서도 상극이 있고 낙서 속에서도 상생이 있다. 진희이로부터 비롯된
여러 전승 가운데, 특히 하도와 낙서의 전승을 빼놓을 수 없는데, 그것이
전승되는 계보를 정리해보면, 충방은 하도·낙서를 이개에게 전수했으
며 이개는 허견에게 전수했고 허견은 범악창에게 범악창은 유목에게
전수했다.

진희이 ⇨ 충방 ⇨ 이개 ⇨ 허견 ⇨ 범악창 ⇨ 유목 ⇨ 일반인

이개는 스스로 산원도인이라 칭했으며, 충방과 함께 종남산에 은거하
여 하락이수를 익혔다. 성격은 온화하면서 조용한 것을 좋아했고 말이
적으면서 잘 웃지를 않았으나 선천 대수를 헤아리는데 능했다. 훗날

이개는 진희이가 해준 말이라고 하면서 허견에게 한마디 이르기를,

"하도의 운행은 그 차례가 북쪽에서 동쪽으로 왼쪽을 향해 돌면서 순리적으로 나가며 상생하고 있으나, 그 맞은편의 위치와는 상극하고 있다. 상생하는 가운데 언제나 상극을 내포하고 있다. 무릇 조화의 오묘함은 생에 반드시 극이 있다는 것이고 생하면서 극하지 않으면 생겨난 것을 제재할 방법이 없게 되는 것이다."

라고 하였다. 너무나 멋진 말이 아닐 수 없다. 그리고 그는 이어서 이르기를,

"낙서의 운행은 그 차례가 북쪽에서 서쪽으로 오른쪽으로 돌면서 역행을 하고 또 상극을 한다. 그리고 서로 맞은편의 위치와는 상생한다. 상극하는 가운데 항상 상생을 내포하고 있다. 무릇 조화의 묘는 극함에 반드시 생이 있는데 극하고서도 생하지 않으면 극한 것은 반드시 절멸하고 말 것이다."

라고 하였다. 이 또한 멋진 말이다. 그는 또 다음과 같이 말했다.

"천지지간에는 무릇 모든 일이 상대상생하고 상생상극하면서 서로 의존하거나 굴복한다. 이득은 폐단에서 생겨나고, 해악은 은혜에서 생겨나고, 화는 복에서 생겨나며, 복은 화에서 생겨난다. 한 이득과 한 해악은 순환하면서 되풀이하여 생겨나며, 멈추지를 않는데 성쇠와 질서 확립 여부 그리고 존망 또한 그와 마찬가지이다. 사물은 극에 달하도록 하면 안 된다. 극에 달하면 반드시 반反하기 때문이다. 이것이 바로 하늘의 도이다."

순리적일 때가 있으면 반드시 거스를 때가 있고 정이 있으면 반이 있기 마련이다. 현대 물리학자들은 심지어 우주의 어딘가에는 반입자로

구성된 '반우주'가 존재할 것이라고 말하고 있다. 정우주가 있으면 반드시 반대되는 반우주가 있어야만 이치에 맞는다는 것이다. 만물이나 만사는 하나같이 상대적인 것이 서로 맞서면서 존속하고 서로 잠기면서 서로에게 체體와 용用을 의지하기도 하는 것이다. 결국은 이 우주란 것이 음과 양 이외에는 달리 재료라 이를 만한 것이 없으므로 서로가 서로를 체로 삼고, 서로가 서로를 용으로 삼는 것이 어찌 보면 도리어 지극히 자연스러운 일이라 할 수 있지 않을까?

음양의 역불역

음은 바뀔 수 있지만 양은 바뀔 수 없다. 이것이 음양의 역불역(易不易)[34]이란 용어의 의미이다. 왠지 엄청나게 깊은 의미가 있을 것처럼 보인다. 정작 알고 보면 별 것도 아닌데 일견 있어 보이게 만드는 묘함이 한자에는 있는 듯하다. 이 용어가 나오게 된 이유는 그림과 같이 하도 남방에 2·7이 있고 서방에 4·9가 있던 것이 낙서에선 남방 4·9, 서방 2·7로 뒤바뀌게 됨을 일컬어, 양은 자리를 바꿀 수 없으나 음은 자리를 바꿀 수 있다고 한 것이다. 요즘은 통상 금화교역(金火交易)이라는 전문용어로 회자되는 이 현상과 관련해서, 송나라의 주희를 비롯하여 저명한 학자들이 이에 대해 모두들 한마디씩 언급하였다.

과연 음양의 역불역은 무엇이며, 또 여기서 말하는 양과 음은 또 무엇인가? 이와 관련해서 이름만 들어도 그 중량감이 느껴지는 주희가

---

34) 『남명성리철학연구』 장립문(중국인민대학 교수)

먼저 한 마디를 일갈한다.

"하도와 낙서를 비교해보면, 북·동·중앙에서는 숫자와 자리가 같지만 남·서에서는 서로 다르니, 이는 대개 양수인 1·3·5는 바뀔 수 없고 음수인 2·4는 바뀔 수 있는 것이기 때문이다. 반면 성수 6·7·8·9·10의 경우는 생수의 경우와는 좀 다르게 보이는데, 즉 성수의 경우엔 생수의 경우와 달리 비록 남·서에 양이 있으나 이는 성수가 본래 근본인 음에서 생하였기 때문일 것이다."

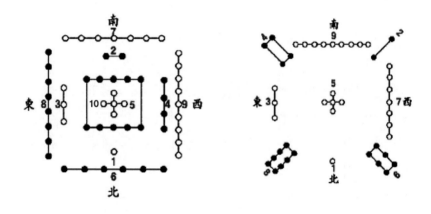

그러니까 주희는 이 특이한 현상에 대해 음수(짝수)와 양수(홀수)의 속성이 각각 다른 것에 주목하여 그것을 설명하려 했던 것 같다. 생수에서 2와 4는 음수이므로 음수의 속성, 그러니까 마치 여자가 결혼하기 전엔 부모를 따르다가 이후에는 남편을 따르며 그 거처를 옮기듯이, 그렇게 음수는 자리를 옮길 수 있는 것이고, 양수(1·3·5)의 경우는 그렇지 않다는 논리로 설명을 시도했다. 그러나 주희가 생각해보니 자신의 주장에서 약점은 성수의 경우에 어긋난다는 점이었다. 불행히도 하도와 낙서를

비교할 때 자리를 옮긴 녀석은 성수의 경우는 음수가 아니라 7·9라는 양수이다. 여기서 막혀버리고 마니까 그는 말미에다가 성수에 대한 보충 설명을 슬쩍 추가한다. 솔직히 자기 자신도 잘은 모르겠지만 성수는 본래 음의 이치를 따르는 것일 게다. 뭐, 이 정도의 변명일 것이다. 하지만 불행히도 주자의 이러한 꼼수는 그다지 큰 호응을 얻지 못한다. 양과 음의 이치가 정연하지 못하고 어찌 생수와 성수가 다를 수 있단 말인가? 아무리 성인의 말씀일지라도 이것만은 쉽게 공감이 되지를 않았던 모양이다. 이에 대해 다른 견해들이 속출한다. 운장유 선생 왈,

"하도의 1·3·5·7·9 모두 홀수이고 양이지만 1·3·5의 자리는 바뀌지 않고, 오직 7·9의 자리가 바뀌는 것은 또한 천지의 사이에 양은 동하여 변화를 주로 하기 때문이다. 그러나 양이 북과 동에서는 부동하고 서와 남에서 서로 바뀌는 것은 대개 북과 동은 양이 생하기 시작하는 방위요, 서와 남은 양이 극성하는 방위이기 때문이니 양이 나아가기를 주하면 숫자도 또한 반드시 극에까지 나아가 그런 뒤에 변하게 된다."

대체 무슨 말을 하고 있는 건지 이해하기가 상당히 까다롭지만 자세히 뜯어보면 대략 이런 말인 듯하다. 운 선생도 확실히 주자의 뒤처리가 그다지 맘에 들지 않았던지 그는 주자의 설명을 보완하려고 시도한다. 예컨대 1·3·5·7·9는 다 같은 양수이기는 하지만 1·3·5는 이제 양이 생하기 시작하는 것이니 자리까지 바꿀 힘이 아직 없는 것이고, 7·9의 경우는 양이 충분히 극성한 상태이니 자리를 바꿀 힘이 충분하다는 것이다. 이렇게 나름대로 열심히 보완 설명을 한 셈이나 여전히 잘 이해가 되질 않는다. 이에 대해 쌍호호[35]가 이르기를,

166 •

"하도와 낙서를 비교해보면 수가 셋은 서로 같고 둘은 서로 다르다. 오직 서쪽과 남쪽 두 방향의 수가 서로 바뀌는 것은 금이 화위를 타고 화가 금향에 들어가 서로 극제하는 뜻이 들어 있으니 이는 조화에 있어 반드시 바뀌어야 할 이유이다. 두 방향의 수는 상극하는 모습을 띠고 있으니 두 방향이 바뀐 뒤에 하도는 좌선상생하고 낙서는 우전상극하는 것은 조화가 생이 없을 수도 없고 또한 극이 없을 수도 없는 것이니 생이 없으면 혹 그칠 수가 있고, 극이 없으면 또한 성취할 수가 없는 것이다."

이번에도 쉽지 않은 문장인데, 그는 음양의 속성으로 설명하는 방식에서 벗어나 새로운 방식을 시도한다. 천지조화라는 것을 위해서 반드시 하도가 상생해야 하고, 낙서는 상극해야 마땅하므로 따라서 서쪽과 남쪽의 숫자들이 때로는 하도처럼 배열되었다가 때로는 낙서처럼 배열되어야 마땅하다는 말을 하고 있다. 다시 말해 천지조화의 균형을 가능하게 하는 상생과 상극이라는 두 주춧돌을 위해서 음양의 역불역이라는 현상이 만들어질 수밖에 없었다는 말이 된다. 하지만 이는 일반적인 이해와는 조금 차이를 보인다. 일반적으로는 하도는 본래 상생의 이치를 담고, 낙서는 본래 상극의 이치를 담고 있는데, 그 둘을 비교해보니 서쪽과 남쪽의 위치가 묘하게 서로 뒤바뀌어 있더라는 것이고, 이를 일컬어 음양 역불역이라 부른다는 것이다. 이에 대해 그는 거꾸로 상생과 상극을 온전히 성취해내기 위해서 음양 역불역이란 현상이 불가피했던 거라고 말하고 있는 셈이다. 오랫동안 연구에 집착하다 보면 간혹 이렇게도 되는 모양이다.

---

35) 호방평(胡方平) 선생의 아들이다.

이후 다시 긴 시간이 흐르고 흘러 비교적 최근에 이번에는 한국에서 흥미로운 주장이 하나 제기된다. 경북 영천 출신 동주 최석기(1904~1987) 선생이다. 그의 저서『하락연의』에서 이르기를,

 "하도는 음양의 바뀔 수 없는 정체를 나타내고, 낙서는 음양의 헤아릴 수 없는 변용을 나타낸다. 수와 목은 상생이 되어 그 기운을 상통하고 있기 때문에 그 자리에 거하고 있는 것이고, 화와 금은 상극이 되어 그 바탕을 바꾸기 때문에 자리를 바꾸어 작용을 하고 있다."

라고 하였다. 따지고 보면 쌍호호의 주장을 좀 더 구체화시킨 셈인데, 역불역이란 것이 당초 음과 양의 속성 차이에서 비롯된 것으로 설명하는 것이 통례인데, 쌍호호와 최석기는 역불역은 상생과 상극의 차이에서 비롯된 것이라고 말을 바꾼다. 하도와 낙서를 막론하고 북과 동은 수생목의 상생인데 비해, 하도와 낙서를 막론하고 남과 서는 화극금의 상극이니, 남과 서는 마치 전쟁을 벌일 때처럼 화와 금이 서로의 영역을 침범하는 것이라고 말하는 것이니, 이는 한마디로 말해서 서로 티격태격하면서 신나게 전쟁을 벌이다보면 서로 뒤죽박죽이 되는 것이 자연스러운 것이 아니겠는가? 뭐, 대략 이 정도의 말들을 하고 있는 것이다. 지금 이들의 얘기가 이렇게까지 흐르게 된 근본 이유가 무엇일까?

 음양의 역불역, 음은 자리를 바꿀 수 있지만, 양은 바꿀 수 없다. 당초 이렇게 얘기하고 싶었던 것인데, 공교롭게도 음과 양의 정의에서 애매한 부분이 생긴 것이다. 그 원인은 주로 주희로부터 비롯된다. 그가 마무리를 확실히 하지 못했기에 의혹의 불씨를 남긴 것이다. 정녕 음과 양에 대한 좀 더 그럴 듯한 정의는 없는 것인가? 이에 대해 필자라면 이렇게 마무리 지을 것이다. 지금 하도라는 마을의 한 가운데에서 반상회

를 한다고 가정하자. 하도를 보면 동쪽과 북쪽의 경우에는 가족 대표로 3과 1이 반상회에 나선 꼴이고, 남쪽과 서쪽은 각각 2와 4가 나선 꼴이다.

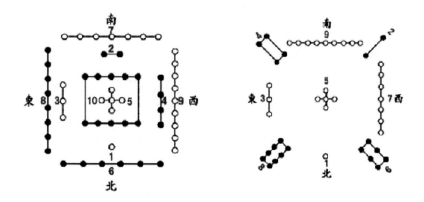

당연히 반장은 중앙의 5일 것이다. 이렇게 보니, 주자의 말대로 남서쪽이 좀 다른 구석이 있긴 있는 듯하다. 특이하게 음수가 가족의 대표로 나와 있다. 게다가 이번에는 문왕팔괘와 정역팔괘를 한번 살펴보자. 놀랍게도 남서쪽은 모두 음괘들만 있고, 북동쪽은 모두 양괘들만 있다. 뭔가가 있음직한 대목이다. 으~음 상황이 이러니 예로부터 한 가닥 한다는 문객들이 흥분했던 것인가?

복희팔괘		
☷	☳	☶
☵		☲
☴	☱	☰

문왕팔괘		
☴ 음괘	☲ 음괘	☷ 음괘
☳ 양괘		☱ 음괘
☶ 양괘	☵ 양괘	☰ 양괘

정역팔괘		
☴ 음괘	☲ 음괘	☷ 음괘
☳ 양괘		☱ 음괘
☶ 양괘	☵ 양괘	☰ 양괘

다시 하도로 돌아가 보자. 하도에서 남쪽과 서쪽이 하나의 팀이고, 그리고 나머지 북쪽과 동쪽, 그리고 중앙을 하나로 묶어 또 다른 하나의 팀이라고 가정하자. 여기서 주목할 것은 단지 북쪽과 동쪽만이 아니라, 중앙까지 넣어서 하나의 팀으로 본다는 점이다. 그리고 두 팀의 생수와 성수를 모두 합해서 비교해보자.

(A팀) 북쪽·동쪽·중앙 : (1+6)+(3+8)+(5+10) = 33 이다.
(B팀) 남쪽·서쪽 : (2+7)+(4+9) = 22 이다.
⇒ A팀 : B팀 = 33 : 22 = **3 : 2 = 양 : 음**

같은 방법으로 이번에는 생수는 생수끼리, 성수는 성수끼리 각각 더해보자.

(A팀 생수) 북쪽 · 동쪽 · 중앙 : 1 + 3 + 5 = 9
(B팀 생수) 남쪽 · 서쪽 : 2 + 4 = 6
　　　　⇒ A팀 생수 : B팀 생수 = 9 : 6 = **3 : 2 = 양 : 음**
(A팀) 북쪽 · 동쪽 · 중앙 : 6 + 8 + 10 = 24
(B팀) 남쪽 · 서쪽 : 7 + 9 = 16
　　　　⇒ A팀 성수 : B팀 성수 = 24 : 16 = **3 : 2 = 양 : 음**

A팀과 B팀은 확실히 3대 2의 조합이다. 3과 2, 그것이 무엇인가? 각각 양과 음의 최소 작용수이다. 고대 그리스의 피타고라스도 3은 양이고, 2는 음이라고 말한바 있다. 생수나 혹은 성수의 경우 모두 동일한 결과를 보여준다. 당초 주희의 말대로 양과 음으로 나뉘고, 그리고 그들의 속성 차이로 설명할 수 있었던 것인데 마무리가 약간 미흡했다. 주희 그 사람이 어디서 주워듣기는 들었으나 확실하게 자기

것으로 만들지 못했던 모양이다. 이제는 이렇게 말할 수 있게 되었다.

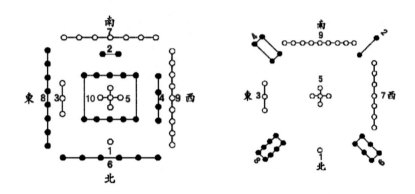

하도는 크게 음과 양으로 나눌 수 있고, 남·서는 음의 자리이고,
나머지 북·동·중앙의 세 자리는 양의 자리이다. 북·동·중앙은 양의
자리이니 하도와 낙서에서 자리를 바꾸지 않는 반면에, 남·서는 음의
자리이니 하도와 낙서에서 각각 그 자리를 바꾼다. 그 결과가 이른바
음양 역불역이다. 주자가 말한 그대로이다. 그리고 문왕팔괘도와 정역
팔괘도에서 그러한 상象이 구체적으로 시연되기에 이른다. 양괘들은
모두 양의 자리에, 음괘들은 모두 음의 자리에 놓인다. 당연히 있어야
할 자리에 있게 되는 것이다.[36]

---

36) 동양에선 전통적으로 방위를 배정함에 있어서 하도의 아래쪽을 북쪽으로 놓았다.
   그리고 시계방향으로 돌면서 동쪽, 남쪽, 서쪽의 순으로 배치하였다. 또한 계절을
   배정함에 있어서 북쪽의 수기운을 겨울, 동쪽의 목기운을 동쪽, 남쪽의 화기운을
   여름, 서쪽의 금기운을 가을, 그리고 중앙의 토기운이 가운데에서 수목화금의
   운행을 주재한다고 보았다.

4 다양한 순환성

앞에서 살펴본 다양한 대칭성들은 주로 정적인 특성인데 비해, 또 하나의 역의 중추인 순환성은 주로 동적인 특성이라 할 수 있다. 미래를 예측할 수 있게 하는 중요한 기틀이 바로 만물의 순환적 특성에 내재되어 있을 것이다. 지금이 여름이란 것을 알면 머지않아 가을이 올 것이라는 것은 눈 감고도 알 수 있는 법이다. 음양이 상호 작용하며 만물은 순환하고, 봄, 여름, 가을, 겨울의 사계절을 주유하는 가운데 천변만화가 일어난다. 하늘이 기氣를 내뿜고 땅이 그것을 받아들임으로써 만물이 생육되는 것이 아니겠는가!

영원한 순환

필자는 가끔 저승사자가 마방진을 들여다보면서 날이 새도록 대체 무슨 생각을 하고 있었을까 하는 엉뚱한 상상을 해보기도 한다. 주역의 최고봉에 올랐다고 일컬어지는 소강절과 서화담이라는 초절정의 인물들이 하도와 낙서를 무려 3년 동안이나 응시하고 나서야 비로소 깨달음을 얻을 수 있었다는 이야기도 흥미를 북돋아 준다.

그들은 3년 동안이나 대체 무엇을 들여다보고 있었던 것일까? 그토록 할 일이 없었던 것일까? 그리고 거기에 들어있다는 오묘한 우주의 이치라는 게 대체 무엇이었을까? 필자는 이런 것들을 궁금해 했다. 낙서는 모두 9개의 방으로 나눌 수 있고 이를 구궁이라 한다.

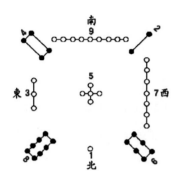

4	9	2
3	5	7
8	1	6

그 중에서 지금 다음 페이지에 그려져 있는 그림에서 색깔이 칠해져 있는 네 개의 방을 사정방(四正房)이라 한다. 낙서의 특징은 사정방에는 양수(홀수)가 배정되어 있다.

전통적으로 양의 작용수는 3이고 음의 작용수는 2라고 알려져 왔는데, 이는 전통적으로 동서양이 완전히 일치했다. 이제 양수를 4개의 정방에 각각 배정함에 있어 양의 작용수 3을 사용하게 되는데, 배정하는 방법은 시계방향으로 돌면서 "×3, 즉 곱하기 3"을 반복하는 것이다.[37] 먼저 북쪽의 1부터 출발한다. 화살표대로 시계방향으로 돌아 동쪽으로 자리를 옮기는데, 이때 1에 곱하기 3을 하면 3이 되고, 이후 같은 작업을 계속 반복하면 도표와 같이 숫자들이 계속 채워진다.

---

[37] 어떤 수에다가 곱하기 3을 한다는 것은, 어떤 수를 반복해서 3번을 더한다는 의미와 똑같은 것이다. 예로부터 우리 선조들은 하늘의 뜻을 물을 때도, 세 번을 반복하여 물었다. 가위·바위·보를 할 때도 세 번을 반복해서 승부를 냈다. 무슨 내기를 할 때도 '삼세판'으로 결정하였다. 지금도 달리기를 할 때 '하나·둘·셋' 세 번째 구령에 맞춰서 출발한다. 이처럼 3은 우리 민족에게 매우 친근한 숫자인데, 3이란 것은 바로 하늘의 작용수이고 양의 작용수이다.

	$3 \times 3 = 9$ $243 \times 3 = 729$ $19,683 \times 3 = 59,049$ $1,594,323 \times 3 = 4,782,969$	
$1 \times 3 = 3$ $81 \times 3 = 243$ $6561 \times 3 = 19,683$ $531,441 \times 3 = 1,594,323$		$9 \times 3 = 27$ $729 \times 3 = 2,187$ $59,049 \times 3 = 177,147$ $4,782,969 \times 3 = 14,348,907$ ....
	1 $27 \times 3 = 81$ $2,187 \times 3 = 6,561$ $177,147 \times 3 = 531,441$	

한편 다음 페이지의 그림과 같이 지금 숫자가 색깔이 칠해져 있는 네 개의 구석방을 일컬어 사우방(四隅房)이라 한다. 앞에서 사정방에는 양수가 배정되었지만, 이제 네 개의 구석방에는 음수(짝수)가 배정되는 점이 특징이다. 그리고 음수를 배정해나감에 있어서 당연히 음의 작용수 2를 사용할 것이다. 이것이 양수와 음수를 배정하는 하나의 원칙이다. 이제 음수를 배정함에 있어 음의 작용수 2를 사용하게 되는데, 사우방에 음수를 배정하는 방법은 양수와는 반대로 반시계방향(시계방향이 아니다)으로 돌면서 "×2, 즉 곱하기 2"를 반복한다는 점이 특이한 부분이다.[38] 역시 이러한 간단한 연산규칙에 따라 사우방을 채워가 보자. 어느 방부터 시작해도 관계가 없으나, 우선 서남방(西南方)의 2부터 시작해서 화살표대로 오른쪽으로 자리를 옮기면서 곱하기 2를 하면 4가 되고, 동일한

---

38) 어떤 수에다가 곱하기 2를 한다는 것은, 어떤 수를 2번 반복해서 더한다는 의미와 똑같다. 여기서 2라는 수는 땅의 작용수이고, 음의 작용수이다.

과정을 계속 반복하면서 도표와 같이 숫자들이 계속 채워진다.

2X2=4 32X2=64 512X2=1,024 8,192X2=16,384	←	2 16X2=32 4,096X2=8,192 65,536X2=131,072 ....
↓		↑
4X2=8 64X2=128 1,024X2=2,048 16,384X2=32,768	→	8X2=16 128X2=256 2,048X2=4,096 32,768X2=65,536 ....

그리고 이제 다시 도표 전체를 살펴보면, 사정방에는 양수가 아무리 커져도 끝자리를 보면 항상 1·3·9·7이 계속 반복되고 있고, 사우방은 음수가 아무리 커져도 언제나 8·6·2·4를 벗어날 수 없음을 알 수 있다. 그야말로 완전히 부처님 손바닥이 따로 없는 것이다. 그리고 이제 놀라운 것은 이 두 도표를 합치면 그것이 바로 **낙서의 수리 배열이 다!** 가운데에 자연수 5가 빠진 듯 보이나 자세히 살펴보면, 자연수 5가 중앙에 자리를 잡고 있어야 전체의 수리적 균형을 잡아줄 수 있음을 곧 깨닫게 된다. 중앙에 5가 없으면 항상 15가 되는 마방진의 조화가 깨진다. 결국 누구랄 것도 없이 낙서의 모든 구성원들이 알고 보면 모두 자기가 있어야 할 자리를 차지하고 있었던 셈이다. 양수나 음수가 제 아무리 커진다고 해도 결국은 항상 똑같은 패턴을 반복한다. 똑같은 패턴을 반복하는 것, 이것이야말로 강력한 순환적 특성이다! 이 과정에

서 우리는 낙서에는 시계방향으로 돌아가는 양수의 무한한 순환성과 반시계방향으로 돌아가는 음수의 무한한 순환성이 병존하고 있음을 볼 수 있다! 양수와 음수가 서로 반대로 순환하면서 그 결과 낙서의 수리 배열이 성립된다. 하지만 여기서 그치면 의미가 없다. 이러한 특성이 어딘가에 응용되고 있어야 마땅할 텐데, 과연 그런 것이 있을까? 이미 오래 전부터 이러한 특성이 잘 응용되고 있었다는 증거가 있다. 흔히 사주팔자라고 일컬어지는 명리학 교본에 보면 거기에 십이운성이라는 개념이 있다. 그것을 들여다보면 묘하게도 양간과 음간의 회전 방향이 정반대라고 보고 있다. 가령 갑甲과 을乙의 경우 오행으로는 똑같은 목木에 해당하지만, 십이운성의 운용은 아래 도표와 같이 완전히 반대이다. 양간인 갑甲은 해에서 생生하고 묘에서 왕旺하지만, 음간인 을은 오에서 생生하고 인에서 왕旺한다.

	자	축	인	묘	진	사	오	미	신	유	술	해
갑	욕	대	관	왕	쇠	병	사	장	절	태	양	생
을	병	쇠	왕	관	대	욕	생	양	태	절	장	사

언뜻 보면 도표가 복잡해 보이지만, 규칙성을 알고 나면 매우 쉬워진다. 가장 쉽게 보는 요령은 양간이 생生하는 곳에서 음간이 사死하고, 음간이 생生하는 곳에서 양간이 사死 한다는 점이다. 또 생·욕·대·관·왕·쇠·병·사·장·포·태·양의 순서로 순환하는 방향이 양간과 음간이 서로 정반대이다. 양간은 시계 방향의 순환이고, 음간은 반시계 방향의 순환이다.

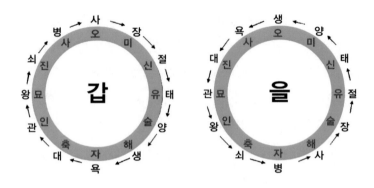

이는 병·정과 같은 다른 천간들도 모두 마찬가지이다. 지금 주목하고자 하는 부분은 여기 십이운성에서 음양의 운행방향이 서로 반대라고 보는 근거가 바로 정확히 낙서의 수리 속에 내재하고 있다는 바로 그 점이다. 다음은 내친 김에 음과 양의 서로 반대되는 회전을 하나의 회전으로 통합하는 시도를 해보자는 것이다. 양수는 곱하기 3을 통해 시계방향으로 좌전하고, 음수는 곱하기 2를 통해 반시계방향으로 우전했지만, 이제 조금 다른 시각에서, 북방의 1과 6을 묶어 시계방향으로 "곱하기 3"을 시도해보자.

아래의 그림을 보면, 양수와 똑같은 시계방향으로 사우방의 숫자들도 "곱하기 3"이란 연산을 통해 6→8→4→2→6으로 역시 시계방향으로 좌전할 수도 있음을 인지할 수 있을 것이다. 결국 양수나 음수나 모두 "곱하기 3"이라는 것을 통해 통합될 수 있는 길이 있는 것이다. 이렇게 하여 낙서는 시계방향으로의 영원한 순환을 상징하게 된다. 겉보기로 보면 영원히 숫자가 팽창하고 있는 것처럼 보이지만, 실상은 언제나 1·6→3·8→4·9→2·7→1·6 으로 항상 부처님 손바닥 안에서 빙글빙글 돌고 또 돈다. 영원한 순환을 의미하는 또 다른 상징 부호가 불교에서 사용하는 만(卍)이라는 부호이다. 낙서의 4·9금과 1·6수 그리고 3·8목과 2·7화와 같이 서로 짝이 되는 것들끼리 선으로 연결해 보라. 卍이 만들어질 것이다!

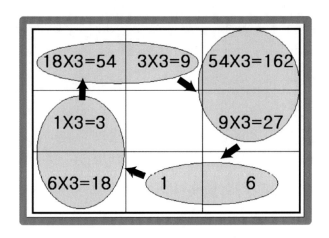

한편 양수의 경우는 음수와는 달리 "곱하기 2"를 반시계 방향으로 돌려 보면 양수가 음수로 변하게 되면서 순수한 양의 순환이 잘 이루어지지 않음을 금방 알 수 있다. 이를 정리해보면 음수의 경우는 음의 작용수 2에 의해서 반시계방향으로 순환할 수 있지만, 또한 마치 양수처럼 양의 작용수 3에 의하여 시계방향으로도 순환할 수 있다. 이것이 바로 음이 가진 특성이다. 양수는 오직 한 방향으로만 순환하지만, 음수는 두 가지 방향으로의 순환이 모두 가능하다! 음의 이러한 양방향 순환 특성은 음의 유연한 본성을 보여주는 장면이라 할 수 있는데, 이러한 음양의 서로 다른 본성은 실전 사주학에서도 꽤 비중 있게 다루어진다. 양간들은 성질 자체가 좀 뻣뻣해서 여간해서는 잘 굽히지 않지만 음간들은 대체로 유연하다는 관점이 바로 그것이다.

한편 낙서의 순환을 바탕으로 천동설과 지동설에 대해 잠깐 고찰해보기로 한다. 실제의 지구는 하늘 북극을 위로 놓았을 때, 항상 반시계방향으로 태양 주위를 공전한다. 그러면서 동시에 지구는 반시계방향으로 자전하고 있다. 낙서가 정녕 지구나 혹은 땅을 상징하는 것이라고 한다면, 시계 방향으로 돌아가는 것이 아니라 반시계방향으로 돌아가야 한다고 말하는 것이 올바른 이치가 아닐까? 맞는 말이다. 명명백백하게 실상은 하늘이 돌아가는 것이 아니라 땅이 돌아가고 있다. 따라서 양(하늘)의 작용수인 3이 작용하면서 시계방향으로 순환하는 게 아니라, 음(땅)의 작용수인 2가 작용하면서 반시계방향으로 순환하는 게 당연히 진실에 부합한다. 갈릴레이가 말한 바가 바로 이것이다. 그러면 지금 이 모순점을 어떻게 받아들여야 하는 것일까? 따지고 보면 낙서는 2라고 하는 음의 작용수에 의한 반시계방향으로의 순환을 무시하고 있는 것이 아니다. 낙서에서도 명명백백하게 곱하기 2에 의한 반시계방향으로의 순환이 표현되어 있음이 분명하다. 다만 어디까지나 지동설은 우주적 실체가 그렇다는 것이고, 다시 관찰자의 시점인 천동설로 돌아와야 한다. 관찰자가 보고 느끼는 자연의 순환을 기술하는 것이 지구상에서 살아가는 데 있어선 훨씬 더 유리하다. 아침에 해가 동쪽으로 떠서 서쪽으로 진다. 진실은 해가 뜨는 것이 아니라 지구가 도는 것이지만, 세상을 살아가는 데에는 해가 동쪽에서 떠서 서쪽으로 지는 것이 훨씬 더 자연스럽다. 땅이 도는 것이라고 상기해보려고 해도 이는 오히려 정신 건강만 해치는 결과를 초래할 뿐이다. 단지 머릿속으로만 알고 있으면서 그냥 자연스럽게 우리들 신경계가 느끼고 반응하는 대로 하늘이 돌아가는 거라고 받아들이는 것이 건강에 훨씬 유익하다. 태양이

도는 것이므로, 양(하늘)이 도는 것이므로, 양의 작용수 3이 시계방향으로 돌아가는 것이다. 낙서에서 3에 의한 시계방향 순환이 상징하는 바가 바로 이것이다. 설사 그렇다고 하더라도 머릿속으로는 갈릴레이를 또한 잊으면 안 된다. 그런데 이런 현상은 우리들 생명체의 유전인자도 마찬가지이다. 자식이 태어나면 아버지의 성씨를 따르지만, 사실은 어머니의 유전인자만이 변함없이 대대로 유전된다. 미토콘드리아는 거의 모계로만 유전되어 재조합이 잘 일어나지 않기 때문에 최초의 여성 인류를 추적할 수 있을 정도이다. 최초의 아버지 성씨는 결코 추적할 수 없지만 말이다. 이렇게 우리 우주는 밖으로 드러나는 것은 주로 양을 위주로 굴러가는 것처럼 보이지만, 그 뒤에 이면에서는 주로 음을 위주로 해서 굴러가도록 우주 자체가 이미 그렇게 생겨먹은 것이다.

음양의 소장

양이 커지면 음이 작아지고, 음이 커지면 양이 작아짐을 음양의 소장消長이라 부른다. 명나라 주역의 대가라고 칭해지는 래지덕(1525~1604)이란 인물이 그린 태극도를 중심으로 이를 잠시 살펴보자. 그는 동북아 삼국이 전란의 거친 풍랑에 휘청거리고 있을 때, 그러니까 동시대의 이순신 장군(1545.4.28~1598.12.16)이 남해바다에서 심히 악전고투하고 있을 때, 그는 세상의 명리와는 완전히 등을 지고 사천의 무산 십이봉이라고 하는 깊은 산속에 틀어박혀 주역 연구에만 정진했었다고 한다.[39] 팔자가

---

39)『주역강의』남회근 (옮긴이 신원봉), 문예출판사 1997

좋았던 셈일까? 삶이란 것을 선택할 수 있는 거라면 전쟁과도 같은 삶을 선택할 수 있을까? 이순신의 삶을 들여다보면 가슴이 저리도록 슬프다. 그런데 그 슬픔마저도 아름다움으로 승화시키는 힘이 있다. 그에 비해 래지덕은 신비롭다. 그의 저서인 『주역집주』에 태극도 하나가 그려져 있는데, 이 그림을 보게 되면 그 천재성의 일단을 엿볼 수 있게 된다. 이 태극도의 진가는 하도를 전혀 달리 보게 만든다는 점에 있다. 왼쪽의 그림이 래지덕의 태극도이고, 오른쪽이 그 태극도에 하도를 대입해 만든 일명 태극하도라는 것이다.

이렇게 태극도가 더해져 만들어진 태극하도는 마치 죽어서 박제화되어 움직이지 않는 것처럼 보이던 하도의 수상을 갑자기 양기와 음기라는 우주의 본체를 이루는 두 기운이 서로 조화를 이루며 역동적으로 춤을 추면서 생생하게 살아 움직이는 물상으로 보이게끔 만드는 놀라운 기적을 연출해낸다. 그리하여 정말로 하도가 살아난다. 태극하도에서 흑과 백의 두 영역이 있다. 북쪽에서 동쪽으로 가며 점차적으로 백의 영역이 자라날 때, 그와 동시에 흑의 영역은 점차 작아진다. 남쪽에서 서쪽으로는 반대의 작용이 일어난다. 백이 커지면 흑이 작아지고, 흑이 커지면 백이 작아진다. 마치 하도가 살아서 움직이고 있는 것처럼 보인

다. 이렇게 흑과 백이 서로 소장을 반복하면서 결과적으로 하도 속에서 계속 4계절이 순환하게 되는데, 이러한 오묘한 특성이 바로 음양의 소장성이다. 그런데 태극하도의 기적은 비단 이것에만 그치지를 않는다. 태극하도는 하도를 바라보는 놀라운 관점들을 선사해주는 신비로운 힘이 있는데, 이에 대해선 제3장에서 별도로 심도 있게 다루어볼 예정이다.

음양의 전화성

강한 부정은 긍정이 되는 법이다. 소위 전화성(轉化性)이란 것은 양이 그 극에 이르리 음으로 비뀌고, 음이 그 극에 이르리 양으로 비낀다는 것이다. 『황제내경』에서는 이를 다른 말로 열극생한 한극생열이라 표현한다. 뜨거움이 극에 이르면 차가움을 낳고, 차가움이 극에 이르면 뜨거움을 낳는다고 한다. 허준 선생이 이 원리를 잘 활용해서 명의로 후세에 이름을 남긴 것이니, 이러한 이치를 믿어도 좋을 것이다. 그래도 이해가 잘 안된다면 이해를 돕기 위해 이야기 하나를 감상해보기로 한다.

옛날 어느 마을에 많은 재산을 가진 부자가 있었다.[40] 하지만 그는 너무 늙고, 장차 재산을 물려줄 아들은 너무 나이가 어렸다. 부자는 죽을 날이 가까워오자 고민에 빠졌다. 어린 아들에게 재산을 물려주면 하인들이나 친척들이 달려들어 재산을 모두 빼앗아 갈 것이 염려되었던 것이다. 그리하여 그는 차라리 땅속에 재산을 묻어 두었다가 훗날 아들이 자라면 그것을 찾게 하는 것이 나을 것이라

---

40) 『불교가 정말 좋아지는 불교 우화』 이용범, 수희재 2004

생각했다. 그는 게 중에서 가장 믿을 만한 늙은 하인을 데리고 숲 속으로 들어가 구덩이를 파게하고 모든 재산을 묻었다. 재산을 묻고 난 그는 늙은 하인에게 말하였다.

"내가 죽고 난 뒤 아들이 자라거든 재산이 묻힌 이곳을 알려 주거라."

"네 주인님, 걱정하지 마십시오."

그로부터 며칠 후 부자는 늙은 하인에게 모든 것을 부탁한 후 세상을 떠났다. 세월이 흘러 어린 아들은 청년이 되었다. 그러나 늙은 하인은 재산이 묻힌 곳을 아들에게 가르쳐주지 않았다. 어머니가 아들을 불러 말했다.

"얘야, 네 아버지는 돌아가시면서 재산을 묻어두었다고 하였다. 하인이 그 곳을 알고 있으니 가서 물어보도록 해라."

아들은 곧 하인에게 가서 재산이 묻힌 곳을 알려달라고 했다. 그러나 하인은 너무 오래되어 기억이 잘 나지 않는다고 하면서 생각나면 가르쳐주겠다고 말할 뿐 좀처럼 입을 열려고 하지를 않았다. 참다못한 아들은 어느 날 하인을 앞세우고 산속으로 향했다.

"혹시 이쪽인가?"

"아닌 것 같습니다. 너무 오래된 일이라….."

"그럼 이쪽인가?"

하인은 계속 말꼬리만 흐리며 제대로 가르쳐주지를 않았다. 아들은 하인을 데리고 산을 세 번이나 올랐으나 재산이 묻힌 곳을 찾아내지 못했다. 이튿날 아들은 포기하지 않고 다시 하인을 앞세우고 산으로 향했다. 같은 질문을 계속 반복하면서 한참을 뒤지다가 아들은 어느 나무 밑에 이르렀다.

"혹시 여기인가?"

그러자 하인의 얼굴빛이 노래지며 큰 소리로 외쳤다.

"아닙니다. 절대 그곳일 리가 없습니다!"

"정말인가?"

"아니라니까요! 절대, 절대로 아닙니다!"

순간 아들의 얼굴에 엷은 미소가 번졌다. 아들은 재빨리 하인을 밀어버리고 괭이로 땅을 파기 시작했다. 과연 그곳에 아버지가 묻어둔 재물이 있었다.

이제는 이해가 되었을 것이다. 음은 부드럽고, 약하고, 낮고, 어둡고, 수동적이고, 여성적인 것을 상징한다. 반면에 양은 단단하고, 강하고, 높고, 밝고, 능동적이고, 남성적인 것을 상징하지만 역易에서는 이 양자가 고정적이거나 절대적인 것이 아니라 상호 전환할 수 있다고 본다. 방금 그 못난 하인은 온몸으로 강하게 부정하고 있지만, 이렇게 강한 부정이 오히려 강한 긍정을 의미하기도 하는 법이다. 낙서를 보면 서북방이 6으로써 겨울에 가장 성한 음을 상징한다. 그리고 연이어 정북방에 1양이 있어 6음의 극성한 음 바로 다음에 1양이 소생하기 시작하는 상象을 나타내고 있다. 반대로 남방에는 9양으로 여름에 양이 가장 극성한 모습을 상징하는데 바로 연이은 서남방의 2음이 양극을 이어 음이 생하기 시작하는 상을 나타낸다. 이와 같이 만물은 그 궁극에 이르러 묘하게 반전하는 특성이 있다.[41]

5 다양한 관점

지금까지 설명한 정적인 대칭 특성과 동적인 순환 특성 외에도 하도와 낙서를 바라보는 또 다른 다양한 관점들이 존재한다. 가령 하도와 낙서를 동전의 앞면과 뒷면의 관계로 보기도 하고, 체體와 용用의 관계로 보기도

---

[41] [하도와 낙서에 나타난 음양오행에 관한 연구] 윤창렬, 대전대 한의학과 원전의사학교실

하고, 선천先天과 후천後天의 관계로 보기도 하고, 바라보는 시각에 따라서 다양하게 해석될 수 있다.

앞면과 뒷면

　낙서의 상극은 상극을 위한 상극이 아니라 상생을 위한 상극이라고 표현하기도 한다. 이는 언뜻 비슷하게 말한 것처럼 보이지만 엄밀히 보면 사실은 그게 아니다. 상생과 상극에 대한 고정관념이 얼마나 뿌리 깊은지를 짐작해볼 수 있는 대목일 뿐이다. 쉽게 말해 상생은 좋은 거고 상극은 나쁜 거라는 생각이 배경에 있는 것이다. 이는 치우친 편견에 불과하다. 사실 상생과 상극 그 자체에는 선과 악이 따로 있지 않다. 상생의 관계를 만나지 말아야 함에도 만나게 되면 상생이 독이 되는 것이고, 상극의 관계를 만나야 할 때 제대로 만나면 약이 되는 것이다. 이처럼 상생을 표현하는 하도와 상극을 표현하는 낙서는 우주를 굴러가게 하는 두 개의 공평한 수레바퀴로써 항상 동시에 고려해보아야 그 의미를 바로 새길 수 있다. 또한 하도와 낙서는 마치 동전의 앞면과 뒷면과 같이 서로 결코 분리될 수 없다. 우주 삼라만상의 변화 원리를 보여주는 신비의 동전이 있다고 가정하자. 그 동전의 앞면과 뒷면이 하도와 낙서라고 할 수 있다. 가령 지금 자동차를 운전하는데, 만일 가속페달만 있고 감속 브레이크가 고장 난 상황이라면 이건 운전이 아니라 재앙이다. 서유기에서 옥황상제가 겪는 못된 원숭이의 재앙이 바로 그런 상황을 상징해준다. 이 우주에 상생만 있고 상극이 없다면, 고귀한 옥황상제 앞에서 난리법석을 피우는 못된 원숭이들이 바글거릴 것이다. 상극의 이치가 반드시 필요한 법이다. 상생을 위한 상극이 아니라 상극 그 자체가 필요하다. 우주가 제대로 작동하기 위한 필수 요건의 하나이다. 그리고 이것이 『서유기』에서 등장하는 하늘나라를 다스리는 옥황상제와 『서유기』에서 등장하는 우주 전체를 주재하는 부처님의 한끝 발 차이이다. 상생과 상극의 이치를 두루 통달한 그 붓다만이 못된 손오공을 오행산 밑에 가둘 수가 있다. 하도와 낙서는 이러한 맥락에서 이해되어야 한다.

체용 관계

특히 역학 관련 서적들에서 많이 보게 되는 것 중의 하나가 바로 체體와 용用이란 용어이다. 다소 생소하지만 알고 보면 어려울 것이 없는데 익숙하지 않아서 그런 것일 뿐이다. 이를 쉽게 설명해보면 거의 누구나 일상적으로 자동차 운전은 하고 있으나, 아무나 자동차를 만들거나 고칠 수 있는 것은 아니다. 자동차를 잘 만드는 것과 자동차 운전을 잘하는 것과는 전혀 별개의 얘기이다. 물론 자동차를 잘 만든다면 운전을 잘할 수 있는 가능성이 커지기는 할 것이다. 하지만 여전히 별개의 얘기라는 데에는 변함이 없다. 단지 가능성만 커지는 것이니 말이다. 자동차를 잘 만드는 사람은 체體에 밝은 경우이고, 자동차 운전을 잘하는 사람은 용用에 밝은 경우이다. 원자폭탄을 만드는 일은 이휘소 박사와 같은 핵물리학자들이 하는 것이고, 원자폭탄을 쓰는 일은 군인들이 하는 것이다. 원자폭탄을 만드는 것은 체에 해당하고, 원자폭탄을 쓰는 일은 용用에 해당한다. 때때로 체용의 구분이 아리송해질 때가 있지만 대체로 이와 같은 원칙에 비추어보면 크게 어긋나지 않을 것이다.

하도와 낙서도 이렇게 체용으로 구별할 수 있다. 하도는 주로 우주 변화의 체를 상징하고, 낙서는 주로 우주 변화의 용을 상징한다. 그래서 역학의 각 분파가 하도와 낙서를 사용하는 모양새를 살펴보면, 거의 모든 분파에서 주로 하도는 그림으로 걸어놓기만 하고 주로 낙서만을 사용한다. 한의학을 비롯하여 기문둔갑, 구궁술, 현공풍수, 매화역수 등등 거의 모든 분파가 주로 용用에 해당하는 낙서 혹은 문왕팔괘를 이용한다. 그렇다고 하도와 복희팔괘를 전혀 사용하지 않느냐 하면 그건 또 확실히 아니다. 다만 사용 빈도나 비중에 있어서는 아무래도 좀 차이가 난다. 이것은 낙서와 문왕팔괘가 더 중요해서 그런 것이 아니라 각기 중점을 두고 있는 바가 상이하기 때문일 것이다.

선천과 후천

선유들의 주장은 하도를 선천상(先天象)이라 하고, 낙서를 후천상(後天象)이라 흔히 말한다. 이는 복희팔괘와 문왕팔괘에도 그대로 적용되어 전자는 선천복희팔괘이고, 후자는 후천문왕팔괘라고도 부른다. 선천이라 함은 태어나기 이전에 태아가 형상을 갖추어가는 과정을 말하고, 후천이라 함은 태어난 이후에 세상에서 살아가는 과정을 말한다. 가령 태아가 어머니 뱃속에서 10개의 구멍으로써 생을 영위하며 10개월 동안 길러지는 모습이 하도에 열거된 10개의 숫자와 묘하게 일치하고, 그 질서정연하게 배열된 모습을 천지창조의 설계도에 비할 수 있으므로 하도를 선천의 상이라 한다. 10개월 후에 태아가 어머니 뱃속에서 나올 때 탯줄을 자른 뒤에는 9개의 구멍으로 살아가므로 낙서의 9수와 부합하며 또 변화하고 동하는 모습을 담고 있으므로 낙서를 후천의 상이라한다. 이것이 선천과 후천의 첫 번째 의미이다.

두 번째 의미는 시간을 선과 후로 나누어 전반기를 선천이라 하고후반기를 후천이라 부르는 경우이다. 이것은 하나의 주기를 이루는모든 경우에서 이와 같이 구분해볼 수 있다.[42] 가령 하루 속에도 오전은선천이 되고 오후는 후천이 되며, 한 달도 초하루에서 보름까지는 만월이되어가는 과정으로 선천이 되고, 보름에서 그믐까지는 달이 이지러지는후천이 된다. 사계절의 변화에 있어서 초목이 발아하여 성장해가는봄과 여름은 날씨도 점차 따뜻해지고 기운도 분열하는 양의 과정으로선천이 되고, 초목이 견신하여 저장되는 가을과 겨울은 날씨도 추위지고기운이 수렴 퇴장하게 되므로 음의 과정이고 후천이 된다. 이러한 두번째 의미와 관련해서는 나중에 정역팔괘에서 다시 거론이 되어야한다. 일부 김항(1826~1898) 선생의 주장이 바로 이 두 번째 의미에 근본바탕을 두고 있기 때문이다.

---

42) [하도와 낙서에 나타난 음양오행에 관한 연구] 윤창렬, 대전대 한의학과 원전의사학교실

太極 河圖 3
태 극 하 도

太極河圖
태 극 하 도

  제1장과 제2장에서 역의 본류와 기본 개념에 대한 주제로 서술하다
보니, 다소 무겁고 딱딱한 측면이 있었다. 사실 『주역』이란 것이 워낙
심오하고 난해한 것이다. 허니 본래 약간 그런 측면이 있기는 하나,
무엇보다도 필자의 재주 부족을 탓할 수밖에 없겠다. 여기서는 분위기를
조금 바꾸어서 명나라 래지덕이 그렸다는 태극도와 하도를 합친 태극하
도라는 것을 통해서 하도에 숨겨져 있는 또 다른 면모를 살펴보기로
한다. 본론에 들어가기에 앞서 중국 서남부 지역에 전해져 내려오고
있는 고대의 전설 한 토막을 가볍게 감상하면서 시작할 것이다. 태초에
대홍수가 있었고 이후 살아남은 오누이에 대한 내용이다.

  지구 위에 아직도 인류가 생존하지 않고, 이따금 하늘나라에서 천인天人들이
찾아 들던 때였다. 천인들에게는 단조로운 천국天國보다는 높은 산, 울창한 숲,
맑은 강물과 검푸른 바다가 있는 지상地上이 더욱 좋았다. 천인 중 용맹하기로
이름난 한사나이가 변화 많고 아름다운 땅 한 구석을 택하여, 별장을 지어 놓고
이따금씩 어린 아들과 딸을 데리고 내려와 며칠씩 지상의 풍경을 즐기곤 했다.

  무더운 여름날이었다. 갑자기 하늘에 먹구름이 덮이고 음산한 바람이 불고 이따금
천둥과 번개가 수선을 떨었다. 필시 폭풍우가 땅을 휩쓸 기세였다. 용맹한 사나이
는 다급히 어린 아이들을 집안에 넣고, 밖으로 나가 청태靑苔[1]를 따 가지고

지붕 위를 겹겹이 덮었다. 빗물을 막기 위해서였다. 이윽고 비가 쏟아지기 시작했다. 일찍이 본 적이 없었던 폭우였다. 천지를 진동할 듯 번개와 천둥이 뒤범벅이 되어 산과들을 사정없이 내려쳤다. 한편, 폭풍은 우렁찬 고함을 치며 숲과 바다를 뒤집어엎고 있었다. 며칠이 지나도 폭풍우는 그칠 줄을 몰랐다. 온 땅덩어리를 물에 몽땅 삼켜 버릴 듯한 기세로 더욱 기승스럽게 쏟아져 내리고 후려치는 것이었다. 공포에 달달 떠는 어린 것들을 달래고 있던 용감한 사나이는 불길한 예감에 사로잡혔다. 필경 뇌신雷神이 자기에게 도전해 온 것이라고 생각되었다. 투구나 무기를 천국에 두고 왔기 때문에 지상에는 잡고 싸울 것이 없었으므로 지금 그는 맨주먹뿐이었다. 그러나 이미 뇌신이 이렇듯 흉포하게 덤벼들고 있었으니 어찌할 도리가 없었다. 사나이는 비장한 각오를 하고 뇌신을 맞아 싸우기로 했다. 즉시 쇠망태기 하나를 탄탄하게 엮어 한 손에 들고, 다른 손에는 쇠갈퀴를 들고 대문을 열고 밖으로 나가면서 우렁차게 외쳤다.
"뇌신아! 정정당당하게 싸우자! 자, 오너라!"
이때를 기다렸다는 듯, 먹구름을 헤치고 뇌신이 쏜살같이 내려 덮쳤다. 두 손에 날카로운 도끼를 잡은 뇌신은 번갯불을 타고 사나이 가슴팍을 노리고 덤벼들면서, 눈뜰 사이도 없이 도끼를 내려쳤다. 찰나의 순간이었다. 사나이는 잽싸게 훌쩍 비켜서면서 손에 들었던 쇠갈퀴로 뇌신의 허리를 낚아채기가 무섭게 다른 한 손에 들었던 쇠망태기 속으로 몰아넣고는 뚜껑을 굳게 닫았다.
"뇌신아! 네가 비겁하게 나의덜미를 잡으려고 불의의 역습을 해 왔다마는, 도리어 내게 덜미를 잡히고 알았구나! 핫, 핫, 핫⋯⋯."
용감한 사나이는 어깨를 으쓱거리며 통쾌하게 웃었다. 그의 웃음소리는 멀리 산골짜기로 메아리치면서 번져나갔다. 그의 웃음소리가 미처 채 멎기도 전에, 그렇게도 극성스러웠던 하늘은 씻은 듯이 맑게 개었고 땅 위에는 다시 고요와 햇빛이 찾아 들었다. 며칠 뒤에 사나이는 두 남매에게 쇠망태기 속에 갇힌 뇌신을 보여주면서 말했다.
"잘 보아라. 이 자가 바로 폭풍우를 몰고 와서 세상을 어지럽힌 뇌신이다. 절대로 이놈에게 물을 주어서는 안 된다."
곁들여 단단히 주의를 주고, 사나이는 밖으로 일을 보러 나갔다.

---

1) 갈파래. 녹조류 갈파래과의 해초. 몸은 엽상체이며 질이 단단하고, 주로 물결이 잔잔한 바닷가에서 많이 난다.

그러나 아이들은 처음에는 퍽이나 괴상하고 험상궂게 보였던 뇌신도 차츰 시간이
지나고 눈에 익으니깐 그다지 무섭지도 않게 느껴졌다. 아이들은 쇠망태기 곁에서
태연하게 놀고 있었다. 그러자, 뇌신은 몹시 괴로운 표정을 짓고 신음 소리를
내기 시작했다. 어린 남매는 불쌍한 생각이 들어, 왜 그러느냐고 물었다.
"목이 타서 죽겠다. 얘들아, 물 한 그릇만 다오"
뇌신은 더욱 고통스럽다는 시늉을 하며 애처롭게 애걸을 했다.
"아버지가 절대로 물을 주지 말라고 그랬어요."
오빠가 아버지의 지시를 따라 거절했다. 그러나 뇌신은 더욱 더 애걸했다.
"한 그릇이 아니고, 한 모금이라도 좋다. 당장에 죽겠으니, 제발 목숨을 살려주는
셈치고 물 한 모금만 다오."
남매 중 오빠는 단호히 고개를 저었다.
"한 모금도 안돼요."
그러나 그 옆에 서 있던 누이동생의 얼굴에는 측은한 빛이 돌았다. 교활한 뇌신은
누이동생을 보고 더욱 애달픈 목소리로 애원했다.
"아가, 나를 살려 다오! 물을 못 주겠거든, 저 냄비를 닦는 털끝에 물을 축여,
그것으로 내 입을 추겨다오"
그리고 뇌신은 두 눈을 감고 입을 떡 벌리고 기다리는 시늉을 했다. 마음이
약한 어린 누이동생은 오빠를 보고 말했다.
"오빠! 털끝에 물을 추켜 주는 것은 괜찮겠지? 너무나 불쌍한데, 그렇게 해줄까?"
오빠 생각에도 며칠째 물 한 모금 목에 넘기지 못한 뇌신이 너무나 불쌍하게
여겨졌다. 그리고 털끝에 물을 추겨서 입을 적셔 주는 것은 지장이 없을 거라고
여겨졌다. 그는 동생을 보고 고개를 끄덕였다. 누이동생은 털끝에 물을 추겨가지
고, 뇌신의 바삭바삭 탄 입술을 적시어 주었다. 그 순간이었다.
"아! 참 고맙다. 너희들 덕택에 죽지 않고 살게 됐다. 자, 이제 내가 쇠망태기를
부수고 나갈 테니, 너희들은 저쪽으로 비켜 서 있어라."
말이 끝나기가 무섭게, 와르릉! 하는 천둥과 함께 번갯불이 번쩍 하고 일어나더니
뇌신은 쇠망태기를 부수고 훌쩍 뛰어나왔다. 그리고 다급히 입 속에서 이를
하나 뽑아 어린 남매 에게 주며 말했다.
"너희들은 나의 생명의 은인이다. 이 이빨을 땅에 묻으면, 싹이 나고 자라서
커다란 열매가 나게 될 것이다. 앞으로 재난이 있거든 너희들은 그 열매 속에
들어가 숨어라. 그러면 너희들만은 살아남을 것이다."

194 •

다시 한 번 요란스럽게 천둥과 번개를 일으키고 뇌신은 하늘 높이 사라지고 말았다.

아버지가 일을 마치고 돌아오자, 어린 것들은 넋을 잃은 듯 멍하니 부서진 쇠망태기를 가리켰다. 결국 털끝에 물을 적셔 준 것으로 뇌신이 힘을 다시 얻어 하늘로 올라갔음을 알게 되었다. 그러나 철부지 어린 것들을 꾸짖어야 무슨 소용이 있겠는가? 그는 곧 닥쳐 올 뇌신의 대 역습에 대비를 해야 했다. 시각을 다투어 그는 커다랗고 튼튼한 철선鐵船을 만들기 시작했다. 한편, 어린 남매는 뇌신이 준 이빨을 땅에 묻었다. 이튿날아침에 나가 보니, 파란 싹이 돋았고 다음날에는 꽃이 피었고, 또 다음 날에는 커다란 호로葫蘆2)가 영글었다.

그 무렵이었다. 또다시 하늘이 심상치 않게 보이기 시작했다. 두터운 먹구름이 완전히 태양을 가려 덮어 온 지구를 암흑 속에 몰아넣었다. 이어 삽시간에 하늘이 갈라지며 바닷물을 엎어 부은 듯 폭우가 쏟아졌고, 팔방에서 천둥과 번개가 천지를 진동했다. 전번의 경우와는 비교도 되지를 않았다. 눈 깜짝할 사이에 산봉우리도 모조리 물에 잠기고 말았다. 용감한 아버지는 철선을 띄우고,
"얘들아! 어서 이 배를 타거라. 지난번의 뇌신이 복수하러 왔다."
하고 외쳤다. 두 어린 남매는 광포한 비바람 속에 허우적거리며 아버지 앞으로 가려고 했다. 그러나 거센 물결이 밀려와 단숨에 그들을 멀리 떠내려가게 만들었다. 그런데, 이게 어떻게 된 일일까? 바로 눈앞에 커다란 호로가 입을 벌리고 서 있는 것이 아닌가? 두 남매는 서로 고사리 같은 손을 잡아끌며 호로 속으로 들어갔다.

지구 위에는 아무것도 없었다. 오직 물만이 사납게 출렁이고 있었으며, 그 위에는 용감한 사나이가 탄 철선과 어린 남매가 탄 호로만이 사나운 파도에 의해 이리저리 요동치고 있었다. 철선을 탄 사나이는 이 괴변을 즉시하늘 나라의 황제에게 보고하고자 천문을 찾아 두들겼다. "어서 문을 열어 주시오. 황제 폐하게게 아뢸 말씀이 있습니다." 지상의 괴변을 전해들은 황제는 즉시 여러 천신天神들을 시켜 뇌신의 횡포를 멈추게 했다. 동시에 수신水神으로 하여금 당장에 천지

2) 호리병 박

사이에 부풀었던 물을 빠지게 했다.

이내 비와 바람이 멎고, 천도天道까지 부풀어 올랐던 물이 일시에 빠졌다. 그 바람에 천문을 두드리던 아버지의 철선이 천길 높이의 허공으로부터 땅바닥으로 곤두박질을 치면서 떨어졌다. 한편, 아버지의 뒤를 쫓던 남매가 탄 호로도 같이 떨어졌다. 단단한 철선은 산산이 부서져버렸고 그 속에 탔던 용감한 사나이는 죽고 말았으나, 탄력 있고 말랑말랑한 호로는 떨어지는 충격에 약간 튕겼을 뿐, 그 속에 탔던 두 남매를 상처 하나 없이 안전하게 살아남게 해주었다.

다시 조용해진 지상에는 아름다움이 넘쳤다. 그러나 폭풍우에 온갖 생물들이 훑치고 쓸리어, 오직 두 어린 남매만이 유일한 지상의 생존자였다. 아버지를 닮아 용감한 이들은 슬픔을 잊고 밖으로 나가 집을 다시 짓고 밭을 갈아 먹을 것을 장만했다. 복희와 여와는 마른 지방을 찾아 다섯 종류의 곡식을 심었다. 해와 달이 바뀌어 돌며 포근한 빛과 청명한 밤을 주고받는 사이, 어느덧 이들 어린 남매는 무럭무럭 자라서 이제는 늠름한 청년이요, 어엿한 처녀로 성장하게 되었다. 이들은 클수록 자신들도 모르게 고독을 느끼게 되었다. 그러던 어느 날, 복희는 근심스런 표정으로 앉아있었다. 여와가 다가가 물었다.
"오빠, 무슨 생각을 그리 많이 하세요? 무엇이 그토록 근심스러워요?"
여와의 질문에 복희가 말했다.
"이 세상에 너와 나 둘 뿐인데, 만약 우리들이 결혼하지 않고 죽게 된다면 세상에 다시는 사람이 없게 되겠지?"
"그래요. 하지만 어떻게 남매간에 부부가 되겠어요?"
걱정이 되지 않는 것은 아니었지만, 남매는 매일 밭에 씨앗을 뿌리며 생활을 계속하였다. 계절이 바뀌고 또 바뀜에 따라 남매는 점차 성숙하였다. 달과 같이 희맑은 누이동생의 아름다운 얼굴을 엿보며, 오빠는 몇 번이고 결혼하자고 졸랐다. 그러나 누이는 매번 이렇게 말하면서 거절해 왔다.
"같은 피를 받은 오누이가 어떻게 남남처럼 결혼을 할 수가 있어요? 절대로 안 됩니다."
그러나 도저히 견딜 수가 없었던 오빠는 어느 날 누이에게 이렇게 말했다.
"이 땅 위에는 오직 너와 나뿐이니 어떡하니? 우리라도 결혼하여 후손을 보아야 이 땅 위에 사람들이 번질 것이 아니냐?"

오빠의 말을 듣고 보니, 그렇기도 했다. 이대로 살다가 그냥 죽으면 이 지상에는 아무도 없게 될 것이 분명했다. 그러나 그렇다고 선뜻 결혼을 승낙할 수도 없었다. 마침내 누이는 오빠에게 조건을 제시했다.

"앞서서 뛰는 나를 잡으면 결혼해요."

누이가 앞서 뛰기 시작하였고 오빠는 누이를 쫓아 큰 나무 둘레를 며칠을 두고 뛰었으나 어찌된 일인지 도저히 잡을 수가 없었다. 그는 궁리에 궁리를 거듭한 끝에 좋은 방법을 생각해냈다. 누이의 뒤를 쫓는 척 하다가 후딱 뒤로 돌아 달리는 것이었다. 이에 그런 줄도 모르고 내 닫던 누이는 왈칵 오라비가 벌린 두 팔 속 정면으로 뛰어들고 말았다. 이렇게 하여 오누이는 결혼을 하고 부부가 되었다.[3]

얼마 후, 아내가 된 누이는 살덩이를 낳았다. 이들 부부는 이 살덩이를 소중히 간직하여 천국으로 올라갔다. 그러나 미처 하늘나라에 도착하기에 앞서, 공중에서 몹시 심한 바람을 만나, 아차 하는 사이에 그 살덩이를 날리고 말았다. 살덩이는 바람에 불리어 사방으로 흩어진 채 땅 위로 떨어졌다. 다급히 뒤를 쫓아 내려와 보니, 그 살덩이들은 사방에 흩어져 모두가 사람으로 변했다. 이에 오누이는 저마다 성을 지어 주기 시작했다. 나뭇가지에 떨어진 자에게는 목木이라 불렀고, 잎에 떨어진 자에게는 엽葉이라 성을 지었으며, 나머지 사람들도 저마다 떨어진 장소의 이름을 그대로 성을 삼도록 했다. 이렇게 하여 지구 위에는 다시 인류가 번성하게 되었으며, 부부가 된 오누이가 바로 인류의 시조가 되었던 것이다. 이들 오누이는 호로葫蘆에서 살아남았으므로, 포희 또는 복희伏羲라고 불리게 되었으며, 후세에는 이들을 복희와 여와라고 부르게 되었다.

---

3) 어떤 이야기에서는 복희가 방향을 바꾼 것이 아니라 여와가 방향을 바꾸었다고 표현되어 있기도 하다. 역의 원리에 의하면 여와가 방향을 바꾸는 것이 오히려 역의 이치에 합당하다. 후대에 이야기가 전해지는 과정에서 각색이 된 것이 아닌가 추정해본다.

1 창조의 순간

양을 상징하는 복희, 그리고 음을 상징하는 여와를 각각 주연으로 해서 펼쳐지는 이 고대의 전설이 의미하는 바는 분명하다. 음양은 본래 하나의 뿌리에서 태어난 남매라는 것이다. 음양이 비록 같은 뿌리에서 나온 남매이기는 하지만 이들이 결합하지 않았다면 이 지상에는 아무것도 없게 되었을 것이다. 음과 양이 결합해야 비로소 역사가 이루어질 수 있는 것이고, 창조가 이루어질 수 있는 것이다.

음양화합

이러한 창조의 순간을 태극하도라는 그림을 통해서 포착해보기로 한다. 아래에 그려진 태극하도에는 크게 세 부분으로 나눌 수 있는데, 먼저 가운데 원 부분은 이 그림의 중심이라 할 수 있고, 흑색 부분은 음의 운동, 백색부분은 양의 운동을 표현하는 것으로 가정해보자.

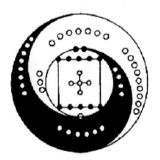

그런데 고대의 전설에서 복희는 큰 나무를 돌면서 몇 날 몇일 동안이나 여와를 잡으려고 했으나 어찌된 일인지 도저히 잡을 수가 없었다고 한다. 이 이야기에서 그 큰 나무는 바로 하도의 중앙이다. 앞쪽 그림에서 양 운동은 백색 부분이 1→3→7→9와 같이 밖으로 분열, 상승, 발산해 나간다고 하면, 음 운동은 흑색 부분이 8→6→4→2와 같이 안으로 수렴, 하강, 수축해 들어가는 것이다. 이렇게 음양의 방향이 서로 다른 이유는 음과 양의 속성이 본래 다르기 때문이다. 따라서 계속 이 상태를 유지하면 여와가 안으로 들어갈 때 복희는 밖으로 나가는 식이 되어, 복희는 여와를 결코 잡을 수 없게 된다. 따라서 복희는 머리를 쓸 수밖에 없었다. 자신만의 고유의 운동 방식을 포기하고, 거꾸로 돌면서 타이밍을 맞추는 것, 이것이 바로 복희가 여와를 잡을 수 있는 유일한 방법이었다.

이렇게 되면 오른쪽에 보이는 그림과 같이, 여와의 본래 특성상 2의 위치로 다가오면서 저절로 복희의 품속으로 안기게 된다. 이렇게 해서 음과 양이 극적으로 만날 수 있게 된다. 태극하도가 있어서 너무도 쉽게 설명을 할 수 있게 된 것이고, 이는 전적으로 명나라의 래지덕이 후세에 자신의 태극도를 남겨준 덕분이다. 기억해두자. 하도는 죽어서

박제화 되어 있는 수상이 결코 아니다. 오히려 살아서 움직이는 역동적인 수상도라는 것을 깨달아야 한다. 그 속에 복희와 여와가 살아 움직이고 있는 것이다. 그들이 큰 나무 주위에서 숨바꼭질하는 장면을 머릿속에 떠올려볼 수 있어야 한다.

태극하도의 중앙

어려운 난관을 헤치고 마침내 양과 음이 큰 나무 언저리 1과 2에서 극적으로 포옹할 수 있게 되었다. 그러나 그 다음이 문제이다. 그 다음 스토리는 어떻게 되는 것일까? 이게 안 되면 또 다시 마지막 스토리가 미지근하고 감질나게 끝나버리는 삼류 영화가 되어버린다. 오래 전부터 전해 내려온 고태극도를 제쳐두고, 래지덕이 왜 굳이 중앙의 원을 특별히 강조한 태극도를 그리게 되었을까를 한번 짚어보아야 할 시점이다. 필자가 래지덕의 태극도와 태극하도[4]를 높이 평가하는 데에는 지금 살펴보고 있는 바와 같이 하도의 전혀 다른 일면을 발견하는 걸 가능하게 해주기 때문이다. 래지덕이 태극도를 그린 후 한 마디 일갈한 내용을 들어보자.

"이는 성인이 역을 지은 근원이다. 이기상수와 음양노소와 왕래진퇴

---

4) 일설에 태극하도는 래지덕이 그린 것이 아니라 최근에 그려진 것이라고 하는데, 실제로 누가 그린 것인지는 잘 알지 못하고 있다. 필자가 이 태극도와 태극하도를 처음 접한 것은 대전대학교 한의과대 원전학 교실에서 발행된 [하도낙서와 선후천 팔괘의 배합에 관한 고찰]이라는 논문(저자 윤창렬)이었다.

와 상변길흉이 모두 이 속에서 숭상되어 있다. 공자께서 『주역』「계사전」 첫머리 장에 쉽고 간단함에 천하의 이치를 얻는다고 말씀하신 것과 일음일양지위도와 역유태극과 형상형하수편과 유찬우신명일장과 마지막으로 귀우의명에 이르기까지가 모두 이 그림에서 벗어나지 않는다. 일부의 역경을 신이명지하는 것은 사성에게 있지 않고 나에게 있다. 혹자가 묻기를 복희씨와 문왕의 그림이 있거늘 다시 이 그림을 두는 이유가 무엇인가? 내가 이르기를 그렇지 않다. 복희씨가 그림을 두었으나, 문왕의 그림이 복희씨와 같지 않으니 아마 복희씨의 그림과 차이가 있기 때문이 아닌가. 대개 복희씨의 그림은 역지대대이고, 문왕의 그림은 역지유행이며, 나의 그림은 문자를 쓰지 않았지만 천지간 이기상수가 이와 같을 뿐이니 이것은 대대와 유행과 주재의 이치를 겸해서 그린 것이다. 따라서 복희씨나 문왕보다 앞서서 그려진 것이다."

　그의 말 한 마디 한 마디 속에서 그가 지금 자신의 태극도에 대해 얼마나 대단한 자부심을 느끼고 있는지를 능히 짐작해볼 수 있을 것이다. 그의 말에 의하면 이 태극도는 복희팔괘나 문왕팔괘보다 선행해서 우주의 이치를 담고 있는 물건이다. 그렇다면 이상하리만큼 비대하게 그려져 있는 태극도의 중앙은 무언가 특별한 의미가 담겨있는 것이 아닐까? 단지 5와 10이 양의 발산과 음의 수렴에 참여하지 않는다는 열외의 의미만이 아니라, 반드시 그 이상의 의미가 그 속에 내포되어 있을 거라는 생각이 문득 들게 된다. 이제 여기서부터는 약간의 상상력 발휘가 필요하다.

　어느 날 민주가 교제중인 철이와 여행을 떠나겠다고 하자, 어머니는 정색을 하고 결사적으로 말렸다. 어머니가 극구 반대했지만 그래도 민주가 계속 고집을 부리자 어머니가 새로운 제안을 했다. 일곱 살 박이 조카 민재를 함께 데리고 간다면 허락하겠다는 것이었다. 화가 난 민주가 따졌다.

"엄마는 그렇게 날 못 믿겠다는 거예요?"

"물론 널 믿지. 내가 낳은 착한 딸이고 크면서 말썽 한번 부리지 않았는데 어떻게 믿지 않을 수가 있겠니?"

"그럼 엄마는 철이씨를 믿지 못하는 군요?"

"아니다. 그 사람은 내가 보기에도 매우 훌륭한 청년처럼 보이는구나."

"그럼 뭐죠? 도대체 누굴 그렇게 못 믿겠다는 거죠?"

"난 단지 같이 있는 너희들을 못 믿겠다는 거야!!!"

이제 두 주인공이 극적으로 만나게 되었으니 어떤 일이 일어날지 사뭇 기대가 되지 않을 수 없다. 그들의 만남은 음과 양이 결합하는 것을 상징한다. 아마도 그 결합은 결단코 싱겁거나 미지근한 것이 아닐 것이다. 복희와 여와의 포옹이란 역리易理로 볼 때 1수水와 2화火의 결합이다. 요즘은 과학이 대우받는 시대이니, 이왕이면 이 상황을 과학적으로 설명해보기로 하자. 어느 맑은 초 여름날 햇볕이 잘 들어오고 있는 초등학교 교실에서 자연 시간에 행해지는 돋보기 놀이다. 초등학생들이 창가에 옹기종기 모여 돋보기 실험을 한다. 검은색 먹지에 돋보기를 대면 태양 빛이 모이고, 조금 더 초점을 잘 맞추면 아주 조그만한 점이 된다. 그리고 잠시 후 검은색 먹지에 연기가 모락모락 피워오르면서 먹지에 불이 붙는 것을 볼 수 있게 된다. 햇빛(2)에 의해서만은 좀처럼 불이 붙지 않는다. 또한 햇빛이 없이 돋보기의 초점(1)만 가지고도 어림없는 일이다. 햇빛과 초점이 절묘하게 결합할 때만 이것이 가능해진다. 그리스의 아르키메데스5)도 이 방법으로 막강한 로마군의 전선들

5) 아르키메데스(기원전 287?~기원전 212년) 고대 그리스 수학자. 시칠리아섬 시라쿠

202 •

을 불태워버릴 수 있었다. 또한 바로 이것이 복희와 여와가 인류를 번성하게 한 비결이기도 하다.

태극하도의 중앙, 1과 2가 만나서 이제 막 타오르기 시작한 불꽃, 그리고 그 다음은 무엇일까? 그렇게 타오르기 시작한 불꽃이 마침내 쿨쿨 잠만 자고 있던 중앙의 5와 10을 뜨겁게 활성화시키게 된다. 그동안 양의 발산운동에도 음의 수렴운동에도 전혀 관여하지 않으면서 언제나 침묵으로 일관해왔던 중앙의 5와 10이, 그 잠재되어 있던 본성과 위력이 이제야 유감없이 드러날 차례가 된다. 하도의 중심부는 인간의 이성이 작동하는 곳이 아니다. 이 부분은 분명 세상 속에 속해 있으나 또한 세상 속에 속해 있지 않는 부분이기도 하다. 굳이 비유하자면 고대 그리스 신화에 나오는 올림푸스 천궁의 열락이 바로 이 부분이다. 하도의 중심부는 올림푸스 천궁의 기쁨, 즉 절정의 오르가즘을 뜻한다. 이것이 바로 태극하도의 중앙에 포진해 있는 5와 10에 숨겨져 있는 비밀이다. 이제 복희와 여와의 뜨거운 사랑은 절정의 환희와 함께 완성되었고, 그리고 그 사랑은 헛되지 않는다. 마침내 결실이 생기는 것이다. 그것이

사 출생. 한때 알렉산드리아에 유학하였으나, 다시 시라쿠사에 돌아와 연고가 있는 시라쿠사왕 히에론 2세와 그의 아들 겔론의 도움으로 연구에 전념했다. 당시는 지중해의 패권을 둘러싸고 로마와 카르타고 사이에 포에니전쟁이 한창인 때로 시라쿠사는 카르타고를 지지하고 있었다. 그도 제2차 포에니 전쟁(기원전 218~기원전 201)에서는 시라쿠사를 위해 각종 무기를 개발하였다. 그는 많은 군사 무기를 발명하여, 시라쿠사의 도시가 수개월에 걸친 로마군의 포위 속에서도 견딜 수 있게 하였다. 그러나 로마군은 끝내 시라쿠사를 점령하고 말았다. 시라쿠사를 점령한 로마군은 그 동안의 고생과 많은 동료들의 희생에 대한 보복으로 점령지 사람들을 무차별 학살하기 시작했다 그 때에 아르키메데스도 예우를 갖추라는 로마군 상사의 명령에도 불구하고 일개 병사의 칼에 희생되고 말았다.

무엇인가? 바로 태극이 잉태된다. 새로운 생명의 창조라는 기적이 태극하도의 중앙에서 일어난다! 그리고 태극이 잉태되자마자 하도로부터 바턴을 이어받은 복희팔괘도가 기다렸다는 듯이 스스로 작동하기 시작한다.

2 불씨의 비밀

양과 음이 만들어내는 창조의 과정, 그 하도의 상상은 무한내로 확장할 수 있다. 그것이 역易의 본질적 특성이다. 인류의 창조뿐만이 아니라 우주 만물의 창조를 모두 이것으로 설명할 수 있고, 여기에는 마음도 예외가 될 수 없다. 가령 깊은 명상의 경우를 생각해보자. 육체는 음이고, 마음은 양이다. 마음(양)이 밖으로 발산하려고 하는 본성을 자제하고 안쪽으로 되돌아가면 무슨 일이 생기는 걸까? 역시 태극하도가 작동하면서 마음(양)은 그의 품 안으로 강하게 쇄도해 들어오는 음의 기운과의 숙명적 화합과 더불어 그에 수반되는 한없는 희열, 삼매경(삼마디히)을 느끼게 될 것이다. 이렇게 되면 이것이 바로 회광반조이며, 부모미생전의 소식이며, 일신강충이기도 하다. 하도 중앙의 희열 속에서 우리들 개개인 속에 내재하고 있는 본연의 마음자리(태극)가 스스로의 광채를 드러내기 시작한다. 이를 설명하기 위해 불가에선 팔만대장경이 필요했지만, 여기 이 하도에서는 단지 10개의 자연수로 표현된다. 장자가 한 마디 하기를,

"손가락이 땔나무를 지피는 일을 다 하면 불은 계속 타며 꺼질 줄을
모른다."
라고 하였다. 여기 장자가 언급한 '꺼지지 않는 불'과 관련하여 중국
선종의 역사에서 유명하고도 의미심장한 일화가 있다.[6]

위산 영우(771~853)라는 인물은 유명한 백장 선사의 제자이며 위앙종의 창시자
이기도 하다. 그는 정말 아주 뜻하지 않은 방법으로 깨달음을 얻을 수 있었다.
어느 날 그가 백장의 시중을 들고 있는데 백장이 문득 그에게 아궁이에 불씨가
남아 있는지 뒤져보라고 말했다. 영문을 몰라 위산은 대충 찔러보고는 백장에게
돌아가
"불씨가 없는데요?"
라고 말했다. 그러자 백장이 말없이 일어나서 어디론가 향했다. 위산이 찾아보니
아궁이에서 백장이 무언가를 하고 있었다.
"아니, 지금 뭐하고 계신 거예요?"
백장은 말없이 아궁이에 남아 있는 재를 헤쳐 가며 뭔가를 열심히 찾고 있는
것 같았다. 그리고는 얼마 후에 백장은 아궁이 깊숙한 곳에서 조그만 불씨 하나를
찾아내었다. 백장은 그것을 제자에게 보이며,
"이게 불씨가 아니고 뭐야?"
라고 물었다. 이 말에 위산은 순간 영혼 속 깊은 곳이 출렁하면서 크게 깨칠
수가 있었다. 이 감추어진 불씨야 말로 위앙종의 선풍을 상징하는 것이었다.
위앙종의 공동 창시자이며 위산의 제자였던 양산의 깨달음도 이 불씨와 관련된
대화에서 얻어졌다. 그때 양산은 이렇게 물었다.
"참부처가 있는 곳이 어디입니까?"
위산이 대답했다.
"생각 없는 생각으로 항상 절대 묘처를 생각하고 거룩한 불씨의 무궁한 힘을
늘 되짚어 보라. 생각이 다하면 그 근원으로 돌아가게 되나니 그곳에선 본질과

---

6) 『선의 황금시대』 오경웅 (옮긴이 류시화), 경서원 2004

형상이 영구불변하며 현상과 본체가 나뉘지 않고 하나이다. 이것이 바로 참부처의
세계이다."
이 불씨에 대한 이야기를 들은 후 양산도 크게 깨칠 수가 있었으니, 바로 이
불씨야 말로 모든 중생 안에 감추어져 있다는 불성의 씨앗이다.

성자들의 나라 인도에서는 타인을 만날 때면 늘 나마스떼라고 인사한
다.[7] 이는 당신 안에 존재하는 신에게 경의를 표한다는 뜻이다. 그러나
다른 이의 가슴에 존재하는 신에게 경의를 표하는 것보다 더욱 중요한
일은 바로 자신의 가슴속에 잠자고 있는 불씨를 깨우는 일이다. 문제
아닌 문제를 붙들고 답 없는 답을 치열하게 궁구하다 보면, 전혀 예기치
못한 상황에서 문득 조우하게 되는 바로 그것, 그것이 진종자의 태극이
다. 태극도 태극 나름이니 이때의 태극은 하나의 육신이 태어나는 제1의
태극이 아니라, 수백 억 겁 동안 존재 속에서 잠자던 불성이 깨어나는
제2의 태극으로서 생명이 우주와 하나가 되는 기틀이다. 여기에 이르면
인류 역사를 통틀어 의식의 최고정점으로 피워났던 기이한 꽃들이
서로 어우러지는 대장관이 펼쳐진다. 노자와 헤라클레이토스, 장자의
영원히 꺼지지 않는 불, 붓다의 공과 예수의 성령, 퇴계와 율곡의 성性과
라마나 마하리쉬의 오른쪽 가슴에 존재하는 진아眞我, 위산의 불씨와
오쇼 라즈니쉬의 불타는 자각, 사라하의 노래와 여동빈의 진종자眞種子,
그리고 래지덕의 태극도가 만나면서 모두 하나의 합일점을 이룬다.
사람은 육신으로만 태어나는 것이 아니라 성령으로 거듭나야 한다고
열정적으로 소리치는 교회의 목사들을 본 적이 있을 것이다. 음력 4월
초파일만 되면 수많은 연등에 촛불을 켜고, 기나 긴 연등의 행렬을

7)『하늘 호수로 떠난 여행』류시화, 도서출판 열림원 2003

이루는 불교신도들의 대열을 본 적이 있을 것이다. 이렇게 거듭남의 비밀은 모든 인종과 모든 종파를 초월하여 모든 분별을 뛰어넘는 범존재적인 화두에 해당한다. 데카르트의 생각하므로 존재하는 나를 뛰어넘어야 비로소 무념무상이므로 존재하지 않는 무아의 경지에 다다를 수 있다. 바로 그 때에만 비로소 하나의 물방울이 바다와 조우할 수 있게 된다.

伏복 義희 八팔 卦괘

4

伏羲八卦
복 희 팔 괘

 인류 최초의 팔괘가 복희팔괘이다. 팔괘란 음효와 양효를 임의로 세 번 중첩했을 때 나오는 여덟 가지의 경우의 수를 일러 팔괘라 칭한다. 건(☰), 곤(☷), 감(☵), 리(☲), 간(☶), 태(☱), 진(☳), 손(☴)의 여덟 괘가 그것이다. 그런데 그 여덟 개의 괘를 가지고 임의로 원탁위에 배열한다고 가정한다면, 만들어 볼 수 있는 팔괘 배열 경우의 수가 모두 얼마일까?

$$8! = 8 \times 7 \times 6 \times 5 \times 4 \times 3 \times 2 \times 1 = 40320$$

무려 8! 이나 된다. 4만 개 이상의 팔괘 배열이 가능하다는 것인데, 다행히 그중에서 역학적으로 의미가 있다고 보는 팔괘 배열은 몇 개 안된다. 하나는 이제 살펴보려고 하는 복희팔괘이고, 다른 하나는 문왕팔괘이다. 그리고 마지막으로 일부 김항 선생께서 발견한 정역팔괘이다. 이렇게 딱 3개의 팔괘 배열만이 역리적 의미를 갖는다고 한다.

1 복희팔괘작도

복희팔괘가 현재와 같은 도상으로 세상에 모습을 보인 것은 앞서 살펴본 바와 같이, 송나라 진단 이후인 것으로 알려져 있고, 직접적으로 문헌적 근거가 되는 것은 공자가 지은 『주역』 「설괘전」의 제3장이다.

천지정위 : 건괘(☰)와 곤괘(☷)가 마주보며, 하늘과 땅이 위치를 정하고
산택통기 : 간괘(☶)와 태괘(☱)가 마주보며, 산과 못이 기를 통하고
뇌풍상박 : 진괘(☳)와 손괘(☴)가 마주보며, 우뢰와 바람이 서로 부딪치며
수화불상사 : 감괘(☵)와 이괘(☲)가 마주보며, 물과 불이 서로 쏘지 않음.

일생이법

지금으로부터 약 2500년 전 공자가 지은 『주역』 「계사전」에 이런 구절이 있다.

"역易에 태극이 있으니, 이것이 양의를 생하고, 양의가 사상을 생하고, 사상이 팔괘를 생하니, 팔괘가 길흉을 정하고 길흉이 대업을 생한다."

그리고 또 하나의 중요한 문헌이 있는데 노자의 『도덕경』이다. 노자 역시 약 2500년 전에 살았으며, 공자보다 나이가 많았다고 전해진다. 노자에 의하면,

"도道가 하나를 낳고, 하나가 둘을 낳고, 둘이 셋을 낳고, 셋이 만물을 낳는다."

이 두 구절이 동아시아 우주관의 출발점이다.[1) 둘의 이야기가 서로

달라 보이지만, 아래와 같이 노자는 단지 지수 부분만을 특별히 강조한
것으로 볼 수 있다.

계사전 : 태극(2^0) → 양의(2^1) → 사상(2^2) → 팔괘(2^3) → 길흉

도덕경 : 도(2^0) → 하나(2^1) → 둘(2^2) → 셋(2^3) → 만물

이와 같이 『주역』 「계사전」과 『도덕경』에서 얘기하는 바가 대동소이
하다고 볼 수 있다. 이것이 이른바 하나가 둘을 낳는다는 일생이법(一生二
法)이다. 자연계를 살펴보면 단세포 생물인 아메바가 세포 분열하면서
점차 개체수가 증식해가는 과정이나, 혹은 고등생물의 수정란이 단세포
에서 섬차 다세포로 분화해가는 과정들이 모두 기묘하게도 일생이법의
분화과정과 흡사해 보인다.

태극의 분화

전설의 낙원에서 복희와 여와가 사랑에 빠지고, 마침내 사랑의 결실로
써 태극이 잉태된다. 잉태된 태극은 분화를 시작하고 그 분화할 때
행해지는 법칙이 일생이법(一生二法)이다. 태극의 본래 원인이 둘이었으
니, 그 결과인 분화도 당연히 하나가 둘이 되는 방식이다. 콩 심은데

---

1) 일설에 노자가 살던 당시에 이미 『황제서』라는 것이 있었으며, 노자가 이 책에
나오는 부분을 인용한 것이라는 얘기가 있다. 혹은 당시의 『귀장역』에서 나오는
이치를 설한 것이라고 하는 주장도 있다. 필자는 여기에다가 노자의 주장은 천부경
의 원리를 차용한 것으로 보인다는 말을 첨언하고 싶다. 제2권 천부경 81자를
뜯어보면 이해가 되리라 믿는다.

콩 나듯이 원인과 결과가 질서정연하다. 역의 원리는 어렵지 않다. 아니 오히려 너무나 쉽고 간단하다. 애초에 둘이서 하나를 이루었던 것이고, 그 하나가 스스로 분화해나는 과정은 이제 하나가 둘이 되는 방식인 것이다. 이를 잘 이해할 필요가 있다. 무극 이전은 무無이다. 무의 궁극이 무극이다. 무無라는 것은 아무 것도 없는 공간, 심지어는 시간까지도 모두 사라진 상태를 말한다. 그런데 그 아무 것도 없는 무無가 마침내 종극을 이루는 시점을 일컬어 무극이라고 말한다. 없는 상태가 끝장난 시점, 바로 그것이 무극이다. 일반적으로 무無라는 것을 언급하지 않는 이유는 아무런 의미가 없기 때문이다. 무無의 상태를 하나의 이미지로 만들어본다면, 이 대우주를 통틀어 가장 적합한 모델은 아마 블랙홀의 중심점이라 할 것이다. 그 속에서는 시공간이 모두 사라진다. 먼 훗날 인류가 블랙홀을 탐색하기 위해 우주선을 보낸다고 상상해보자. 빛조차 블랙홀의 중력을 이기지 못하고 탈출하지 못할 것이므로 도저히 불가능한 일이기는 하지만, 그럼에도 불구하고 바깥세상에서 우주선을 끝까지 볼 수 있다고 가정한다면, 우주선이 블랙홀의 중심에 다가가면 갈수록 시간의 흐름도 점점 느려져서 천천히, 매우 천천히, 나중에는 거의 움직이지 않는 우주선을 보게 될 것이다. 마침내 중심점에 다다르면, 그 순간은 순간이면서 동시에 영원이 된다. 이것이 무無이다. 시공간이 모두 사라진 상태, 그것이 무無이다. 그런데 무극은 다르다. 없음이 있음으로 전환되는 시점이기 때문이다. 그 시점만큼은 존재에게 있어서 매우 중요한 의미를 지닌다. 그러나 태극 이전의 일은 존재와 밀접하게 관련되지만 존재 그 자신은 그것을 인지할 수가 없다. 존재 이전의 일이기 때문이다. 그것이 무극이고 태극 이전이다. 모든 존재에게 있어 무극의 일은 먼 훗날에 이야기로만 전해들을 수 있는 전설일 뿐이다. 복희와 여와의 전설이 상징하는 바가 바로 이것이다. 먼 옛날의 엄마와 아빠의 이야기, 그것이 바로 전설의 참된 실체인 것이다. 모든 존재의 참된 실체가 바로 그곳에서부터 비롯된 것이다. 그리고 태극, 하나의 존재로서 최초의 의미를 가지게 되는 시초점이다. 이제부터 존재는 비로소 하나의 독립된 객체로서의 의미를 갖게 된 것이다. 이렇게 무극(無)에서 태극(有)이 싹이 튼다. 그리고 태극은 분화에 분화를 거듭하며, 점차 새로운 개체의 모습을 갖추어 나간다. 이러한 태극의 분화 과정을 고스란히 담고 있는 것이 복희팔괘도이다. 이를 직접 확인해볼 수 있도록 일련의 분화 과정을 도상으로 그려볼 필요가 있다.

여기 아래의 그림은 태극이 일생이법으로 전개되어 나가는 과정을 각 단계별로 표현해놓은 것이다.

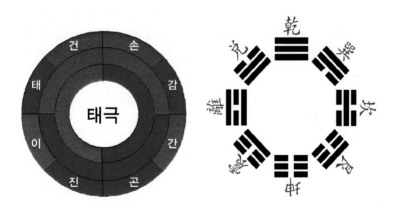

우선 붉은색은 양陽이고, 파란색은 음陰이라고 생각하기로 한다. 태극이 최초로 제1단계 분화한 결과는 좌양우음이고, 제2단계는 상양하음이다. 제3단계도 상양하음이다. 이렇게 세 번의 분화가 이루어진 다음에

마침내 드러낸 전체의 모습을 다시 한 번 조망해보라. 어느 새 복희팔괘 배열이 성립되어 있음을 볼 수 있을 것이다. 이것이 바로 팔괘의 8개의 괘상들이 표현하고자 하는 바로 그 진정한 모습이다. 그리고 팔괘도의 중심에는 태극이 있다는 것을 한 번 더 상기해보기로 한다. 그 태극은 작은 하나이지만, 모든 것들의 설계도를 품고 있는 씨앗이다. 그에 대한 이미지를 보다 공고히 하기 위해 탈무드[2]에 나오는 이야기 한 토막을 감상해보기로 한다.

옛날에 예루살렘에서 멀리 떨어진 곳에 살고 있던 한 현명한 유대인이 아들을 예루살렘의 학교에 입학시켰다. 그런데 아들이 학교에서 공부하고 있는 사이, 갑자기 큰 병이 든 아버지는 아무래도 아들을 만나보지 못하고 죽을 것 같아 아들에게 유서를 썼다.

"전 재산을 노예에게 물려주고, 다만 그 중에서 단 한 가지만을 아들에게 선택하게 해준다."

는 내용이었다. 마침내 그가 죽자, 노예는 자신의 행운을 기뻐하며 예루살렘으로 날듯이 뛰어가서 아들에게 부친의 사망 소식을 알리고 유서를 보여주었다. 아버지의 장례식이 끝나자 앞길이 막막해진 아들은 어떻게 하면 좋은 가를 곰곰이 생각했지만 해결책을 찾지 못하여 랍비를 찾아가 신세 한탄을 하였다.

"왜, 아버지는 제게 유산을 남기지 않으셨을까요? 저는 한 번도 아버지를 화나게 한 적이 없는데요."

그러자 랍비는,

"천만에! 자네 아버님은 매우 현명하고 또 자네를 진심으로 사랑하고 계셨던 거네. 이 유서를 보면 잘 알 수 있지 않나?"

라고 말했다. 그러나 아들은,

"노예에겐 전 재산을 물려주시면서 아들에게는 아무것도 남기지 않다니, 애정도

---

2) 『탈무드』김경찬 옮김/ 이남우 그림, 동해출판 2003

없고 어리석은 짓이라고 밖에는 생각되지 않습니다."
라고 말하는 것이었다. 그 말을 들은 랍비는 다음과 같이 말했다.
"자네도 자네 아버지처럼 현명하게 생각해보게. 아버지가 무엇을 바라고 그러셨
는가를 잘 생각해보면, 자네에게 훌륭한 유산을 물려주셨다는 것을 알 수 있을
것이네."
그리고 랍비는 현명한 아버지를 이해하지 못하고 있는 아들을 안타깝게 바라보면
서, 말을 계속 이었다.
"부친께서 자기가 죽었을 때 자네가 없을 것을 알았기 때문에, 노예가 재산을
갖고 도망치거나 재산을 탕진해 버리거나, 자기가 죽은 것조차 자네에게 전하지
않을지도 모른다고 생각하고, 우선 전 재산을 노예에게 주었던 것일세. 재산을
노예에게 전부 주면 노예는 기뻐하며 서둘러 자네에게 연락을 취할 뿐 아니라
재산을 소중하게 관리할 것이라고 생각했던 거지."
"그것이 제게 무슨 소용이 있습니까?"
"젊은 사람이라 역시 지혜가 모자라는군. 노예가 전 재산을 가지고 있더라도
자네가 그 노예를 선택하게 되면 모든 것이 자네 것이 되는 것이 아닌가?"

이 이야기에서 주목해야할 부분은 비록 하나에 불과하지만 전부와
다름이 없다는 바로 그것이다. 태극의 성질이 그와 같아서 태극 안에는
이후 하나의 개체로서 자라게 될 기틀이 고스란히 설계되어 있다. 고대에
는 이를 하나의 점(●)으로, 지금은 1이라는 자연수를 태극으로 본다.

하도팔괘

예로부터 많은 논객들이 복희씨가 하도의 상象에서 천지기운이 돌아
가는 이치를 깨달아 직접 복희팔괘를 그려냈다고 주장해왔다. 이러한
주장을 우습게만 볼 수 없는 이유가 퇴계 이황과 동시대를 살았던

남명 조식과 같은 성리학자도 하도팔괘설의 신봉자였고, 일부 김항
선생도 정역 본문에서 하도팔괘라는 용어를 사용하고 있기 때문이다.
과연 복희씨는 하도에서 복희팔괘를 그려낼 수 있었을까? 이제 태극하도
와 함께 직접 그것을 찾아보기로 한다. 왼쪽은 래지덕의 태극도이고,
오른쪽은 하도와 태극도를 합친 태극하도이다.

　　상상력을 발휘해서 복희씨의 시각으로 잠시 돌아가 보기로 하자.
먼저 태극하도는 하도의 배치 그대로 중심에 5와 10이 들어있는 중앙·백
색·흑색, 이렇게 3가지 영역으로 나뉜다. 여기서 백색 영역은 1양
→3양→7양→9양의 변화이고, 흑색 영역은 8음→6음→4음→2음
의 변화이다.

　　먼저 **음양**陰陽을 찾아보아야 한다. 태극하도의 55개의 점 중에서 중앙
의 5와 10은 위의 두 가지 변화 과정에 참여하지 않으므로 제외하기로
하고, 양의 발산운동을 나타내는 백색 영역의 숫자들을 합쳐보면 1
+ 3 + 7 + 9 = 20 이다. 그리고 음의 수축운동에 참여하는 흑색영역의
숫자들을 합해 보면 8 + 6 + 4 + 2 = 20이다. 따라서 양수의 합이 20,

음수의 합이 20 이 된다. 따라서 양(ㅡ)과 음(--)이 지극히 공평하게 분화된 상이다.[3]

이번에는 **사상四象**을 찾아보자. 관찰자가 바깥쪽에서 안쪽으로 들여다보는데 중앙의 둥근 원은 이 세상 속에 있지만 이 세상에 속하는 것이 아니므로 관찰자가 볼 수 없다고 가정한다. 그리고 동서남북의 네 곳에서 살펴보는 것이 요령이다. 먼저 동쪽의 경우 8음이 먼저 보이고 그 아래에 3양이 보이므로 소음(==)의 상이다. 남쪽은 7양이 보이고 그 아래의 2음까지 온전히 흰색만을 보게 되므로 태양의 상(=)이다. 서쪽은 9양이 먼저 보이고 그 아래로 4음이 보이므로 소양(==)의 상이 된다. 북쪽은 6음이 먼저 보이고 그 아래의 1양까지 온전히 흑색만 보게 되므로 태음(==)의 상이다.

마지막으로 **팔괘八卦**도 찾아보자. 찾는 방법은 여덟 방위에서 흑색과 백색의 비율까지 고려하면서 삼등분을 해보는 것이다. 이렇게 보게 되면, 사상의 단계에서 태양의 상이었던 남쪽은 건(☰)이 되고, 동남방은 태(☱)가 된다. 태음의 상이었던 북쪽은 곤(☷)이고, 서북방은 간(☶)이 된다. 같은 방법으로 동북방에서 진(☳)과, 서남방에서 손(☴)을 볼 수 있다. 그러나 어찌된 일인지 동서에서 이(☲)와 감(☵)을 찾을 수가 없다! 신비로운 이야기가 하나 있다.

---

3) [하도낙서와 선후천팔괘의 배합에 관한 고찰] 윤창렬, 대전대 한의학과 원전의사학교실

옛날 중국 남북조시대의 양나라에 장승요라는 화가가 있었다. 그는 보기 드물게 화가로서 이름을 크게 떨쳐 양무제로부터 두터운 신임을 받았고, 502년에서 519년까지 18년간에 걸쳐 무릉왕국시랑, 우장군, 오흥태수 등의 여러 벼슬을 역임하기도 하였다. 어느 날 장승요는 금릉에 있는 안락사에서 용을 그려 달라는 부탁을 받고 그 절의 벽에다가 두 마리의 용을 그려 주었다. 먹구름을 헤치고 막 승천하려는 용의 모습은 비늘 하나하나에도 강한 생명력이 나타나 있어 이것을 보고 감탄하지 않는 자가 없었다. 그런데 이상하게도 용의 눈에 눈동자가 그려져 있지 않았다. 사람들이 그 까닭을 묻자 장승요는 이렇게 대답을 했다. "눈동자를 그려 놓으면 용은 벽을 박차고 하늘로 날아가 버릴 텐데?"
그러나 장승요의 말을 아무도 믿으려 하지 않았다. 그래서 견디다 못한 그는 쌍룡 중 하나에 눈동자를 그려 넣기로 했다. 흠뻑 먹물을 먹은 붓이 용의 눈에 내려졌다. 그러자 갑자기 벽 속에서 뇌광雷光이 빛나고 요란스런 뇌성이 울리더니 비늘을 번쩍이며 한 마리의 용이 벽에서 튀어나와 하늘로 날아가 버렸다. 그래서 지금도 벽에는 눈동자가 없는 용 마리의 그림만이 남아 있다고 한다.

여기에선 한바탕 지적 유희를 즐겨보는 자리이다. 지금 두 개의 태극도 가 있다. 앞에서 우리는 팔괘 중에서 6개의 괘를 찾아낼 수 있었지만 나머지 두 개를 찾을 수가 없었다. 왼쪽의 그림을 보자. 여전히 이(☲)와 감(☵)을 찾을 수가 없다. 오른쪽 그림을 보자. 무엇이 보이는가?

"어!? 이괘(☲)와 감괘(☵)가 보인다!"

그러나 오른쪽의 태극도는 승천하고 없어져야 마땅하다.

"왜냐고? 두 눈을 달게 되면 반드시 승천해버리기 때문이다. 래지덕이 또한 장승요만큼 엄청 뛰어난 천재 화가이므로! 하하하! 하하하!"

이해가 되었는가? 래지덕의 태극도가 갖고 있는 자기모순의 논리적 장벽을 가장 극적으로 설명해줄 수 있는 유일한 해결책이 바로 이 화룡점정이다. 두 눈을 그리게 되면 팔괘는 설명되겠지만, 그 이전 사상의 단계에서 이미 막혀버렸을 것이다. 따라서 두 눈을 그린 오른쪽 태극도는 팔괘를 찾을 때만 쓰고, 그 외에는 승천시켜버려야 한다! 우리는 방금 또 한 마리의 용이 하늘 높이 승천하는 것을 보았다. 복희팔 괘도와 함께….

일생이법의 복희팔괘, 그리고 하도의 복희팔괘, 당신은 어느 쪽을 선호하는가? 앞에서 하도는 음양을 하나로 수렴시켜 태극을 만들어내는 상이 있다고 하였다. 그리고 복희팔괘는 태극이 분화해가는 상이라고 하였다. 만약 복희팔괘가 정말로 하도에서 추상된 것이라면, 하도는 태극을 만들어내는 상뿐만이 아니라, 그 태극이 분화해가는 상까지도 모두 두루 갖추고 있었다는 말이 된다. 마치 이 세상의 모든 어머니들이 그러하듯이….

하도선모설

잠시 하도와 태극도를 겹쳐서 보는 관점을 살펴보았다. 그러나 어떻게 이런 관점이 가능한 것일까? 복희씨가 하도를 발견한 것은 용마의

220 •

등에 그려진 점들을 보고 난 이후라고 한다. 그렇다면 하수에서 그림을
지고 나온 용마龍馬란 것이 무엇일까? 장승요가 그린 것처럼 진짜 용이라
도 된다는 말일까? 아님 그저 용처럼 생긴 말의 일종인가? 수천 년
전의 일이니 확인할 길은 전혀 없다. 다만 이에 대한 고문헌을 참조해본다
면 원나라 시대에 살았던 옥제호 선생의 설을 들 수 있으니, 그는 저서
『주례하관(周禮夏官)』에서 8척 이상의 말馬을 일컬어 용龍이라고 한다는
것에 근거해, 특이하게 커서 용龍처럼 보이는 말을 용마라고 불렀을
거라고 주장한다. 다시 말해 용마란 매우 큰 말이었다는 것인데, 그렇다
면 말의 등에 난 털이 태극의 형상이라도 되었던 것일까? 송나라 말기에
서 원나라 초기에 살았던 유학자 오징[4] 선생이 실제로『역간언외익』이
란 책에서 이와 같은 주장을 한바가 있었는데, 이른바 하도선모설이라는
것이다. 선모[5]라는 것은 포유동물의 이마 위쪽 정수리에 소용돌이
모양으로 난 가마를 말하는 것으로서, 오징의 주장에 의하면 용마의
등에 있는 소용돌이 모양의 털이 하도의 수리와 일맥상통하는데, 좌선모
는 양수의 숫자 1·3·5·7·9로서 그려지고, 우선모는 음수의 숫자
2·4·6·8·10로서 그려졌다는 것이다. 심지어 퇴계 선생도 그의 저서
인『계몽전의』에서 하도를 설명하면서 이 하도선모설을 인용한 바가
있으니, 그의 학설이 많은 성리학자들에 의해 폭넓게 검토되었음을

---

4) 오징(吳澄, 1249~1333)
5) 일본의 한 심리학자가 사람의 정수리에 그려져 있는 가마를 심리학에 응용한
연구 결과를 발표한 바 있다. 그의 주장에 의하면 이 가마는 생명의 소용돌이로서
생명을 다음 세대에 이어주는 유전인자 구조의 모양을 예시하는 것으로서, 예컨대
그 성품에 있어서 좌선의 가마를 가진 여성은 남성의 성격에 가깝고, 우선의
가마를 가진 남성은 여성의 성격에 가깝다고 한다.

짐작할 수 있다. 따라서 태극도와 하도의 결합은 전혀 엉뚱한 상상력에 의한 허무맹랑한 것이기 보다는 옥제호의 설이나 오징의 설, 그리고 래지덕의 태극도를 더욱 발전시켜 성립된 것으로 보는 것이 보다 타당할 것으로 보인다.

2 복희팔괘 응용

전통적으로 복희팔괘도는 선천팔괘도로 불리고 있으며, 그 순서는 아래 그림과 같이 통상적으로 건1 · 태2 · 이3 · 진4 · 손5 · 감6 · 간7 · 곤 8이다. 청나라 말기 의술가인 당종해(1862~1918)는 역의 이치를 응용하여 저술한 『의역통설』이란 책에서 선천팔괘를 논하면서 사람이 모태에서 출생하기 전의 인체 형성 과정을 다음과 같이 말하고 있다.

1개월 : 건괘에 해당하며 하나의 점으로서 원양의 기상태이다.

2개월 : 태괘에 해당하며 기가 액체로 변화한다.

3개월 : 이괘에 해당하며 기와 택이 합해져서 열이 생긴다.

4개월 : 진괘에 해당하며 태아의 모습을 갖추고 움직이기 시작한다.

5개월 : 손괘에 해당하며 움직이고 호흡하기 시작한다.

6개월 : 감괘에 해당하며 태수가 많아지기 시작한다.

7개월 : 간괘에 해당하며 장과 위가 갖추어진다.

8개월 : 곤괘에 해당하며 살과 근육이 생기고 형체가 완전히 갖추어진다.

그러므로 모태에서 8개월 지나서 출생하면 순조롭게 자랄 수 있으나, 8개월을 채우지 못한 신생아는 자라기 어렵다고 한다. 당종해는 선천팔괘와 태아의 시간적 상관관계뿐만이 아니라, 다시 태중에서의 부위별 성장 상태를 선천팔괘와 비교해 설명한다. 즉 태아가 생성되는 시공간이 모두 선천복희팔괘도와 부합한다고 보는 시각인 것이다.

건괘의 형상에 부합해서 머리가 생성된다.

태괘의 형상에 부합해서 폐가 생성된다.

이괘의 형상에 부합해서 심장이 생성된다.

진괘와 손괘의 형상에 부합해서 간과 담이 생성된다.

감괘의 형상에 부합해서 신장이 생성된다.

간괘의 형상에 부합해서 위장이 생성된다.

곤괘의 형상에 부합해서 살과 근육이 생성된다.

선천팔괘와 인체의 탄생 과정을 비교하는 것뿐만이 아니라, 지구 자체의 생성 과정도 선천팔괘도와 부합한다는 주장도 있다.

일건천 : 지구가 태양에서 떨어져 나왔을 때 하나의 광기光氣
이태택 : 윤택한 공기가 생성
삼리화 : 빛과 공기가 부딪쳐 전기에너지가 생성
사뢰진 : 천동 번개가 교차하며 진동
오손풍 : 기류가 흐름
육감수 : 번개가 치고 바람이 불고 비가 내림
칠간산 : 지질이 응결되어 유동을 멈춤
팔곤지 : 지각이 완성되고 만물이 생성

이러한 대략적인 묘사들은 기본적으로 복희팔괘도가 만물의 생성과 밀접하게 관련되어 있다는 생각에서 비롯된 것이긴 하지만, 아직 정밀한 무엇이 들어있는 것이 아니고 그 묘사하는 바가 지극히 실험적이면서 원론적인 수준에 머물고 있다. 보다 많은 연구를 통해서 전문적인 학설이 정립될 필요가 있을 것이다.

입자물리학 응용

그런데 오늘날 복희팔괘도가 주역을 전문적으로 연구하거나 주역과 관련된 이들이 아니라, 소립자를 연구하는 입자물리학자들에 의해 특별히 주목 받고 있다는 것은 매우 놀라운 일이다.

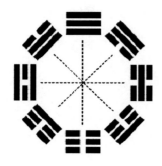 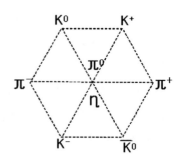

　　왼쪽은 복희팔괘도이고, 오른쪽은 입자물리학자들이 그들의 전문적
인 배열 규칙에 따라 중간자라고 하는 입자들을 배치해놓은 그림이다.
이둘을 비교해놓고 유사성을 요리조리 살펴보는 이들은 주역학자들이
아니라 바로 입자물리학자들로서 이 두 그림은 프리초프 카프라 박사[6]
가 저술한『현대물리학과 동양사상』이라는 책의 표지를 장식하고 있는
그림이기도 하다. 여기서 중간자라고 하는 입자는 원자핵 속에 존재하는
양성자가 중성자로 변환되거나 중성자가 양성자로 변환되는 과정에
방출되거나 흡수되는 매우 작은 소립자로써, 지금까지 알려진 중간자의
종류는 모두 8개가 있고, 위의 그림은 입자와 반입자의 쌍에 맞추어
그것을 모두 도식화해서 비교해놓은 것이다. 물리학에서 입자와 반입자
의 관계는 생성과 소멸을 항상 함께 하는 짝꿍이라고 할 수 있는데,
가령, K+라는 중간자의 반입자는 마주보고 있는 K－라는 중간자라는
것을 알 수 있고, 가운데의 두 입자는 각각 그들 스스로가 입자와 반입자의
관계에 있다는 것을 의미한다. 한데, 물리학자들은 이 도식이 왜 복희팔괘

---

6) 미국 버클리의 캘리포니아 대학에서 원자 물리학을 전공하고 있는 교수

도와 유사하다고 보고 있는 것일까? 만물은 항상 대립하는 음과 양이 짝이 되어 동시에 만들어진다는 것이다. 구성인자가 8개라는 것도 물론 중요하지만 그보다 더 중요한 것이 바로 4개의 짝이란 의미이다.

복희팔괘의 이러한 특성을 역리易理의 전문용어로는 정음정양의 대대 관계에 있다고 표현한다. 음과 양은 서로 대립하는 두 가지 서로 다른 성질이지만 그 둘은 단지 대립으로 끝나는 것이 아니라, 상호 보완적 관계에 있기도 하므로 상보적인 관계라고 한다.

$$[음+양]^3 = 음^3 + 양^3 + 3음^2양 + 3음양^2 \Rightarrow 8괘$$

천지정위, 건괘와 곤괘가 대립하지만 동시에 짝을 이루고,
산택통기, 태괘와 간괘가 대립하지만 동시에 짝을 이루고,
뇌풍상박, 진괘와 손괘가 대립하지만 동시에 짝을 이루고,
수화불상사, 감괘와 이괘가 대립하지만 동시에 짝을 이룬다.

옛날 어느 선사가 설법을 하다 말고 문득 대중들에게 땅 바닥에 놓인 긴 막대기를 가리키면서, 이 막대기를 절대 건드리지 말고 짧게 만들 수 있는지를 물었다. 모두들 어리둥절해하고 있을 때, 한 사람이 씩 웃으면서 그 막대기보다 조금 더 긴 놈을 그 옆에 갖다 놓았다. 바로 이것이 복희팔괘의 의미인 것이다. 제 아무리 긴 놈일지라도 그보다 더 긴 놈 옆에서는 어쩔 수 없이 짧아질 수밖에 없는 것이다. "짧다." 라는 개념 자체가 "길다." 라는 개념에 의지하고 있다. 확실히 우리는 상대성 우주에 살고 있는 것이 틀림없다.

세상에 그럴 일은 정말 없겠지만, 만약에, 정말 만약에, 어느 날 건괘 (☰)가 없어져버린다면, 그와 동시에 곤괘(☷)가 설 자리도 없어져버린다. 곤괘가 존재하는 이유가 건괘가 반대쪽에서 대립하고 있기 때문이다. 정음정양의 대대관계를 팽팽하고 긴장감 있게 유지하고 있을 때에만 상호 존재를 보장받을 수 있다. 절대로 이런 일은 없겠으나, 확실히 없겠지만(?), 이 우주 어딘가에 세상의 모든 여자가 모두 하나같이 아름다운 미인들로 가득 찬 천국이 있다고 가정해보자. 당연히 거기에는 추녀라는 개념이 존재하지 않을 것이다. 그러나 놀랍게도 그리 되면 미인이라는 개념조차 존재할 수가 없다. 바로 이것이 이 우주에서 어떤 개념이 설수 있는 유일한 방식이라는 것이 복희팔괘도의 중요한 메시지인 것이다.

부증불감不增不減

처음 아인슈타인의 $E = mc^2$ 이란 유명한 공식이 발표되고, 그것이 의미하는 바가 바로 질량이 에너지로 전환될 수 있고, 반대로 에너지가 질량으로 전환될 수 있다는 것이라는 것을 알게 되었을 때, 물리학계의 반응은 가히 폭발적이었을까? 아니다. 사실은 정반대였다. 그야말로 반응이 냉담하기가 이를 데 없어서 졸지에 아인슈타인은 미친 사람이나 몽상가 정도로 취급당했다. 그러나 얼마 지나지 않아 이 공식은 핵폭탄이 만들어지는 결정적인 근거가 되었을 뿐만 아니라, 수십 년이 지난 요즘에 이르러서는 이제 마치 하나의 상식인 것처럼 회자되고 있다. 이것이 의미하는 바는 에너지와 질량을 묶어서 보게 되면 그 안에서는 조금도 증감이 없다는 것이니, 곧 부증불감이 된다.

　　요즈음은 동양사상을 잘 아는 일부 물리학자들이 나서서 그들의 입으로 직접 에너지와 질량의 관계가 불교의 용어인 불생불멸이요, 부증불감과 상통하는 의미라고 설명한다. 항상 보존되는 것이니 불생불멸이요, 증감이 없으니 마땅히 부증불감인 것이다. 심지어 영국의 천체물리학자였던 에딩톤[7] 은

　　"물질 속으로 깊이 들어가면 들어갈수록 우리는 물질이란 것이 한낱 사념에 지나지 않는다는 것을 알 수 있다. 물질은 사념의 응결 현상일 뿐임을 알게 될 것이다."

라고 말하기도 하였다.[8] 이쯤 되면 이것이 진짜 과학자가 말하고 있는 것인지, 동양의 어느 명상의 대가가 말하고 있는 건지가 헷갈리는 상황이라 할 수 있다. 실제로 어떤 서적에서는 그 둘을 비교해놓기도 하는데, 흥미롭게도 실상을 전혀 모르는 사람이 보게 되면 차라리 신비주의자가 말하는 바가 오히려 훨씬 더 과학적으로 보일 정도이다. 불교에서는 불생불멸, 부증불감의 세계를 일컬어 법의 세계, 곧, 법계라고 한다. 항상 머물러 있어서 없어지지 않는 세계라는 의미로 상주법계라고 말하기도 한다. 자연계 곧 우주법계라는 것은 근본적으로 에너지와 질량 두 가지로 구성되어 있는 만큼, 에너지가 곧 질량이고 질량이 곧 에너지이므로 아무리 전환을 하여도 증감이 없이 불생불멸 그대로인 것이고 이렇게 하여 우주는 이대로가 불교에서 말하는 상주법계가 되는 것이다.[9] 불교의 우주관은 여기서 그치는 것이 아니라 반야심경에

---

7) Arther Stanley Eddington (1882~1944) 항성의 질량과 광도와의 관계를 추정하여 천체 물리학을 이론적으로 개척한 영국의 천문학자

8)『현대물리학과 동양사상』프리쵸프 카프라 (옮긴이 이성범, 김용정), 범양사 1979 『춤추는 물리』G. 주커브 (옮긴이 김영덕), 범양사 1990

228 •

는 또 이런 유명한 구절도 있다.

　색불이공 공즉시색 (色不異空 空不異色)
　색즉시공 공즉시색 (色卽是空 空卽是色)

　색이 공과 다르지 않고 공은 색과 다르지 않다. 여기에 대해 장자가
이르길,
　"유와 무, 둘 중에서 어느 것이 유이고 어느 것이 무인지 알 수가
없다. 지금 내가 이렇게 말했지만, 내가 한 말이 있는 셈이 되는 것일까,
내가 한 말이 없는 셈이 되는 것일까?"
장자의 이야기는 언제나 아리송하지만 씹을수록 맛이 나는 묘한 구석이
있다. 색은 곧 공이며 공은 곧 색이다. 여기서 색이란 유형有形을 말하고
공이란 무형無形을 말한다. 반야심경에서는 이처럼 유형이 곧 무형이고
무형이 곧 유형이라고 한다. 이 말대로라면 허공이 바위이고, 바위가
곧 허공이란 말이 된다! 여기 바위가 하나 있다고 하자. 바위는 분자가
모여서 된 것이고 분자는 또 원자들이 모여 생긴 것이고, 원자는 또
소립자들이 모여서 생긴 것이다. 바위가 분명히 형태와 질량을 가진
하나의 유형의 물체이지만 세부 내용물을 들여다보면 갑자기 허깨비들
의 대소동으로 돌변하게 된다. 내용물들이라고 해보아야 결국 소립자들
의 뭉치라고 할 수 있는데, 여기서 소립자는 원자핵 속에서 시시각각으로
'색즉시공(色卽是空) 공즉시색(空卽是色)'하고 있다. 문득 입자가 없어졌다

---

9)『영원한 대자유』성철 스님
　　『자기를 바로 봅시다』성철스님, 장경각 1993

가 문득 나타나기도 한다. 입자가 나타날 때는 색色이고, 입자가 소멸할 때는 공空이다. 이와 같이 입자가 유형에서 무형으로의 움직임을 되풀이하고 있으므로 '색즉시공 공즉시색'이 성립되는 것이다. 이처럼 현대 물리학과 불교, 그리고 도가 만나고 있는 이 심오한 장면에 이르러 둘째간다고 하면 서러워할 역易이 여기서 빠질 수 없다. 바로 복희팔괘에서 역易의 입장을 알 수 있다.

$$[음+양]^0 = 1 \rightarrow 1개의 객체$$
$$[음+양]^1 = 음 + 양 \rightarrow 2개의 객체$$
$$[음+양]^2 = 음^2 + 양^2 + 음양 + 양음 \rightarrow 4개의 객체$$
$$[음+양]^3 = 음^3 + 양^3 + 3음^2양 + 3양^2음 \rightarrow 8개의 객체$$

위에서 등호의 우변에 위치하는 물건들을 각각 하나의 객체들로 보게 되면 당연히 유형이 된다. 반면 등호의 좌변에 있는 괄호 안의 음·양을 합쳐 하나의 무형, 즉 무극이라고 보게 되면 − 수학에서 음의 정수와 양의 정수가 합하면 영零이 됨 − 이는 불교에서의 공空이고, 물리학에서 말하는 에너지가 된다. 괄호 안의 두 요소가 [음+양]이기 때문에 단순한 [X+Y]와 같은 수학적 표현 이상의 의미를 지니는 것이다.

위의 그림에서처럼 음·양은 무극에서부터 태극으로, 그리고 태극이 분화해 반드시 하나의 쌍으로 나타나는 존재이다.

그러면서 동시에 쌍멸의 기초이기도 하다. 이것이 바로 아름다움이란 개념은 추함이란 개념과 동시에 태어났다가 동시에 사라지는 이치인 것이다. 엄밀하게 제어된 실험실에서, 고도의 진공 조건이 성립되면 진공에너지가 전환되어 물질이 창조될 수 있다. 완전히 비워있는 곳에서 물질이 만들어지는 것이다. 이렇게 물질이 창조되면 똑같은 양의 반물질이란 것이 동시에 창조된다. 그리고 물질과 반물질은 서로 만나면 언제든지 함께 소멸해버린다.[10] 이른바 쌍생쌍멸인 것이다. 성철 스님이 살아생전에 한 말씀들을 살펴보면 불교에 대한 얘기들은 물론이고 놀랍게도 다양하고도 해박한 과학지식들을 가지고 있었음을 알 수 있다.[11] 그분의 말씀 중에서 바로 쌍차쌍조라는 불교 용어와 쌍생쌍멸이라는 물리학 용어를 비교한 바를 볼 수 있는데, 그 내용은 다음은 같다.

"가령 에너지가 완전히 질량으로 전환하고 질량이 완전히 에너지로 전환할 때 나타나는 현상을 쌍생쌍멸(雙生雙滅)이라고 한다. 모든 에너지가 질량으로 변할 때 언제든지 쌍雙으로 변하는 현상을 쌍생성이라고 한다. 물리학자 엔더슨의 실험에서 광光에너지를 물질로 전환시킬 때 양전자와 음전자가 쌍으로 나타난다는 것이 밝혀졌다. 그리고 반대로 양전자와 음전자를 합하니까 완전히 쌍으로 없어져 버렸다. 에너지가 질량으로 전환할 때는 쌍생雙生이고, 질량이 에너지로 전환할 때는

---

10) 『현대물리학이 발견한 창조주』폴 데이비스 (옮긴이 류시화), 정신세계사 1988
11) 『영원한 자유』성철스님

쌍멸雙滅이 된다. 이것은 불교에서 말하는 중도의 공식, 곧, 쌍으로 없어지고 쌍으로 생기는 쌍차쌍조(雙遮雙照)로 변한다고 할 수 있다. 무형인 에너지가 유형인 질량으로 전환할 때 음전자와 양전자가 쌍으로 나타나니까 쌍생雙生이 되고, 이것은 곧 쌍조雙照에 해당한다. 또 유형인 질량 곧 양전자와 음전자가 쌍으로 없어지면서 무형인 에너지로 전환하니까 쌍멸雙滅이 되고, 이것은 곧 쌍차雙遮에 해당한다. 이처럼 쌍으로 없어지면서 한 쪽이 생기고, 또 쌍으로 생기면서 한 쪽이 없어진다. 불교에서 말하는 쌍차쌍조의 공식이 에너지와 질량이 전환하는 이론으로 완전히 증명이 되는 것이다."

이와 같은 말씀 그대로 현재 물리학계에서는 어떤 물질이 있다면 그와 상반되는 것, 이른바 반물질이 우주 속에 반드시 존재한다고 본다. 음전자가 있으면 양전자가 있어야 하고, 양성자가 있으면 반양성자가 있어야 하는 것이다. 그뿐만이 아니라 소립자들이 뜬금없이 허공으로부터 스스로 생겨났다가 곧 다시 허공으로 사라진다는 것이 실험실에서 수백 만 번에 걸쳐 명백하게 밝혀졌다.[12] 이것이 밝혀지기 이전의 물리학에서는 입자들이란 공허한 진공 속에서 운동하고 있는 견고하고 파괴되지 않는 유형의 존재라고 가정하고 있었으나 이제는 물질과 빈 공간 사이의 구별마저 모호한 상황이 되었다. 입자 물리학자들이 사용하는 진공 도식에 의하면 양성자와 반양성자가 아무것도 없는 허공에서 형성되었다가는 곧 다시 진공 속으로 사라지기도 한다. 이제 물리학에서

---

12) 『춤추는 物理』G. 주커브 (옮긴이 김영덕), 범양사 1981
『현대물리학과 동양사상』 프리초프 카프라 (옮긴이 이성범, 김용정), 범양사 1979
『현대물리학이 발견한 창조주』폴 데이비스 (옮긴이 류시화), 정신세계사 1988

진공이란 의미는 완전히 비어 있는 무無의 상태를 의미하는 것이 아니라, 끝없이 생겨나고 사라지는 무수한 입자들을 함유하고 있는 무無와 유有의 경계가 되는 셈이다. 이러한 물

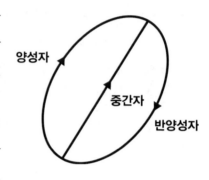

리적 이치와 쌍생쌍멸의 이치가 바로 역리易理에서도 똑같이 적용된다. 괄호 안의 음양의 합은 공空이다. 그 공에다가 아무리 6제곱, 9제곱을 해도 역시 공空이 되기는 마찬가지이다. 혹은 수많은 만물을 표현하기 위해서 수억 제곱이나 수조 제곱을 한다고 치더라도, 그래서 그 우변의 객체들을 칠판 위에 다 표현할 수 없을 정도로 복잡하게 얽혀있다고 하더라도, 결국 좌변의 실체는 괄호 안의 음·양에 불과할 뿐이다. 그리고 이것을 무無로 보아야 할지, 혹은 유有로 보아야 할지는 전적으로 보는 이의 경지에 달려있는 문제일 수 있다.

> 산은 산이요, 물은 물이요
> 산은 산이 아니요, 물은 물이 아니요
> 산은 산이요, 물은 물이다.

첫 번째 구절은 만물을 유형으로 보는 일반인들의 관점이고, 두 번째 구절은 만물을 공으로 본 붓다의 관점이다. 그리고 세 번째 구절은 다시 만물을 유형으로 보는 선사들의 관점이다. 여기서 첫 번째와 세 번째 구절은 언뜻 보면 똑같은 얘기처럼 보이지만, 실상은 그 경지에 있어서 크나 큰 차이가 있다. 평범한 사람들은 자신이 먹고, 입고, 걷는다고 생각하는데 반해, 붓다는 먹고, 입고, 걷는 것이 모두 꿈과 같은

허상이자 망상이라 말한다. 마지막으로 선사들은 먹고, 입고, 걷는 자가 꿈이라고 말한다. 먹고, 입고, 걷는 진행은 있을지언정 거기에 먹는 자, 입는 자, 걷는 자가 있다고 생각하는 것이 헛된 망상이라는 것이다. 두 번째 구절 붓다의 시각은 명백히 우주를 무無라고 보는 입장이고, 세 번째 선사들의 시각은 우주를 다시 유有라고 보는 입장이다. 그러나 그 의미에는 첫 번째의 그냥 유有라고 보는 입장과는 분명한 차이가 있다. 이에 대해 오쇼 라즈니쉬가 말한다.13)

"만약 그대가 깨어나면, 오직 진행만이 존재함을 발견하게 될 것이다. 에고(자아)는 환영이다. 그것은 마음이 만들어낸 것이다. 그대는 먹는다. 따라서 그대는 당연히 거기에 누군가가 먹는 자가 있다고 생각한다. 그러나 거기에는 아무도 없고 오직 먹고 있는 진행만이 있을 뿐이다."

초고수의 비법

이렇게 복희팔괘도 응용 관련해서 몇 가지를 살펴보았으나, 누가 뭐라고 해도 고금을 통해서 복희팔괘도를 가장 유용하게 잘 써먹은 이는 아마도 북송의 소강절(1011~1077)이 아닐까 싶다. 그는 주로 매화역수라고 불리는 방법으로 주역점을 쳤던 것으로 알려져 있는데, 그의 귀신같은 추론은 거의 신기에 가까울 정도로 백발백중의 정확도를

---

13) 『선禪』B.S 라즈니쉬 (옮긴이 길연), 청하 1990
　　『마하무드라의 노래』틸로빠 송, 라즈니쉬 강의 (석지현/홍신자 공역), 일지사 1989
　　『사라하의 노래』 사라하 송, 라즈니쉬 강의 (석지현, 홍신자 공역), 일지사 1989

자랑했다고 한다. 소강절과 관련해서 전해지는 일화는 수도 없이 많지만 그 중에서 간단한 일례를 소개해본다.

어느 겨울 저녁 유酉시경에 소강절이 그의 아들과 함께 화롯가에 앉아 이야기를 나누고 있는데, 문득 밖에서 문 두드리는 소리가 났다. 문소리는 처음에 한 번이 났다가, 잠시 사이를 두고 연이어 다섯 번이 났다. 이어서
"물건을 하나 빌리러 왔습니다."
라는 말이 들렸다. 소강절은 아들에게 지금 그 사람이 무슨 물건을 빌리려 왔는지 를 맞춰보라고 하였다. 그러자 곧 아들은 그 동안 배운 대로 문소리의 횟수를 복희팔괘도에 연관 지어 주역괘 하나를 뽑아냈다.

처음에 소리가 한번 들렸으므로 1이고, 다음에 연이어 다섯 번이 들렸으므로 5가 된다. 그리고 복희팔괘도의 순서에 따르면 1은 건괘(☰)에, 5는 손괘(☴)에 해당하므로, 천풍구괘(☴)가 성립된 것으로 본다. 그리고 동효는 사건 당시가 바로 유시이므로 1+5+10 = 16 이 되고 이를 6으로 나누면 나머지가 4가 되므로 4효가 동하는 것으로 본다.

상괘 : 첫 번째 소리 한 번 1 건괘
하괘 : 두 번째 소리 다섯 번 5 손괘
동효 : 상괘1 + 하괘5 + 시간(유시10) = 16,
16을 6으로 나누면 나머지는 4 가 된다. 즉 16 = 2 × 6 + 4

아래의 그림에서 체용을 구분해보면, 건괘가 동했으므로 용이 되고, 하괘에 있는 손괘는 체가 된다.

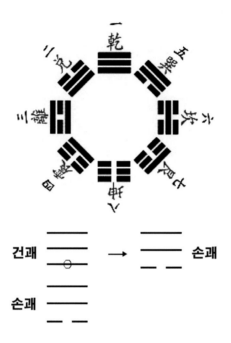

건괘 ⚊⚊⚊ ⊖ ⚊⚊⚊ → ⚊⚊⚊ ⚋⚋ ⚊⚊⚊ 손괘

손괘 ⚊⚊⚊ ⚊⚊⚊ ⚋⚋

아들은 이와 같이 점괘를 얻은 다음에 말하기를
"목(손괘☴)을 체體로 하고 금(건괘☰)을 용用하는 도구입니다. 그런데 쇠는 짧고
나무가 긴 상象이므로 호미일 것입니다."
라고 대답하였다. 그러나 소강절은
"네 말대로 쇠는 짧고 나무가 긴 상象이기는 하지만 야밤에 호미 쓸 일은 없을
것이다. 아마도 도끼일 것이다."
라고 말했다. 문을 열고 물어보니 과연 소강절의 말대로 나무를 패서 땔감을
지피려고 도끼를 빌리러 왔다는 것이다.

여기서 손괘(☴)는 오행으로 목에 해당하므로 빌리러 온 물건은 목질
이 된다. 그런데 용(用)에 해당하는 건괘(☰)는 오행으로 금에 해당하므
로, 물건의 용도는 금의 특성을 이용하는 것이다. 따라서 나무와 금이

어우러진 물건이 된다. 한편, 4효가 동하면 건괘(☰)가 변하여 손괘(☴)가
되므로, 이 물건은 쇠보다는 목질이 위주가 되어 긴 나무에 쇠가 달린
물건임을 알 수 있었던 것이다. 따라서 비록 아들의 말도 틀린 것은
아니나, 소강절은 추운 겨울밤이라는 환경까지 고려해서 호미보다는
도끼가 맞을 것이라고 예단했던 것이다. 지금의 일례는 수많은 응용
방법 중의 하나일 뿐이지만 주목할 부분은 바로 작괘할 때 복희팔괘도를
이용했다는 점이다. 그 후 작괘된 주역괘를 해석하는 방법은 팔괘의
오행 특성 혹은 문왕팔괘도의 특성을 이용하는 등등 여러 방법들이
있지만, 지금 일관되게 설명하고 있는 내용은 바로 복희팔괘도는 선천,
그리고 체에 해당한다고 하는 바로 그 점이다.

文 문 王 왕 八 팔 卦 괘

5

文王八卦
문 왕 팔 괘

앞장에서 복희팔괘가 하도와 결부될 수 있음을 살펴보았으나, 이제부터는 문왕팔괘가 어떻게 만들어지며, 역리적으로는 어떤 위상을 차지하는 것인지를 살펴볼 것이다. 복희팔괘가 문왕팔괘로 전환되는 이치는 지난 3천 년 동안이나 베일 속에 있던 금단의 비밀, 가히 비밀 중의 비밀이라 칭할 만한 것이다. 많은 이들이 그 비밀을 밝히려고 시도했으나 결국 성공하지 못했다. 지금도 일각에선 전환되는 이치가 은밀한 도교의 비전이며, 아직도 비밀리에 전해지고 있을 거라는 막연한 풍문만이 떠돌고 있을 뿐이다.

1 역사의 이면

아래 그림에서 왼쪽이 복희팔괘도이고, 오른쪽이 문왕팔괘도이다. 북송시대의 유명한 소강절은 그의 저서 『황극경세서』에서 복희팔괘도는 복희씨가 만든 것이고, 문왕팔괘도는 주나라 문왕이 만든 것이라고 하였다.

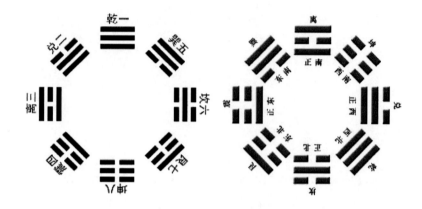

그렇다고 이 두 도상의 가치가 단지 역사적인 의미나 혹은 서지학적인 의미에만 국한된 것으로 생각한다면 조금 곤란해진다. 오히려 그보다는 이들을 역리적으로 근본이 되는 양대 기둥이라고 보아야 할 필요가 있다. 만일 이들이 사라진다면 역리는 그 근본이 사라져 설 자리가 없어지는 것이다. 특히 문왕팔괘는 『주역』을 비롯하여 한의학과 풍수학 등의 제반 역학에 응용되는 근본 바탕이다. 가령 한의학의 원류라고 할 수 있는 『황제내경소문』의 오상정대론(권20)과 육원정기대론(권21)이라고 하는 중요한 이론이 바로 낙서와 결합한 문왕팔괘에 근거를 둔 것이다.[1] 이러한 사정은 여타 다른 제반 역학들도 전혀 다르지 않으니, 이 두 도상의 비중은 재론의 여지가 전혀 없다고 할 것이다.

---

1) 『주역을 읽으면 미래가 보인다』 박태섭, 도서출판 선재 1999

주 문왕

역사상 두 번째 팔괘도를 그려 낸 이는 주나라의 문왕이라고 알려져 있다. 지금으로부터 약 2500년 전 공자[2]가 있었다. 그리고 주 문왕은 공자보다 약 500~600년 앞서 살았던 인물이다. 전해지는 바에 의하면 공자는 주 문왕과 그의 동생인 주공을 성인으로 추앙한 나머지, 그의 모든 일거수일투족을 두 우상들에게 맞추려고 애를 썼다고 하니, 이는 오늘날로 말하자면 광팬이자 골수팬이었던 것이다. 세상에 골수도 이런 골수가 없다고 말할 수 있을 정도가 아닌가? 행동 하나하나, 심지어는 먹는 것까지도 똑같이 따라 하려고 그리 애를 썼다니 말이다. 주 문왕이 저[3]를 즐겼다는 말을 들은 공자가 이마를 찡그려가면서까지 따라 먹기를 3년을 계속한 후에야 비로소 그 맛을 즐길 수 있었다는 이야기가 전해진다. 또한 꿈에서라도 그들을 보지 못하면 크게 낙담을 했다는 이야기도 전해진다. 이렇게 공자의 절대적인 추앙을 받았던 주나라의 문왕은 어떤 인물이었을까? 기록에 의하면 주 문왕의 원래 이름은 희창 또는 백창이었다. 그는 은나라 마지막 왕이었던 주왕 때 서백[4]에 책봉되었으며, 50년간 주나라의 우두머리를 지내다 97세에 병으로 죽은 후 문왕으로 추존되었다. 『제왕세기』라는 문헌에 표현된 바로는 문왕의 용모는 용의 얼굴에 범의 어깨를 하고 신장이 10척이었다고 한다. 그는 소년 시절 농업과 목축업에 종사하면서 백성들의 고통에 많은 관심을

---

2) 기원전 552~기원전 497
3) 오늘날의 김치에 해당하는 것으로 절인 야채의 일종
4) 서방 제후의 우두머리

가지고 있었고, 서백에 임명된 후에는 어진 사람을 예로써 대하고 사람들에게 관대하여 많은 민심을 얻었다고 한다. 그것이 과연 어느 정도였는지를 짐작해볼 수 있는 일화가 전해지고 있다.

주周나라의 이웃에 있었던 우虞나라와 예芮나라 간에 땅의 경계를 두고 분쟁이 일어 해결의 실마리가 보이지 않았다. 제각기 자기 쪽에 유리하도록 경계를 주장하면서 서로 굽히지 않으니, 이들의 분쟁은 당사자 간의 원만한 합의를 기대할 수 없었다. 이들은 하는 수 없이 당시 신망이 높았던 주나라 서백에게 시비를 가려 주기를 청하러 그 나라로 들어갔다. 그런데 분쟁의 당사자인 두 나라 인군人君이 막상 주나라 경계를 넘어가 보니, 밭가는 백성들은 서로 밭도랑 길을 양보하고 있었고, 길 가는 이는 서로 상대방에게 길을 양보하는 것이었다. 뿐만 아니라 고을에서는 남녀가 서로 다른 길로 걷고 있었고, 늙은이들이 짐을 들고 다니는 것을 볼 수 없었다. 이런 광경을 낱낱이 눈으로 보고 난 두 사람은 허구한 날 다툼질을 일삼아 온 자신들이 더없이 옹졸한 소인으로 여겨져 부끄럽기 짝이 없었다. 이런 시시한 문제로 어찌 감히 군자 나라의 땅을 밟을 수 있겠는가 싶어 그 길로 발길을 돌릴 수밖에 없었다. 다투던 땅도 서로 양보하여, 그 결과 그 땅은 임자 없는 땅이 되었다고 한다.

이처럼 훌륭한 인품을 지닌 주나라 문왕이 백성을 다스리는 일을 등한시하고 문왕팔괘라는 도상에 몰두하게 된 다른 무슨 특별한 사연이라도 있었던 것일까? 그의 참으로 기구했던 운명이 지금까지도 역사에 전해지고 있다.

당시 제왕의 자리에 있었던 은나라 주왕은 맹수를 손으로 때려잡을 정도의 힘과 간언을 막기에 넉넉한 지혜와 언변도 적당히 갖추고 있었다. 그러한 그를 갑자기 폭군으로 치닫게 만든 계기는 정복한 오랑캐 땅 유소씨국에서 공물로 보내 온 달기라는 요녀 때문이라 한다. 당시의 어진 신하였던 기자箕子는 주왕이 어느 날 상아로 만든 젓가락을 사용하는 것을 본 이후부터 벌써 장래를 염려하고 있었다. 이처럼 기자와 같이 그러한 작은 기미를 소홀히 하지 않는 것, 그것이 바로 동아시아의 현자들이 지녔던 탁월한 통찰력의 핵심 비결이었다. 그가 보기에 상아 젓가락을 쓰는 사람이 결코 보통 흙으로 구워 만든 그릇을 쓸 까닭이 없을 것이고, 십중팔구 코뿔소의 뿔이나 주옥의 잔을 쓰게 될 것이었다. 또 상아 젓가락과 주옥의 잔을 가진 사람이 콩이나 콩잎 따위로 된 국물을 마시려 하지는 않을 것이다. 필시 진귀한 짐승의 태 안의 새끼 같은 희귀한 것을 구하게 될 것이 뻔했다. 그렇게 되면 짧은 무명옷을 걸치고 풀로 이엉을 한 지붕 밑에서 그런 것들을 먹지는 않을 것이다. 겹으로 된 비단 옷과 넓은 궁전, 높은 다락을 필요로 하게 될 것이다. 모든 것을 여기에 맞추려 들게 되면 천하를 다 가져와도 감당하기 어렵게 될 것이다. 과연 기자가 염려한 그대로 진행되었고, 5년 후의 주왕은 달기의 환심을 사기 위해 막대한 국고를 탕진하면서 주지육림 속에서 주야로 음주음락의 나날을 보내고 있었다. 주왕은 그의 폭정을 간하는 많은 충신들을 죽였는데, 왕을 보좌하는 삼공三公 중 구후와 악후는 처형당하고 당시 82세의 고령이었던 서백은 지금의 하남성 탕음현 서북에 있는 유리에 유폐되었다. 특히 서백이 유폐된 일과 관련해서 전해지는 전말은 당시 고죽국에서 유명한 인물이었던 백이와 숙제까지 서백의 치정에 감복하여 따르려 하자, 숭나라 제후였던 호虎라는 자가 이를 시기해 은나라 주왕에게 모함하기를
"모든 제후들이 서백의 덕화에 기울어지니 장차 임금께 불리할 것입니다."
라고 했다 한다. 이에 마침내 주왕이 서백을 유리옥에 유폐시켰다.

유리의 옥에 유폐된 7년은 인고의 세월 그 자체였다고 기록은 또한 전하고 있다. 그는 이렇게 유폐된 7년 동안 백성을 다스리는 일 대신에, 천하의 이치를 탐구하고 팔괘를 깊이 연구하여 문왕팔괘와 주역 64괘의 괘사를 지었을 것이다. 보다 정확히 말하면 이 인고의 7년 동안 팔괘를 연구했다는 기록은 사실 그 어디에도 적혀있지는 않다. 다만 정황상으로 보았을 때 그러했을 개연성이 매우 크다고 보는 것이다.

서백이 유리옥에 유폐되어 있는 동안 주왕은 서백의 장남인 백읍고를 인질로

잡아 그의 수레를 끄는 일을 하게 하였다. 그러나 이것도 모자라서 주왕은 유리옥에 갇혀 있는 서백이 진실로 굴복하는 지를 시험해보려고, 자기의 수레를 끌고 있는 서백의 장남을 끓는 솥에 넣어 삶아 죽이고 육탕을 만들어서,

"네가 진정 성인이라면 아들의 육탕임을 알아보고 마시지 않을 것이다. 어떻게 성인이 자기 자식의 육탕을 알아보지 못할 것이며, 어떻게 성인이란 것이 알면서도 그것을 마실 수 있을 것인가?"

라고 조롱하면서 한 사발을 그에게 먹으라고 하였다. 그러나 그는 말없이 그 육탕을 마셨다고 한다. 서백이 인고의 세월을 보내는 동안, 그의 신하들은 그를 석방시키기 위하여 수많은 미녀와 명마 그리고 진귀한 보석 등을 모아서 주왕에게 바치고 측신들을 뇌물로 매수하였고, 마침내 주왕은 그가 구금 중에도 전혀 원망의 빛이 없고, 또 이렇게 미녀와 보석들을 보내오자 그를 석방하고 다시 주나라의 우두머리에 임명하였다.

그 후에 등장하는 인물이 바로 그 유명한 강태공이다. 서백은 석방된 후 은나라를 공격하여 치욕을 갚고 폭정에 지친 백성들을 구해낼 것을 결심한다. 그러나 천하를 도모할 만한 마땅한 인재가 없어 인재를 백방으로 찾던 중, 한번은 사냥을 나갔다가 위수의 어느 지류에 이르러 수염과 머리가 반백인 노인이 허름한 베옷을 걸치고 앉아 낚시를 하고 있는 것을 보았다. 이 노인이 바로 강태공, 여상 혹은 태공망이라 불리는 인물이다. 서백은 그 노인과 이런저런 대화를 나누다 보니, 그가 천문과 지리에 통달하고 천하의 형세와 만물의 이치를 훤히 꿰뚫고 있다는 것을 알게 되었다. 천하의 강태공과 주 문왕의 운명적인 만남이 이렇게 이루어졌다. 주문왕은 강태공을 도성으로 데려와 국사에 임명하였다. 강태공의 노력으로 주나라는 안정 속에 발전을 거듭하여 막강한 군사력을 갖추고 견융, 밀수 등의 부족을 공격한 다음 은나라를 지지하던 려5), 한6), 숭7)등을 멸망시킨 후, 숭의 지역에다가 도성인 풍읍을 세워

주왕을 공격하기 위한 전진 기지로 삼았다. 이렇게 해서 서백의 만년에는 이미 중원의 3분의 2를 장악하여, 그 영토가 서쪽으로는 지금의 섬서, 감숙 일대, 동북으로는 지금의 산서 여성, 동으로는 지금의 하남 필양, 남으로는 장강, 한수, 여수 유역에 이르렀다. 그러나 서백은 마지막으로 주왕을 공격할 계획만 남겨놓고 큰 병에 걸려 아들 희발(무왕)에게 왕위를 넘기고 세상을 떠났다. 그리고 그의 아들 무왕이 3년 후 문왕의 영정을 앞세우고 강태공과 함께 문왕의 숙원을 푸는 데 성공하게 된다.

정조의 갈증

그 구조가 비교적 단순 명쾌한 복희팔괘에 대해서는 그나마 그것의 구성원리가 어떻다고 하는 것이 어느 정도 논리적인 수준에서 충분히 논의되어 왔던 데 비해, 문왕팔괘에 이르러서는 사정이 전혀 그렇지가 못했다. 소강절의 말대로 주 문왕이 만들었다고 한다면 그 역사가 장장 3천 년을 넘어 서는 것이다. 그동안 수많은 기라성 같은 대가들이 있었지만 문왕팔괘도가 왜 꼭 이러한 배열이어야 하는지, 그리고 이것이 어떤 원리에 의해 유래되었는지를 똑 부러지게 설명하는 사람이 아무도 없었다. 이렇게 되면 문왕팔괘도가 과연 제대로 된 것인가부터 시작해서 보다 원론적이고 근본적인 의문들이 제기되지 않을 수 없는 것이다. 이러한 실상과 관련하여 실제 역사적 사례[8]를 하나 소개해보기로 한다.

---

5) 지금의 산서성 장치시 서남
6) 지금의 하남성 심양현 서북
7) 지금의 하남성 숭현 북쪽

때는 조선 제22대 정조 임금이 24년(1776~1800년) 동안 재위하던 시절이다. 조선의 여러 임금들 중에서도 특히 학문을 좋아했던 정조는 규장각에 서적들을 모으는 일에 열중했을 뿐만 아니라, 『홍제전서』184권이라는 방대한 양의 서적을 직접 저술하였다. 이렇게 학문에 대한 열정이 많았던 정조였으니 수천 년에 걸쳐 해결을 못보고 내려오는 많은 경서상의 의문점들을 직접 해결하고자 하는 의지가 매우 강했다. 그래서 그는 수많은 주석서들을 일일이 살펴보는 등의 많은 노력을 기울여 보았으나 뜻과 같이 되지를 않았다. 결국 정조의 간절한 학문적 갈증은 주역, 효경 등을 비롯한 13경에서 선유들의 견해가 일치되지 않는 부분들과 해결되지 않은 부분들을 발췌하여 당시의 재야 학자들에게까지 질의서를 내려 답변을 요청하기에 이르렀는데, 여기서 주요한 질문 중의 하나가 바로 이것이었다.

"복희팔괘도가 문왕팔괘도로 변환하는 데에는 그렇게 된 까닭이나 이치가 반드시 있을 것이니 상세히 말할 수 있겠는가?"

임금님의 하문下問이신지라 응답하지 않을 수 없었을 것이고, 정조는 능참봉[9]을 지낸 바 있고, 당시 70살에 가까웠던 박사철(1728~1806)의 답변을 보고, 그에게 정3품에 해당하는 회양부사라는 파격적인 벼슬을 내리는 일이 있었다.

따지고 보면 과거 한낱 무덤이나 지켰던 한가한 노인네에게 내린 대단히 파격적인 인사였는데, 이 정도였다면 아마도 정조의 귀가 솔깃해질 만큼의 매우 중대한 메시지가 담긴 획기적인 내용이었음이 틀림없을 듯하다. 과연 박사철의 답변은 어떤 내용이었을까?

---

8) 『학역종술』 장봉혁, 학고방 1999
9) 능을 지키던 종9품에 해당하는 벼슬

"문왕팔괘는 복희팔괘에서 유래된 것으로써, 문왕팔괘에서 진괘가 동방에, 태괘가 서방에 있는 것은 소녀와 장남이 진퇴의 시초에 나뉘어 거한 것이며, 감괘가 북방에, 이괘가 남방에 있는 것은 중남과 중녀가 진퇴의 중간에 각기 거한 것이며… (중략)… 음양이 서로 감응하고 괘가 서로 선회함에 대해서는 자연적으로 그렇게 되지 않을 수 없는 뭐가 있는 것이겠지만 신의 얕은 소견으로는 감히 말씀드릴 수가 없습니다."

소문난 잔치에 먹을 것 없다더니, 기대했던 것에 비해 내용이 좀 많이 부실하다. 길게 말할 것 없이 한 마디로 요약하자면, 설명 드리고 싶은 마음이 간절하나 그럴 수 없음이 안타깝다고 하는 내용이다. 그럼에도 불구하고 정조는 어찌하여 파격적인 벼슬을 하사하였을까? 일종의 시범 케이스로써 본보기를 삼으려고 하지 않았을까? 잘 모름에도 불구하고, 정조의 시책에 적극적으로 부응해주는 자세를 널리 알리고자 함이었을 것이다. 하지만 정작 그 속내가 이렇고 보면 정조의 갈증을 풀어줄 수 있는 이는 적어도 조선 팔도에는 전무했었던 것이 분명하다. 중국을 비롯한 다른 주변국의 사정은 달랐을까? 감히 확신컨대 전혀 다르지 않았을 것이다. 오늘날 풀리지 않은 수학적 난제들에 큰 상금이 걸리는 일이 흔한 일이지만, 이 문제도 알고 보면 사실 상금 액수만 안 걸려 있을 뿐이지 장장 3천 년 동안이나 풀리지 않고 있는 인류의 숙원 과제 중의 하나라고 해야 할 정도이다. 어쩌면 인류 역사상 최장수를 누리는 난제일지도 모른다. 세월은 무상하여 성리학의 부흥을 통하여 조선의 개혁을 열망하던 정조의 꿈을 뒤로한 채, 어느덧 200여 년이란 시간이 흘러가버렸지만 주지하다시피 그 사이 조선은 유사 이래 유래가 없을 정도로 격동의 한 세월을 보내야만 했다. 그 결과 성리학은 주류의 자리에서 완전히 물러나 먼지나 풀풀 일으키는 케케묵은 고대의 유물이

돼버렸고, 이는 『주역』의 경우도 전혀 예외가 아니어서 몇몇 빼어난 대가들의 출현에도 불구하고 참으로 외롭고 처량한 지경에 처하게 되었다. 그러나 『주역』의 생명력은 실로 놀라운 것이어서 한때는 도가와 어울렸고 유가의 존대를 받더니, 이제 과학의 시대를 맞아서는 다시 첨단 과학 기술에 의해 새롭게 조명을 받고 있다.

2 전환 이치

　속설에 한낱 미물인 여우나 지네 같은 것들도 천년을 묵으면 사람이 되고, 미꾸라지나 잉어가 천년을 묵으면 용이 된다고 한다. 또 사람이 주역을 천 번 읽으면 하늘과 땅의 변화에 동참하는 경지에 오른다고도 한다. 1000이라는 숫자는 그런 것이다. 요령부득이었던 것들조차도 요령이 생기게 되는 숫자가 바로 1000 이란 숫자이다. 하물며 3천 년 동안이나 드러나지 않고 비밀을 유지해 온 것이 있다면 믿어지는가? 그런 것이 정말 있다는 것을 알게 되었을 때, 필자는 알 수 없는 짜릿한 흥분 같은 것이 밀려오는 것을 느낄 수 있었다. 사람들이 찾지 않는 뒤안길에서 보물지도 같은 것을 발견했다고나 할까? 세상은 요지경 같은 것이어서 대다수의 사람들이 찾아가는 쪽의 반대 방향을 일부러 찾아가는 극소수의 존재들이 항상 있기 마련이다. 현대인들이 흔히 사용하는 컴퓨터나 스마트폰에서 기억을 담당하는 디램(DRAM)이라고 불리는 메모리(Memory) 소자 속에도 다수의 전자들이 바글바글 모여 있는 곳에 전혀 어울릴 것 같지 않게 생긴 소수의 정공들이 반드시 공존한다. 더욱 희한한 것은 공존하는 것으로 그치지 않는다는 점이다. 어느 순간이 되면 소수들이 당당히 주류가 되는 시점이 생기기도 하니, 그 조건이 바로 문턱전압(Threshold Voltage) Vt란 것이 주어지는 시점이다. 이것이 바로 역에서 말하는 극즉반(極則反)의 원리이니, 오묘한 자연이다.

빈대의 지혜

어느 날 복희팔괘에서 문왕팔괘로 전환하는 원리에 대해 해결을 보기 전에는 설대로 물러서지 않겠다고 단단히 긱오를 하고 차근차근 복희팔괘를 들여다보기 시작하였다. 약 한 달 정도나 끙끙거리며 머리를 싸매다시피 해가며 씨름을 했는데도 요지부동으로 풀릴 기미가 보이지 않았다. 그런데 어느 날 우연히 어떻게 하다 보니 문제가 저절로 풀려버렸다. 그 비밀의 열쇠로 직행하기 전에 잠시 5천만이 즐기는 객관식 문제 하나를 먼저 풀어보고 가기로 하자.

[질문] 복희팔괘도의 중심에는 태극이 있다고 했는데, 그렇다면 이제부터 본격적으로 다루게 될 문왕팔괘도의 중심에는 과연 무엇이 있는 것일까?
1. 아무것도 없다.　　2. 태극(1)　　3. 황극(5)　　4. 무극(10)

지극히 기본적인 문제에 해당한다. 그런데도 불구하고 지금 이 순간 이론적 근거와 함께 확실하게 자기 확신을 갖고 우렁차게 대답할 수 있는 이가 과연 몇 명이나 될지 자못 궁금해진다. 이제 곧 정답을 스스로 찾을 수 있게 될 것이다. 필자는 복희팔괘도에서 문왕팔괘도로 전환하는 이치를 찾는 과정에서 아마도 시도해보지 않았던 수단과 방법이 없었다고 할 정도로 치열하게 시도해보았지만 그 전환이치를 찾는 것은 결코 쉬운 일이 아니었다. 그러나 당시 우연히 읽게 된 정주영 현대그룹 회장의 일화를 읽고서는 다시 힘을 내지 않을 수 없었다. 아마도 이 이야기를 들으면 그 누구라도 다시 도전하지 않고는 못 배겼을 것이다.

정회장은 젊었을 때 막일을 하면서 인천 노동자 합숙소에서 유숙하였다. 당시 연일 계속된 중노동으로 인해 잠을 자면 누가 업어 가도 모를 정도로 몸이 고단하였는데, 정작 자신을 괴롭힌 것은 다름 아닌 빈대였다. 빈대 때문에 잠을 이룰 수가 없었던 것이다. 그는 밤마다 괴롭히는 빈대들의 공격을 피해 밥상 위에 올라가서 잠을 자는 묘안을 내었다. 하지만 잠시 뜸 한가 했더니 빈대들이 이내 밥상다리를 타고 올라왔다. 그는 다시 머리를 써서 밥상의 네 다리를 물을 채운 큰 양재기 속에 담아 놓고 잤다. 설마 빈대가 양재기에 담긴 물을 건널 수 있을까 싶었던 것이다. 그렇지만 그가 쾌재를 부르며 편하게 잠을 잔 것은 불과 이틀뿐이었다. 너무 어처구니없기도 하고 너무 놀라서 불을 켜고 도대체 어떻게 양재기 물을 건너왔나를 살펴보았더니 빈대들도 방법을 바꾸었다는 걸 알게 되었다. 빈대들이 벽을 타고 천정으로 올라간 다음 누워있는 사람을 향하여 다이빙하여 떨어졌던 것이다.[10]

하물며 미물에 불과한 빈대조차도 걸림돌을 뛰어넘기 위해 나름대로 치열하게 연구하면서 살고 있다는데, 만물의 영장이라고 하는 사람이 포기할 수는 없었던 것이다. 그리고 필자에게는 문왕팔괘도란 것이 결코 우연히 만들어질 수 있는 성질의 것이 아니라는 어떤 확신 같은 것이 또한 있었다. 그리고 어느 날 마침내 그 이치란 것을 손에 넣을

---

10)『허공에 흩어진 소년의 꿈』정주영

수 있게 되었다. 그 순간은 정말 세상을 다 가진 듯이 행복한 순간이었다. 전환 이치를 찾는 일에 열중하던 어느 날, 영영 풀리지 않을 것 같았던 그 문제가 말 그대로 저절로 스르르 맥없이 풀려버리는 일이 일어났다. 과연 필자는 어떻게 했던 것일까? 그 비결은 질문을 바꾸는 것이었다. 처음에 스스로에게 자문했던 것은

'과연 복희팔괘도에서 문왕팔괘도로 직행하는 방법이 어떤 것이었을까?'

라는 질문이었다. 그러나 나중에는 빈대들의 지혜를 빌려서,

'어떤 도구를 이용하면 그 방법을 찾을 수 있을까?'

라는 질문으로 바꾸어 자문해보기 시작했던 것이다. 이렇게 질문 자체를 바꾸고 나자, 얼마 후 그 도구를 실제로 발견할 수 있었다. 그 전날 늦은 밤 문제풀이에 몰두하느라고 화두가 머릿속에서 지워지지를 않아 쉽게 잠을 이룰 수 없었다. 이리 뒤척이고 저리 뒤척이다가 혹 천정을 바라보기도 하며, 복희팔괘도와 문왕팔괘도를 머릿속에서 그려보고 있었다. 그리고 또 다른 한편으로는 무의식적으로 빈대의 이야기를 떠올리고 있었던 것 같다. 깜박 잠이 들었는데, 꿈속에서조차 빈대들의 함성을 들어야 했고, 심지어 빈대들이 줄지어 낙하하는 광경까지 목격할 수 있었다. 그리고 다음날 새벽녘에 문득 한 생각이 머릿속에 떠올랐다.

'도구를 이용해보자. 빈대들도 안 되면 방법을 바꾸지 않던가!'

그리고는 복희팔괘 배열을 다시 깊이 들여다 본 결과 그곳에서 문왕팔괘 배열로 가는 연결고리가 마침내 그 모습을 드러냈다! 조금 당황스럽고 조금 어처구니가 없기도 했지만 소문난 난제란 것도 가끔은 그럴 수도 있는 모양이다. 제대로 길을 들어서기만 하면 저절로 풀려버릴 수도

있으니 말이다.

　위에서 1번 그림은 복희팔괘 배열이고, 2번 그림은 그 위에다 전통적으로 사용해오던 고유의 상수를 얹어놓은 것인데, 북송의 소강절이 특히 많이 애용했던 수이기도 하다. 이 고유수는 양 값의 크기를 기준으로 해서 양 값이 제일 큰 수로부터 시작해서 양 값이 제일 작은 수까지의 차례를 서열별로 나열한 것이다. 이에 대한 설명은 김승호 선생이 쓴 『주역원론』이라는 책에 논리적으로 상세하게 분석한 내용이 들어있으니, 그것을 참고하면 더할 나위 없이 좋을 것이다. 간단하게 정리하면, 건괘의 양 값이 가장 크므로 1이고, 곤괘의 양 값이 가장 작으므로 서열이 가장 낮은 8로 배정된 것이다. 모든 팔괘들을 소위 양 값의 서열 순으로 나열한 것임이 분명하다. 필자는 먼저 이 수리 배열을 가지고 전환 원리를 찾아보았다. 역학적으로 복희팔괘도와 연관되어 있는 가장 중요한 수리 배열이었기 때문이었다. 그러나 어찌된 일인지 이 수리 속에서는 그 어떤 것도 찾아낼 수가 없었다. 아무리 들여다보아도 아무것도 볼 수 없었다. 한편 3번 그림은 또한 전통적으로 팔괘에 배정되는 경방[1]의 납갑을 보여주는 그림이다. 이 납갑은 한대의 경방에 의해서

처음 만들어졌다는 것이 정설로 되어있다. 이 경방의 납갑이란 것을 통해 전환이치를 찾아보기로 한다.

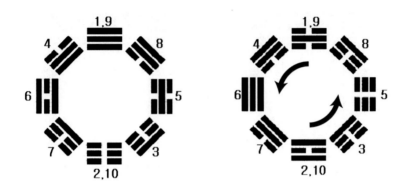

먼저 경방의 납갑으로 대입되어 있는 갑·을·병·정 등의 10천간에다가 제3장에서 살펴본 홍국수 배열을 그대로 대입해보는 것이다. 즉 10천간을 숫자로 바꾸어 본다는 것이다. 그렇게 시행한 결과가 바로 왼쪽 그림이다. 그런 다음에 바깥쪽 숫자는 그대로 놔두고 모든 팔괘만을 반시계방향으로 90도 돌려보자. 그 결과가 바로 오른쪽 그림인데, 그 결과를 한번 자세히 살펴보자. 건(☰)6, 손(☴)4, 감(☵)은 1 또는 9, 간(☶)8, 곤(☷)5, 진(☳)3, 이(☲)는 2 또는 10, 태(☱)7……. 무언가 느낌이 짠하게 오는 것이 있을 것이다. 그것이 무엇인가? 놀랍게도, 정말 놀라

---

11) 본래 성은 이李 씨이며, 자는 군명이다. 지금의 하남성 청풍 서남부 지역 출신으로 일찍이 맹희의 문인인 초연수에게 역을 배웠다. 재앙과 이변에 대해 말하기를 즐겼으며, 원제 때에 역에 능통하다하여 박사가 되었으며, 재앙과 이변으로서 당시 정치의 잘잘못을 추론하는 상소를 여러 번 올렸다. 원제 때 세력가였던 환관 석현의 권력장악을 탄핵하여 아뢰다가 세력가들에게 쫓겨나 위군의 태수가 되었으나, 오래지 않아 하옥되어 옥사하였다. 『경방역서』 3권을 남겼다.

자빠질 정도가 된다. 이렇게 반시계방향으로 90도 돌려서 얻은 숫자들을 낙서의 수리에 그대로 대입을 해보면,

놀랍게도 건괘(☰)6, 손괘(☴)4, 감괘(☵)1, 간괘(☶)8, 진괘(☳)3, 태괘(☱)7 등의 6개의 팔괘위치가 정확히 일치한다. 오직 중궁을 차지한 곤괘(☷)5와 이괘(☲)2만이 문왕팔괘와 서로 상이하다. 알 수 없는 쾌감이 강하게 밀려든다. 여기서 찌르륵하는 감전이 느껴지지 않으면 오히려 이상하다. 한 동안 심호흡을 하며 혹 잘못된 것이 없는지를 확인하고 또 확인한다. 하지만 확실히 잘못된 곳은 없다. 틀림없이 6개가 일치한다. 믿어지지 않지만 틀림없는 사실이다!

구이착종

예외 없는 법칙은 없다. 하지만 예외의 이유를 알고 싶다. 이제 남은

일은 곤괘와 이괘, 이 둘의 현상을 설명할 수 있으면 된다. 이에 대해 나름 고심을 하고 있었으나, 문제는 정말 의외의 곳에서 풀렸다. 필자가 파악한 바에 의하면, 이와 유사한 상황이 정역팔괘가 성립되는 과정에서 또 한 번 벌어진다. 8개의 괘상들 중에서 6개의 괘는 지금과 같이 일목요연하게 설명이 되는데, 오직 2개의 괘만이 이상하게 자리를 잡는 동일한 현상이 정역팔괘의 성립 과정 중에도 그대로 재현된다. 신기한 것은 꼭 한 자리가 비게 되어 중궁의 팔괘가 그 빈자리로 들어가게 된다는

것과 항상 낙서의 9자리와 2자리의 팔괘가 서로 자리를 바꾸게 된다는 것, 이 두 가지 현상이 완전히 일치한다. 그리고『정역』을 통해 알게 된 것이지만, 김항 선생은 9궁과 2궁이 서로 자리를 바꾸는 이러한 현상을 '구이착종'이란 용어로 표현한다. 9와 2가 서로 자리

를 바꾸는 현상, 이것을 일컬어 이른바 구이착종이라고 말한다. 상황 정리를 해보자. 감괘(☵)는 1 · 9중에서 1을 택하고, 손괘(☴) 4, 건괘(☰) 6, 태괘(☱) 7, 진괘(☳) 3, 간괘(☶) 8이 되고, 그리고 문제의 이괘(☲)는 일단 낙서의 2로 들어간다. 곤괘(☷)는 중궁 자리에 있다가 일단 낙서에 유일하게 비워져 있는 9궁으로 들어간다. 그리고 마지막으로 이괘(☲)와 곤괘(☷) 간에 서로 자리를 바꾸는 구이착종이 일어난다. 그러면 상황이 종료된다. 헌데 소위 구이착종이란 현상은 왜 필요한 것일까? 이에 대해 필자는 구이착종이 생명체의 신경조직 체계와 어떤 모종의 관련성이 있지 않을까? 하고 조심스럽게 의견을 피력해보고 싶어진다. 놀랍게

도 인체의 모든 오른쪽 신경계는 좌뇌, 모든 왼쪽 신경계는 우뇌가 조절한다. 이렇게 서로 꼬여 있는 것이다. 만약 뇌질환이 발생해 오른쪽

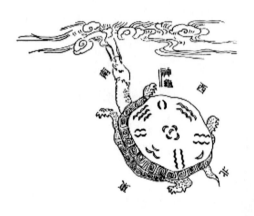

뇌가 망가지면, 좌측 다리나 좌측 팔을 못 쓰게 된다. 이러한 예들은 주변에서 그리 어렵지 않게 찾아볼 수 있다. 그리고 공교롭게도 낙서의 9라는 숫자는 바로 머리 부분을 상징하고 있다. 낙수에서 거북이가 기어 나올 때부터 이미 거북이의 머리 쪽으로 9개의 점이 찍혀 있었던 것이다. 그리고 고대로부터 전해져 내려오는 복희와 여와의 그림을

보노라면, 마치 두 마리의 뱀이 서로 꼬리를 감고 있는 것처럼 보인다. 그 형상이 마치 모든 생명체들의 세포 속에 들어있는 DNA 유전자의 다발처럼 보이기도 하고, 알쏭달쏭, 자꾸만 상상력을 자극하게 만드는 묘한 매력이 있다. 필자는 솔직히 이렇게 그림에서 꼬여 있는 부분이 문왕팔괘로의 전환 과정에 나타난 9와 2가 서로 자리를 바꾸는 현상과 모종의 관련이 있을 것 같다는 생각을 떨쳐버릴 수가 없

다. 나중에 정역팔괘를 논할 때에 다시 자세히 다루게 되겠지만, 정역팔괘 형성 과정에서도 이와 똑같은 현상이 한 번 더 반복되고, 이렇게 새로운 팔괘 배열이 등장할 때마다 똑같은 착종 현상이 일어난다? 그러니 참으로 기이하다고 생각하지 않을 수 없는 것이다. 아무튼 결과적으로 문왕팔괘도의 배열이 완성되었다. 결과적으로 문왕팔괘는 복희팔괘도가 90도 회전해서 나온 수리적 결과물을 낙서의 번지수로 배달시켜 성립된 셈이다. 따라서 문왕팔괘도의 중심에 무엇이 있는지는 이제 두 말할 필요조차 없어졌다. 바로 5가 있는 것이다.

구오변도

결과적으로 전환의 원리가 조금은 싱겁게 마무리 되었다. 하여 이를 멋지게 장식해줄 수 있는 다른 보완책 하나를 소개해보려고 한다. 『주역』 「문언전」은 공자가 중천건괘(䷀)를 특히 중요하게 생각해서 건괘(☰)에다가 따로 부연 설명을 붙여놓은 것이다. 그 「문언전」에서 이르기를, "구오에 말하기를 나는 용이 하늘에 있으니, 대인을 만나봄이 이롭다고 하는 것은 무슨 말인가? 공자 왈, 같은 소리는 서로 응하고, 같은 기운은 서로 구하여, 물은 습한 곳으로 흐르고, 불은 건조한 곳으로 나아가며, 구름은 용을 따르고 바람은 범을 따른다. 그리하여 성인이 나옴에 만물이 우러러본다. 하늘을 근본으로 하는 것은 위를 친히 하고, 땅을 근본으로 하는 것은 아래를 친히 하니, 각기 그 류類를 따르는 것이다. (九五曰 飛龍在天利見大人 何謂也 子曰 同聲相應 同氣相求 水流濕 火就燥 雲從龍 風從虎 聖人作而萬物覩 本乎天者親上 本乎地者親下 則各從其類也.)"

라고 하면서, 공자가 건괘(☰)의
제5효에서 부연 설명하는 대목이
등장한다. 그런데 야산 이달
(1889~1958) 선생이 이 대목을 놓고,
전대미문의 주장을 하고 나선 바
가 있다. 그는 『주역』「문언전」의
이 대목이야말로 복희팔괘에서
문왕팔괘로 각 8괘들이 자리를 옮

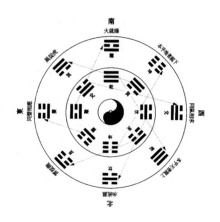

기는 과정을 표현해놓은 거라고 주장했다. 그러면서 위에 보이는 것과
같이 '구오변도'라는 그림을 하나 그려서 표현하고 있다. 요즘 역易에
관심을 갖고 기웃거리는 사람치고 대산 선생의 주역 관련 서적 한두
권 안 읽어본 사람이 거의 없을 것이다. 현재 야산 이달과 대산 김석진
(1928~) 선생으로 이어지는 계보는 우리나라에선 주역에 관한 한 아마
둘째가라고 하면 서러워할 정도라 해야 할 것이다. 당대 최고의 주역
대가께서 하신 말씀이니 허언이 아니라 반드시 일리가 있으리라 믿어
의심치 않는다. 대산 선생이 출간한 서책[12]중에도 소개되어 있는데,
바로 복희팔괘도가 문왕팔괘도로 전환하는 과정을 멋지게 묘사하고
있는 셈이니, 바로 이 내용까지 덧붙인다면 더욱 풍미를 더 할 수 있을
것이다.

동성상응; 선천 이괘자리에 오는 진괘는 같은 소리가 서로 응하는 까닭이고,
동기상구; 선천 감괘자리에 오는 태괘는 동기(同氣)가 서로 구하는 까닭이고,

---

12) 『주역과 세계』 중산학회 편저, 동신출판사

수류습; 선천 곤괘자리에 오는 감괘는 물이 습한 곳으로 흐르는 까닭이고,
화취조; 선천 건괘자리에 오는 이괘는 불이 건조함을 취하는 까닭이고,
운종룡; 선천 진괘자리에 오는 간괘는 구름이 용을 따르는 까닭이고,
풍종호; 선천 태괘자리에 오는 손괘는 바람이 호랑이를 따르는 까닭이고,
본호천자친상; 간괘자리에 오는 건괘는 하늘에 근본한 것이 위와 친한 까닭이고,
본호지자친하; 손괘자리에 오는 곤괘는 땅에 근본한 것이 아래와 친한 까닭이다.

구오변도? 그 그림을 보고 있노라니 아름답고, 「문언전」의 문구 하나
하나를 뜯어보자니 제법 풍취가 느껴진다. 먼 옛날 정조가 혹시 이
구오변도를 보았더라면 최소 정2품 이상의 벼슬은 하사하지 않았을까?
거기에 수리적 전환이치까지 보태서 설명했다면 능히 정승 자리? 와우~.
이로써 전환이치가 비로소 완전히 구색을 갖추는 셈이 되는가?

3 새로운 팔괘?

사실 알고 보니 너무나 쉽고 단순한 이치였다. 그러나 사람들은 왜
수천 년 동안 이것을 밝히지 못했을까? 일, 이백 년도 아니고 장장
3000년이다. 그 장구하기 이를 데 없는 절대 침묵의 비결이 궁금해진다.
여기 정말로 믿기 어려운 이야기 하나가 있다. 오쇼 라즈니쉬가 강의하며
이야기한 내용이다.[13]

---

13) 『마하무드라의 노래』 틸로빠 송, 라즈니쉬 강의, 석지현, 홍신자 공역. 일지사

어느 날 아침, 태평양 상에 있는 어느 조그만 섬에 엄청나게 큰 배가 해안에 들어와 있었으나 정작 그 큰 배를 발견한 원주민은 아무도 없었다고 한다. 원주민들이 모두 장님이었을까? 천만의 말씀. 모두 정상이었으나 그들은 평생을 그 섬에 살면서 그렇게 큰 배는 한 번도 본 적이 없었다. 평상시와 똑같이 해안가를 거닐기도 하고 해안가에서 일을 하면서도 그들의 마음에는 이렇게 큰 배가 그들 앞에 놓여 있다는 것을 도저히 마음으로 받아들일 수 없었던 것이다. 그리고는 그들이 평상시 보던 것들만 받아들이게 되었으니 아무리 눈으로 그것을 본다 한들 정작 마음으로는 그것을 볼 수가 없었던 것이다.

고정관념이야 말로 이렇게 무서운 것이다. 사람은 절대 눈으로 보는 게 아니라, 마음으로 보는 것이 확실하다. 그런데 그 마음에 고정관념이 들어앉아 버리면 아무리 눈으로 보아도 실상을 보지 못한다. 이와 유사한 일들은 매일매일 어디에서나 우리들 주변에서 흔히 벌어지는 일들이다. 수천 년 동안 이렇게 단순한 숫자배열을 대입해 볼 생각을 아무도 하질 않았던 것이다. 하도는 상생, 낙서는 상극, 복희팔괘는 선천, 문왕팔괘는 후천…. 이렇게 줄줄 외우는 걸로 끝이었다. 더 이상 다른 그 무엇이 그들의 고정관념을 뚫고 들어갈 수 있는 방법이 없었던 것이다. 세상에서 사람들의 눈을 피하는 방법을 찾고 싶은가? 그들의 마음을 고정관념으로 가득 차게 하라. 그러면 그들은 아무것도 볼 수 없을 것이다. 오직 고정관념만이 그들의 시야를 지배하게 될 것이다.

그리고 또 하나, 빼놓을 수 없는 것이 바로 납갑의 문제일 것이다. 이 문제는 알고 보면 절대 그리 호락호락하지 않은 다른 문제들까지 그 속에 내포하고 있어 심하게 배배 꼬인 실타래를 방불케 할 정도이다. 이미 언급했듯이 납갑은 처음 한대의 경방에 의해 비롯된 것으로 알려져 있다. 따라서 이보다 한참 선대인 주 문왕이 어떻게 납갑을 알아서 이를 문왕팔괘로 전환하는 데 사용할 수 있었을까? 시간적인 선후관계가 서로 앞뒤가 들어맞지를 않는다. 하여 아예 이를 대입해 볼 마음조차 갖지 않았을 가능성이 있다고 본다. 그러나 이러한 시간적 선후라는 논리적 모순점 외에도, 훨씬 더 큰 다른 장벽이 하나 있었으니, 사람들 스스로가 만들어 낸 심리적 굴레이다. 송나라의 주자 이래로 소위 정통학자들의 납갑에 대한 입장은 매우 부정적인 시각 일색이었다. 주자가 위백양의 납갑법에 대하여 맹비난을 퍼부은 것을 기점으로 해서, 주자를 본받은 소위 정통학자들의 납갑에 대한 혹독한 비난들이 그 뒤에 줄줄이 이어졌다. 이러한 분위기에서 소위 정통학자들의 손에 의해서 전환이치가 밝혀질 가능성은 원천적으로 완전히 봉쇄를 당한 셈이다. 자신들이 만든 굴레에 스스로 갇힌 꼴이 된 것이다. 그러나 비정통의 위치에서 납갑을 적극적으로 활용했던 부류들은 또 무엇이 문제였을까? 거기에는 또 다른 장벽이 있으니 그것은 바로 홍국수 대입이다. 비록 많은 이들이 납갑을 활용했다고 할지라도 홍국수 대입을 해보지 않았다면 전혀 소용이 없었던 것이다. 그리고 앞에서 이미 살펴본 바와 같이 복희팔괘에는 고유수 배열이라는 것이 따로 있었다. 사람들은 주로 그 수리 배열을 사용했다.

또 다른 요인은 달을 보라고 손가락을 가리켰더니 달은 보지 않고 엉뚱하게도 손가락을 쳐다보더라는 우화를 꼽을 수 있겠다. 정조의 경우와 같이 학문에 뜻을 둔 많은 이들이 전환원리를 연구했다고 치더라도, 그들의 연구 방식은 복희팔괘로 부터 문왕팔괘로의 전환관계를 스스로 찾아보았던 것이 아니라, 고문헌에 적힌 옛 인사들의 글귀를 찾아 그것을 인용하는 서지학적인 탐구가 주였다고 말할 수 있다. 이런

식이라면 전환원리의 발견은 참으로 요원할 수밖에 없었을 것이다. 이렇게 쭈~욱 정리를 해놓고 보니, 주렁주렁 매달려 있던 장벽들이 결코 그리 호락호락한 것들이 아니었음을 알 수 있다. 그 기나긴 장수에는 나름 마땅히 그럴만한 비결(?)들이 갖추어져 있었던 것이다.

전환이치의 의미

전환이치가 시사해주는 바는, 문왕팔괘는 확실히 누군가에 의해 의도적으로 낙서로 대입되어 만들어진 것이 틀림없다는 점이다. 이것이 의미하는 바가 무엇인가? 애당초 낙서의 수상이 없었다면 문왕팔괘 자체가 성립되지 못했을 것이라는 말이다. 이를 알지 못했기에 문왕팔괘는 받들면서 하도와 낙서가 송나라의 진단 일파에 의해 조작되었으니 혹은 하도와 낙서가 주역의 근본이 결코 아니라는 등등의 주장들이 오늘날까지도 끊임없이 이어진 것이다. 그러나 이제 그들이 침묵할 때가 되었다. 그들이 얼마나 역의 근본에 무지했는지 명명백백 백일하에 드러난 셈이니 말이다. 실상을 따져 보면 오히려 진단과 소강절을 비롯한 그들의 계보에 의해서 그나마 제대로 된 진맥이 이어지고 있었던 셈이다.

다음에 생각해보아야 할 것이 납갑의 성립 시기이다. 확실히 말할 수 있는 것은 만약 납갑 원리가 없었다면, 문왕팔괘로의 전환 자체가 이루어지지 않았을 거라는 것이다. 그러면 이제 문왕팔괘로의 전환이 이루어진 때와 납갑이 만들어진 시점 차이를 극복할 수 있는 대안을 생각해봐야 할 차례이다. 가정해볼 수 있는 경우의 수가 생각보단 단순하다. 군이 열거해본다면 다음과 같을 것이다. 첫 번째는 한대의 경방이 납갑을 처음 만든 것이 아니라는 가정이다. 이 경우 그는 단지 오래 전부터 전해져 오던 개념을 어떤 경로를 통해 입수한 후에 다시 정리한 것에 불과하다는 얘기가 된다. 그러니까 이 가정의 핵심은 주 문왕은 이미 납갑을 알고 있었고, 이를 전환원리에 십분 활용했을 거라는 가정이다. 그러나 누군가가 구체적인 물적 증거를 묻는다면 당연히 그런 것은 없다. 하지만 전환원리가 드러난 이 시점에 심정적으로 가져볼 수 있는 유력한 가정의 하나임에는 틀림없다.

두 번째는 문왕팔괘, 그 자체가 한대 경방 이후에 만들어졌다는 가정이다. 따라서 그 누군지는 몰라도 문왕팔괘의 창안자가 경방의 납갑을 활용하는 데 전혀 문제가 없었다고 보는 것이다. 이렇게 되면 문왕팔괘도의 역사가 좀 짧아지게 된다. 그러나 좀 더 내용을 깊이 들여다보면, 두 번째 가정도 그리 만만한 것이 아니다. 결정적인 보기를 들어보자. 한대 훨씬 이전의 공자가 『주역』「설괘전」에서 복희팔괘 배열과 문왕팔괘 배열을 이미 언급하고 있다. 따라서 경방이 살던 시대에는 이미 문왕팔괘가 널리 알려져 있었다. 따라서 잘못된 가정이다.

마지막으로 세 번째 가정은 주 문왕의 시대에 납갑은 없었지만, 문왕이 그의 천부적인 재능 혹은 성인만이 느낄 수 있는 신비적 감응으로 문왕팔괘를 만들었고, 후에 경방이 복희팔괘와 문왕팔괘의 상호 관계를 깊이 연구하여 새로 납갑 이론을 정립했을 가능성이다. 이는 먼저 문왕팔괘도가 있고 후에 경방에 의해 정립된 납갑이 이를 이론적으로 뒷받침했다는 가정이다. 한대의 경방, 40세의 불꽃같은 삶을 살다간 그가 재조명 되어질 필요가 있을지도 모른다. 그리고 경방의 납갑에 대해 조금 더 상세히 살려볼 필요가 있을 것 같다. 본시 납갑이라는 함은 팔괘에다가 10천간을 대응시킴을 말한다. 일반적인 정설은 한대의 경방(기원전 77~기원전 37)이란 사람이 이 바닥의 역사에서 최초로 납갑을 창안한 것으로 알려져 있다. 그는 비록 40년 정도의 짧은 생애를 살았지만 상수학에 미친 영향이 지대하였다. 그가 남긴 『경방역전』에서 납갑에 대하여 그는 다음과 같이 말한다.

> "천지건곤의 상을 천간에 더한다. 건괘의 내괘에 甲, 외괘에 壬, 곤괘의 내괘에 乙, 외괘에 癸를 붙이고, 간괘에 丙, 태괘에 丁, 감괘에 戊, 이괘에 己, 진괘에 庚, 손괘에 辛을 붙인다. 천지건곤의 상을 나누어 甲乙壬癸를 붙인다. 진손에 庚辛을 짝짓고, 감리에 戊己를 짝하며, 간태에 丙丁을 짝짓는다. 팔괘를 음양으로 나누고, 육위를 오행으로 배분하여 광명이 사방에 통하고, 변역이 절기를 세우게 한다."

이렇게 경방의 설명은 건괘는 하늘이므로 甲과 壬을 배정하고, 곤괘는 땅이므로 乙과 癸를 배정한다는 식이다. 그러나 그는 왜 이렇게 천간을 배정해야 하는 지, 보다 자세한 이유에 대해선 전혀 언급하지 않았다. 후대에 납갑에 대한 여러 설들이 나오고 그 원리들을 나름대로 설명하고

있지만 결정적으로 지금까지 실전에 적용되며 살아남은 납갑은 오직 경방의 납갑설 뿐이다. 최근 국내 상수학 박사 1호로 알려진 윤태현 박사의 저서14)에 이것이 어떤 원리에 의해 생성되었는지를 주장하는 내용이 있으니 참고할 만하다.

상수학 실전 응용에서 경방의 납갑이 어떻게 적용되는지를 하나의 실례를 간단히 살펴보자. 하락이수는 송나라 역학의 시원이라고 추앙받는 진단이 만들고, 소강절이 주석한 것이라고 하는 명학의 한 종류이다. 후에 유명한 시인이자 학자였던 소동파가 자신의 명운을 하락이수로 뽑아보고는, 성인이 나의 마음을 알았으니 다시 무슨 유감이 있겠는가라고 했다. 또 하락이수의 무서운 적중률 때문에 소위 송나라 유학의 대가 정이천이 그의 제자들에게 이 학문을 함부로 전파해서 천기를 누설해서는 안 된다고 경계하였다고 한다. 하락이수는 하도와 낙서의 수로써 사주에 상응하는 주역 괘상을 도출하여, 평생의 운명은 물론이고 년운, 월운, 일운, 시운까지도 알 수 있다. 즉 일단 사주팔자를 뽑는 데까지는 팔자술과 정확히 일치한다. 그 후, 사주팔자를 주역 괘상으로 전환하는 작업이 필요하다. 지금 우리가 주목하는 부분이 바로 이 대목이다. 가령 지금 사주가 다음과 같다고 한다면, 괘상으로의 전환을 위해서 아래와 같이 각각의 천간과 지지에 상수를 대입한다.

---

14) 『주역과 오행연구』 저자 윤태현

시	일	월	년				
기	임	임	병	9	6	6	8
유	인	진	오	4,9	3,8	5,10	2,7

여기서 천간의 경우를 살펴봐야 하는데, 위의 도식을 보면 바로 팔괘에 배속된 납갑을 그대로 이용함을 알 수 있다. 가령 임壬의 경우 건괘에 해당하고 건괘가 낙서에서 6이므로 위에서 6을 대입하고, 병丙이 간괘에 해당하므로 낙서의 8을 대입하는 것이다. 만약 이 숫자 배열이 잘못된 것이라면 하락이수의 적중률을 전혀 담보할 수 없을 것이나, 하락이수는 천년을 넘도록 실전에 활용되며 높은 적중률을 자랑하고 있다. 따라서 그 기초가 되는 납갑, 그 원리는 잘 알 수 없으나, 그 안에 담겨있는 이치만은 결코 무시할 수 없는 것이다.

전환의 의미

하도에서 복희팔괘가 만들어지고, 복희팔괘는 낙서에 대입되어 문왕팔괘로 변환된다. 그리고 나중에 정역팔괘로 변화한다. 이렇게 쭉 연결되어 있다. 하도와 낙서의 수상, 팔괘, 경방의 납갑, 나아가 60갑자가 모두 일이관지, 하나의 줄에 꿰어져 있다고 보아야 한다. 이를 잘 이해할 필요가 있다. 우리는 앞에서 십간의 홍국수가 오행수로 바뀌는 과정을 살펴 본 바 있는데, 그 과정은 따지고 보면 하도에서 시계방향으로 90도 회전하는 것에 해당한다. 그리고 지금 후천팔괘와 선천팔괘 간에도 90도의 위상 차이가 존재한다는 것을 알게 되었다. 그런데 왜 하필이면 왜 90도 회전일까? 주 문왕, 주공, 그리고 당대의 현자 강태공은 혹시 그 이유를 알고 있지 않았을까? 어쩌면 공자도 알고 있지 않았을까? 이후 초연수나 경방은 어땠을까? 그리고 송나라의 진희이나 소강절은? 조선의 서경덕이나 이지함은? 그리고 김일부는? 전해져야 할 도는 끊어지고, 옛 현자들은 말이 없다. 사람은 많지만 현자는 드물다. 무지의 먼지가 쌓이고 쌓여 수미산을 이룬다. 사람들은 인류가 계속 발전하고 있다고 생각하고 있을지 모르겠으나, 반드시 꼭 그런 것만은 아닐지도 모른다. 지금처럼 현상은 있으되, 그 이면에 있을 것으로 보이는 원리적 당위성은 묘연하기만 하다! 주 문왕은 문왕팔괘를 그리면서 대체 무슨 여유로 복희팔괘의 수상을 회전시켰던 것일까? 어쩌면 고대의 수리학자들은 현대인들이 막연히 짐작하는 것보다 훨씬 고도로 치밀하면서도 체계적으로 역학이론을 우주 삼라만상에 빈틈없이 대입하고 있었는지 모른다. 『황제내경』이 등장한 지 수천 년이 지났건만, 아직 그것을 능가하는 한의학 서적이 나오지 않는다고 한다. 『주역』이 성립된 지 3000년이 지났건만 공자 외에는 달리 주역을 발전시킨 사람이 없었다. 송나라 때 진희이에 의해 성립된 하락이수와 자미두수는 그 이후 진전된 것이 전혀 없을 뿐만 아니라 오히려 후퇴했다. 당나라 이허중의 명리이론은 백발백중이었다고 한다. 하지만 지금은 사라지고 없다. 조선의 이지함이 지었다는 『월영도』도 마찬가지이다. 작금의 사태가 이러한데 역易을 통해서 인류가 대大 지혜로 나아가는 광명의 길이 과연 가능한 것일까?

그리고 가장 중요한 부분, 복희팔괘가 있는데, 어찌해서 다시 문왕팔괘가 필요하게 되었을까? 당연히 이를 설명해줄 수 있는 자료들이 전혀 남아 있지를 않다. 동아시아 지역에서는 큰 전란이 일어나거나 새로운 왕조가 들어서면 옛 왕조와 관련된 서적들을 대규모로 불사른 사례들이 매우 많았다. 불사르지 않았어도 수천 년의 세월동안 종이 재질의 책을 보관하는 일이 결코 쉽지 않은 일이었을 테지만, 인간의 우매함은 그 나마 남아있을지도 모를 아주 약간의 가능성마저도 여지없이 짓밟아버리는 야만스런 행태를 서슴지 않았다. 복희팔괘가 있는데, 어찌하여 또 다시 문왕팔괘가 필요하게 되었을까? 어렴풋하게나마 그 이유를 추론이라도 해보기 위해서는 『회남자』15)에 실려 있는 전설 하나를 참고해야 할 것 같다.

> 먼 옛날 수신水神인 공공共工과 화신火神인 축융祝融이 큰 싸움을 한 끝에 싸움에 진 공공이 너무나 속이 상해서 그만 자기 머리를 부주산不周山에 부딪혔다. 부주산 꼭대기에는 하늘을 떠받드는 하늘기둥과 대지를 이어 매는 땅 줄이 있었는데 공공이 난폭한 짓을 한 덕분에 하늘기둥이 부러지고 땅 줄이 끊어져서 하늘은 서북으로 땅은 동남으로 기울어져 버렸다. 구멍이 뚫린 하늘로부터는 큰 비가 쉴 새 없이 쏟아지고 하천은 대홍수로 범람하여 산림이 서식하고 맹수와 흉조들이 발악을 하며 뛰쳐나와 인간을 마구 잡아먹으려는 등 큰 소동이 벌어졌다. 그것을 본 여와는 급히 강 속에서 오색의 돌을 따서 불에 녹여 반죽을 한 다음, 하늘에 뚫린 큰 구멍을 막았다. 그리고 바다 가운데 사는 거대한 거북의 네 발을 잘라 부러진 천주의 대신으로 삼고 또 물가에 난 갈대를 베어 모아서, 그것을 태워 그 재를 쌓아 범람한 강물을 막았다. 맹수와 흉조도 모두 때려잡아 겨우 지상의 평온을 되찾았다. 그러나 천지가 기울어진 것은 완전히 고치지 못했다.

---

15) 『회남자』는 한나라 회남왕인 유안(기원전 179~기원전 122)이 문객들과 함께 지은 잡가의 책이다. 회남은 지역의 이름이며, 한나라의 제후국이었다.

지금도 중국에 전해지고 있는 부주산을 치받는 공공의 신화는 복희에 의해 팔괘가 그어진 이래 긴 세월이 지나고 그러던 어느 시점에선가, 하늘과 땅에 모종의 문제가 발생했음을 어렴풋이나마 알 수 있게 해준다. 이와 비슷한 사실을 기록한 사료들은 이집트에서도 발견된다. 오늘날의 과학적 용어로 바꾸어 말한다면 지구 자전축의 기울기에 모종의 변화가 생겼던 일을 말하고 있는 듯하다. 공공이 부주산을 치받는 바람에 하늘이 서북으로 기울고[16] 땅이 꺼지게 되었다고 한다. 그로인해 지상에서는 일대 혼란이 벌어지게 되는데, 대홍수가 나기도 하고, 맹수들과 새들이 사나워져 사람들을 마구 잡아먹는 등 크나큰 소동이 벌어진 것이다. 또 재미있는 것은 이러한 소동을 잠재우기 위해 여와가 하는 일이다. 여와는 하늘에 뚫린 구멍을 메우고, 거북이를 하늘 기둥 대신으로 삼는다고 한다. 이 전설에서 나오는 거북이는 바로 낙서를 지칭하는 것이 틀림없다. 부러진 하늘 기둥 대신에 거북이를 사용한다는 것은 필시 못쓰게 된 하도팔괘(복희팔괘) 대신에 낙서를 체로 삼는 문왕팔괘를 사용하게 되었음을 표현하고 있는 것이 아닐까? 문왕이 반시계방향으로 90도를 돌릴 수밖에 없었던 이유도 서북쪽으로 기울어진 하늘을 반영하기 위해서가 아니었을까? 문왕은 필시 낙서의 6궁에 건괘를 넣어야만 달라진 현실을 올바르게 반영할 수 있겠다고 생각한 것이 아니었을까? 반시계방향으로 90도를 돌린 다음 모든 팔괘들을 낙서9궁의 번지수로 배달시켜 대입한 결과가 바로 문왕팔괘도가 아니겠는가? 그리고 다른

---

16) 고대인들의 관점에서 볼 때 가히 하늘 중심이라고 부를 만한 자격을 갖춘 어떤 별자리가 어느 시점 이후에서부터인가 서북쪽하늘에서 발견되는 일이 벌어진 것으로 보인다. 따라서 당시에 지축이 달라졌음을 짐작해볼 수 있다. 대홍수와 같은 자연 재해도 지축이 변할 때 발생했던 천재지변을 표현해놓은 것으로 보인다.

또 하나의 증거를 내민다면, 바로 『주역』의 「문언전」이다. 공자는 허구 많은 64괘들 중에서 유독 중천건괘(☰)만을 특히 중요히 여겨 건괘(☰)에 다가만 따로 부연 설명을 붙여놓았고, 야산 선생의 주장대로라면 하필 중천건괘의 제5효에다가 복희팔괘로부터 문왕팔괘로 전환되는 과정에 대한 부연 설명을 붙여놓았다는 것인데, 그 이유가 과연 무엇이었을까? 중천건괘의 제5효가 바로 하늘의 중심이기 때문이 아니었을까? 하늘의 중심에다가 하늘 관련한 변고를 적어놓는 것이 어찌 보면 지극히 당연한 일이 아니었겠는가?

온통 짐작으로 시작해서 짐작으로 끝맺을 수밖에 없으니 그 한계가 뚜렷하고 안타깝기만 하다. 그럼에도 불구하고, 필자의 상상은 여기서 멈출 수가 없다. 이 짧은 전설이 묘사하는 바가 혹 우리들에게 시사해주는 점이 분명히 있을 것이고, 필자는 그 가느다란 실마리조차도 놓치고 싶지가 않은 것이다. 그래서 조금은 무모해보이기도 하지만 그럼에도 불구하고 다음과 같이 추론을 좀 더 이어나가고 싶다.

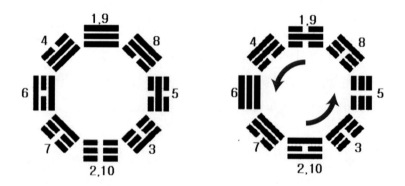

앞에서 위에 있는 왼쪽 그림을 반시계방향으로 90도를 돌려서 오른쪽
그림을 얻었다고 했다. 그리고 정리된 결과가 바로 이것이었다. 건(☰)6,
손(☴)4, **감(☵)은 1 또는 9**, 간(☶)8, 곤(☷)5, 진(☳)3, 이(☲)는 2 또는
10, 태(☱)7……. 바로 이 부분에서 감괘를 낙서의 1궁에다가 곧바로
배달하고 말았지만, 사실은 감괘는 9궁으로도 들어갈 수 있음이 분명하
다. 적어도 위에서 보이는 수리적 관계에 의하면….

최초 반시계방향으로 90도 돌려 대입			문왕팔괘도		
4 ☶	9 ☳	2 ☵	4 손괘 ☴	9 이괘 ☲	2 곤괘 ☷
3 ☲	5 ☷	7 ☱	3 진괘 ☳	5 중궁	7 태괘 ☱
8 ☷	1 ☴	6 ☰	8 간괘 ☶	1 감괘 ☵	6 건괘 ☰

따라서 9궁에다가 일단 한번 그림과 같이 감괘를 대입해보자. 그리고
상상력을 발휘해보자. 9궁에는 당연히 이괘가 들어가 있어야 오른쪽과
같이 문왕팔괘도가 올바르게 완성된다. 그런데 그 자리에 엉뚱하게도
감괘가 들어가 있다? 따라서 이것은 무언가 잘못된 상황이 되는 것이고,
반드시 바로잡아야 할 상황이 되는 것이다. 바로 이 부분이 필자가
생각하기에는 『회남자』의 전설에서 수신인 공공과 화신인 축융이 큰
전쟁을 하게 되었다고 표현하고 있는 바, 바로 그것인 것으로 보인다.

수신은 당연히 감괘를 말함이고, 화신은 당연히 이괘를 말하는 것이 분명하다. 그리고 그 싸움의 결과로 승리를 차지하는 쪽은 이괘 쪽이 된다. 마침내 싸움에 진 감괘는 9궁에서 쫓겨나서 1궁으로 자리를 옮겨간 것이다. 앞에서 필자가 지극히 무미건조하게 대입했던 바로 그 과정을 옛날 사람들은 하나의 이야기로 엮어서 훨씬 더 재미나게 표현해주고 있었던 것이 아닐까? 딱딱한 교육이 아니라 재미난 이야기 형식을 취해서 마을 어귀에서 뛰놀고 있는 코흘리개들까지도 머릿속에 쏙쏙 들어갈 수 있도록 그렇게 서술해놓았던 것이 아닐까? 고대의 전설들이란 것은 어쩌면 주역의 이치와 고대의 역사를 후손들에게 아주 쉽게 가르치기 위해 고대의 대가들이 고심하고 또 고심해서 만들어놓은 보물 창고일지도 모른다. 단지 그것을 알아보는 눈이 없었을 뿐이고, 기나긴 시간을 내려오면서 결국 그 눈을 망실해버렸던 것이 아닐까? 결국 작금에 이르러선 바로 옆에다가 낫을 놔두고도 기역자도 알아보지 못하는 형국이 돼버린 셈이 아닐까?

금시명

1966년 서울 출생으로 금시명은 필명이다. 1985년 고려대학교 입학, 1992년 졸업하였으며, 이후 줄곧 반도체 분야에 종사하고 있다. 하도와 낙서에 숨겨진 원리부터 시작해서 복희팔괘, 문왕팔괘, 정역팔괘의 이치, 천부경에 담겨있는 묘리, 정역에 숨겨져 있던 비밀의 정원을 모두 찾아내는데 12년의 세월을 바쳤고, 그 결과물들이 바로 이 책들이다.

동방의 빛 ❶ 하도(河圖)와 낙서(洛書)

초판 인쇄　2015년　04월　20일
초판 발행　2015년　04월　30일

지 은 이 ｜ 금시명
펴 낸 이 ｜ 하운근
펴 낸 곳 ｜ 學古房

주　　소 ｜ 서울시 은평구 대조동 213-5 우편번호 122-843
전　　화 ｜ (02)353-9907　편집부(02)353-9908
팩　　스 ｜ (02)386-8308
홈페이지 ｜ http://hakgobang.co.kr/
전자우편 ｜ hakgobang@naver.com,　hakgobang@chol.com
등록번호 ｜ 제311-1994-000001호

ISBN　　978-89-6071-499-1　94140
　　　　978-89-6071-498-4　(세트)

값 : 18,000원

이 도서의 국립중앙도서관 출판시도서목록(CIP)은 서지정보유통지원시스템 홈페이지 (http://seoji.nl.go.kr)와 국가자료공동목록시스템(http://www.nl.go.kr/kolisnet)에서 이용하실 수 있습니다.(CIP제어번호: CIP2015011607)

■ 파본은 교환해 드립니다.